Mein dickes buntes Buch der 4½-Minuten-Geschichten

Dieses Buch gehört:

· ·

Impressum

Der Text dieses Buches entspricht den Regeln der neuen Rechtschreibung.

© Paletti, ein Imprint der Verlag Karl Müller GmbH, Köln 2003
www.karl-mueller-verlag.de

Alle Rechte vorbehalten

Gesamtgestaltung und Produktion: Büro Norbert Pautner, München
Text: Catrin Barnsteiner, Bato, Sandra Garbers, Doris Jäckle, Nadja Kadel,
Gabriele Nink, Luise Wiese · Illustrationen: Norbert Pautner

ISBN 3-89893-232-X

Druck: Neografia a. s.
Printed in Slovakia

Mein dickes buntes Buch der

4 ½-Minuten-Geschichten

paletti

Nickel
und die Piraten

Nadja Kadel

Geheimnisvolle Kisten im Hafen

Käpt'n Zwieback stand mit seinem Maat Grinsson vor der Hafenkneipe von Barbados. Sie hatten gerade einen Schnaps getrunken und schlenderten nun über den Markt zurück zu ihrem Piratenschiff *Tusnelda*. Plötzlich hielt Käpt'n Zwieback inne.

„Hast du gehört", fragte er Grinsson, „was die beiden Männer da drüben reden? Komm, wir müssen sie belauschen." Sie gingen zu den beiden Männern, die aussahen wie ganz normale Markthändler. Aber vielleicht steckte mehr dahinter.

Der eine sagte: „Ja, wir können wirklich froh sein, dass wir hier auf Barbados solche Schätze besitzen. Wir werden sie in große Kisten verpacken und auf das Frachtschiff transportieren." Der andere nickte und antwortete: „Ja, du hast Recht, es gibt nicht viele Inseln, auf denen man einen solchen Reichtum findet. Ich helfe dir nachher mit den Kisten."

Käpt'n Zwieback klatschte in die Hände. „Siehst du, Grinsson, so macht man das. Einmal gut gelauscht und schon weiß man, wo bald ein Schatz verladen wird."

Eilig gingen die beiden zurück auf die *Tusnelda* und informierten Nickel, den Schiffsjungen, über den geplanten Transport des Schatzes.

„Am besten, wir überfallen die beiden Männer im Hafen, wenn sie die Kisten verladen wollen. Kalle und Nickel, ihr kommt beide mit, damit ihr helfen könnt, die Kisten zu unserem Schiff zu tragen." Nickel sagte: „Aber das ist ja Diebstahl." Grinsson blickte ihn böse an: „Wir

sind Piraten, falls du das vergessen hast. Du bist unser Schiffsjunge und hilfst gefälligst mit!"

Nickel und Kalle nickten und folgten dem Käpt'n und Grinsson zum Hafen. Sie konnten das große Frachtschiff schon sehen und auch die beiden Männer, die sich vorher unterhalten hatten. Bei ihnen standen mindestens fünfzig große Kisten.

„Ein riesiger Schatz! Was für eine Beute! So, am besten überfallen wir die beiden Männer jetzt", befahl Käpt'n Zwieback.

„Hm, meinst du, wir können nicht einfach so ein paar Kisten mitnehmen, ohne dass sie es merken? Alle Kisten können wir sowieso nicht tragen. Und wenn wir nur fünf oder sechs Kisten nehmen, dann merken sie es vielleicht gar nicht", gab Nickel zu bedenken. Der Käpt'n überlegte.

„Ja, wir können es ja erst mal so probieren. Falls die Männer uns bemerken, können wir sie immer noch fesseln und knebeln."

Zu viert schlichen sie sich also an die Kisten heran. Die waren ziemlich schwer, sodass sie zu zweit immer nur eine Kiste tragen konnten. Die Männer bemerkten tatsächlich nichts.

Mehrere Stunden liefen Käpt'n Zwieback, Grinsson, Nickel und Kalle hin und her, und schließlich hatten sie vierzehn Kisten auf ihr Piratenschiff transportiert, ohne dass irgendjemand etwas bemerkt hatte.

„Höhö, das wäre geschafft!", triumphierte Käpt'n Zwieback. „Nun kommt der große Moment, lasst uns die Kisten öffnen, gleich sind wir die reichsten Piraten der Karibik!" Die Kisten waren gut verklebt, aber Kalle entfernte das Klebeband geschickt mit seinem Küchenmesser. Gespannt starrten alle vier auf die erste Kiste. Als Kalle das Klebeband entfernt hatte, drängelte sich Zwieback vor.

„Ich werde die erste Schatzkiste öffnen", rief er feierlich. Langsam öffnete er den Deckel und erstarrte.

„Was ist es denn für ein Schatz?", riefen die anderen und versuchten ebenfalls einen Blick in die Kiste zu werfen. Doch was sahen sie? In der Kiste lagen schön gestapelt etliche Mangos.

Der Käpt'n rannte zur nächsten Kiste und riss sie mit aller Gewalt auf. Doch was sah er? Noch mehr Mangos.

Nickel lächelte: „Die Früchte sind der Reichtum der Insel. Die Männer hatten also schon Recht, wenn sie die Mangos als einen Schatz bezeichneten." Auch Kalle musste da ein bisschen schmunzeln. Nur Käpt'n Zwieback und Grinsson war es ganz und gar nicht zum Lachen.

„Haben wir uns jetzt den ganzen Mittag abgeschuftet für ein paar blöde Kisten mit Mangos? Das glaube ich einfach nicht!"Zwieback schlug mit der Faust auf die achte Kiste, in der sich nicht Mangos, sondern dieses Mal Bananen befanden. Kalle nahm ein paar Früchte aus den Kisten und ging in die Schiffsküche. Zwieback und Grinsson tobten noch immer vor Wut.

Doch dann kam Kalle aus der Küche zurück. Er hatte einen leckeren Obstsalat zubereitet und gab Nickel, Grinsson und Zwieback ein Schälchen.

„Ah, das ist aber lecker!", schwärmte Nickel, und auch Grinsson und Zwieback mussten zugeben, dass sie noch nie einen so leckeren Obstsalat gegessen hatten.

„Zwieback, ich bin froh, dass wir diesen Schatz geborgen haben, vielen Dank!"

Richtig freuen konnte sich Zwieback zwar noch nicht, aber ganz so wütend war er jetzt auch nicht mehr, denn dazu war der Obstsalat einfach zu gut!

Außergewöhnliche Beute

Seit zwei Tagen lag das Piratenschiff *Tusnelda* nun schon im Hafen der Karibikinsel Barbados.

„Es wird höchste Zeit, dass wir endlich mal wieder ein Schiff überfallen!", sagte Käpt'n Zwieback zu seinem ersten Maat Grinsson.

„Was schlägst du vor?", fragte Grinsson. „Gleich morgen früh legen wir ab, fahren aufs Meer hinaus und warten, bis ein Schiff vorbeikommt", antwortete der Käpt'n kühl.

„Das ist ein klasse Plan, da wäre ich nie draufgekommen!", meinte Grinsson bewundernd.

„Tja, das Denken überlässt du besser mal mir!", sagte Käpt'n Zwieback mit einem überlegenen Grinsen.

Die *Tusnelda* fuhr also morgens um sechs Uhr los. Mit an Bord waren außer Käpt'n Zwieback und Grinsson noch Nickel, der Schiffsjunge, sein Papagei Klabauter und natürlich Kalle, der Schiffskoch.

Nachdem sie drei Stunden in Richtung Norden gefahren waren, warfen sie den Anker aus.

„So, alle Mann auf Position! Nun heißt es beobachten. Wer erst ein Schiff sieht, schreit laut los!", befahl Käpt'n Zwieback.

„Aye, aye, Käpt'n!", rief die ganze Besatzung inklusive Koch Kalle im Chor. Schon nach einer halben Stunde brüllte Grinsson:

„Schiff in Sicht, Schiff backbord voraus!" Die Mannschaft, allen voran natürlich der Käpt'n, rannten nach Backbord, wo Grinsson Ausschau gehalten hatte. Ein schönes, weißes Segelschiff segelte genau auf sie zu.

„Ha, das wird eine fette Beute, wir lassen sie noch ein bisschen näher kommen, und dann greifen wir an!", bestimmte Käpt'n Zwieback.

So geschah es. Der Angriff erfolgte in Sekundenschnelle. An dicken Seilen schwangen sich Grinsson und der Käpt'n auf das fremde Segelschiff. Beide richteten ihre schon ziemlich verrosteten Schießprügel auf die Besatzung, und Käpt'n Zwieback schrie: „Geld, Schmuck und Reichtümer oder euer Leben!"

Die Touristen, die im Badedress in der Sonne lagen, schauten verdutzt drein. „Gehört das auch zum Programm unserer Schiffstour?", fragte einer von ihnen.

„Halt deine Klappe, das ist ernst!", brüllte Käpt'n Zwieback. „Und jetzt rückt euer Geld raus!" Leider hatten die Touristen außer ein paar Münzen nichts dabei.

„Wenn sie wollen, können sie meine Sonnencreme haben oder dieses Handtuch, es ist ganz neu, oder vielleicht die Liegestühle hier?", bot einer der Touristen an. Ein anderer sagte: „Ich hätte neue Taucherflossen und sogar eine Sauerstoffflasche!"

Zwieback schäumte vor Wut: „Wollt ihr mich vergackeiern? Das werdet ihr bitter bereuen!"

Nickel, der Schiffsjunge, sah, dass es gefährlich wurde. Wenn der Käpt'n erst einmal so wütend wurde, war er zu allem bereit. Jetzt war schnelles Handeln angesagt. So schwang sich Nickel ebenfalls auf das Segelschiff, rannte zu Zwieback und flüsterte diesem ins Ohr: „Käpt'n, die Sauerstoffflaschen und die Flossen sind ein echter Schatz. Stell dir vor, wir entdecken ein Schiffswrack und wollen den Schatz bergen. Da brauchen wir unbedingt Flossen und Sauerstoffflaschen!"

Käpt'n Zwieback schaute Nickel erstaunt an. Sein Schiffsjunge war gar nicht so dumm. Er hatte Recht, einen Schatz von einem Wrack konnten sie unmöglich ohne Sauerstoffflaschen und Taucherflossen bergen.

„O. k., her mit den Flossen und der Sauerstoffflasche! Und die Liegstühle nehmen wir auch mit", brüllte Zwieback die Touristen an. Nachdem Grinsson die Beute in Sicherheit gebracht hatte, meinte Zwieback zu den Touristen: „Da habt ihr ja noch mal Glück gehabt!"

Stolz verließ er das Schiff. Nickel und Kalle zwinkerten sich zu. Sie gratulierten dem Käpt'n zu seinem großartigen Erfolg. „Du bist wirklich der schlauste und mutigste Pirat der sieben Weltmeere!" Der Käpt'n war geschmeichelt und zufrieden, und zur Feier des Tages brutzelte Kalle ein Festessen.

Der Raub des Museumsschatzes

Das sah ganz nach Urlaub aus: Käpt'n Zwieback, Maat Grinsson und der Schiffsjunge Nickel saßen auf ihrem Piratenschiff in den Liegestühlen, die sie kürzlich vom Touristenschiff erbeutet hatten, und ließen sich von Kalle, dem Schiffskoch, Fruchtcocktails servieren. Aus dem Radio dröhnte laute Musik, und Käpt'n Zwieback wippte rhythmisch in seinem Liegestuhl hin und her.

„Dreizehn Uhr, die Nachrichten …", schallte es aus dem Radio. „Heute haben Archäologen auf der Insel Barbados einen bedeutenden Fund

gemacht." Käpt'n Zwieback sprang sogleich zum Radio und drehte es noch lauter. „An der Ausgrabungsstätte haben sie sehr bedeutende historische Gegenstände der Amerinder, der Ureinwohner der Karibischen Inseln, gefunden. Besonders stolz ist man auf den Fund von uralten Zahlungsmitteln. Schon morgen werden die Kostbarkeiten zum Museum im ehemaligen Militärgefängnis gebracht", sagte die Stimme aus dem Radio.

„Haha, sie haben alte Zahlungsmittel gefunden. Wisst ihr, was das bedeutet?", schrie Zwieback lauthals. „Das bedeutet eine große Menge an Goldmünzen, die sehr, sehr wertvoll sind!" Grinsson sah einen Haufen Goldmünzen vor seinem inneren Auge und rief: „Die werden wir uns unter den Nagel reißen, bevor sie in das blöde Museum kommen!" Genau das war auch Käpt'n Zwiebacks Gedanke gewesen. Nickel gab zu bedenken: „Wisst ihr, die Wissenschaftler würden die alten Zahlungsmittel vielleicht auch gerne selber behalten. Aber sie geben sie trotzdem in ein Museum, damit alle Menschen etwas davon haben und jeder sie sich anschauen kann."

„Halt die Klappe, Nickel, morgen überfallen wir den Transporter, der die Sachen ins Museum bringen soll!", rief der Käpt'n.

Sofort lichteten sie den Anker und fuhren auf ihrem Piratenschiff zur Insel Barbados. In der Nacht kundschafteten Käpt'n Zwieback und Grinsson die Insel aus, damit sie wussten, welche Strecke der Transporter von der Ausgrabungsstätte zum Museum nehmen würde.

Bei Sonnenaufgang waren sie zurück auf dem Schiff, und nachdem Kalle sie mit einem deftigen Frühstück versorgt hatte, ging es los. Nickel, der insgeheim hoffte, das Ganze noch verhindern zu können, bot an mitzugehen, um den beiden bei dem Überfall zu helfen. Zwieback und Grinsson stimmten zu.

So fuhren alle drei – natürlich mit einem gestohlenen Auto – zu einer Stelle, die Zwieback und Grinsson nachts bereits ausgekundschaftet hatten. Es war eine Einbuchtung auf der Straße, die direkt hinter einer Kurve lag.

Sie warteten noch nicht lange, als der Transporter mit der Aufschrift „Museum" auch schon um die Kurve gefahren kam. Zwieback und Grinsson sprangen auf die Straße und zielten mit

ihrer alten Flinte auf den Transporter. Der Fahrer musste aussteigen und ihnen die Kisten übergeben. Die luden sie blitzschnell ein und fuhren dann zurück zur *Tusnelda*. Das geklaute Auto stellten sie wieder ab, und die Kisten waren in Windeseile auf das Piratenschiff getragen. Nickel schaute betrübt drein, denn er hatte den Überfall nicht verhindern können.

Zwieback und Grinsson rissen die Kisten auf und schütteten den Inhalt auf die Deckplanken.

„Igitt!", schrie Grinsson, der in der ersten Kiste auf alte Knochen stieß.

„Au!", fluchte Käpt'n Zwieback, der sich an einer Glasscherbe aus der zweiten Kiste geschnitten hatte. „Wo sind die Goldmünzen?", brüllte Zwieback. Statt Goldmünzen fanden sie eine große Anzahl kleiner Muscheln.

Nickel grinste: „Früher, als die Insulaner keine Goldmünzen oder Geldscheine hatten, haben sie mit Muscheln bezahlt. Die Muscheln sind das Zahlungsmittel, von denen die Leute im Radio gesprochen haben."

Grinsson und Zwieback begannen sich gegenseitig anzubrüllen: „Du Idiot hast doch behauptet, dass es Goldmünzen seien!"

Während sie stritten, nutzte Nickel die Gelegenheit, die Kisten zum Auto zu tragen. Er musste es nun nur noch einmal kurz ausleihen und fuhr mit den Kisten zum Museum. Dort gab er sie an der Pforte ab und fuhr dann, so schnell er konnte, zurück zum Schiff.

Grinsson und Zwieback stritten noch immer und hatten gar nicht bemerkt, dass er weg gewesen war. Vor lauter Geschrei waren sie bald so erschöpft, dass sie in ihre Liegestühle fielen und dankbar waren, dass ihnen Kalle einen Fruchtcocktail aus Mango und Bananen servierte.

Unliebsame Konkurrenz

Wieder einmal saß die Besatzung der *Tusnelda* gemütlich in ihren Liegestühlen. Bei einem leckeren Fruchtcocktail trieben sie vor der Küste von Barbados. Auf Nickels Schulter saß der Papagei Klabauter, der Sätze wie: „Ich kenne keine Gnade, ihr werdet alle sterben!" oder „Ich bin der gefährlichste Pirat der Karibik, das weiß doch jeder!" von sich gab. Damit konnte er die ganze Besatzung immer wieder zum Schmunzeln bringen.

„Klabauter weiß eben Bescheid, wer wir sind", sagte Käpt'n Zwieback stolz und lehnte sich in seinem Liegestuhl zurück.

Plötzlich gab es einen Knall, der lauter als jeder Donner war, den sie je gehört hatten. Ohne nachzudenken, gingen sie sofort in Deckung. Doch dann war es auch schon wieder still.

„Das war ein Kanonenschuss!", rief Maat Grinsson, der als Erster wieder etwas sagen konnte. Und als sie aufs Meer hinausblickten, sahen sie sofort, wer die Kanonenkugel abgefeuert hatte. Es war ein anderes Piratenschiff. Es hatte die Piratenflagge mit dem Totenkopf gehisst und steuerte direkt auf sie zu.

„Blutrote Flagge, um Gottes willen, das bedeutet, dass sie keine Gnade gewähren!", rief Nickel entsetzt „Da müssen wir auf das Allerschlimmste gefasst sein!"

Noch ehe sie etwas unternehmen konnten, hatten die Piraten die *Tusnelda* auch schon geentert. Mit gezückten Säbeln, langen Messern und blutrünstigen Gesichtern stellten sie sich breitbeinig vor Nickel, Kalle, Maat Grinsson und Käpt'n Zwieback.

„Das ist ja eine bodenlose Unverschämtheit!", protestierte Käpt'n Zwieback. „Was bildet ihr euch eigentlich ein, wir sind hier die Piraten, die andere Schiffe überfallen. Piraten! Wir! Habt ihr das verstanden?"

Doch im selben Moment stand der Seeräuber des anderen Piratenschiffs neben ihm und hielt ihm ein Messer an die Gurgel: „Du wagst es, dich uns zu widersetzen?" Langsam begriff Zwieback den Ernst der Lage.

„Äh, nein, also, äh, natürlich nicht, wie kommen Sie darauf?", stammelte er nun sehr leise und unterwürfig. Sein verkrampftes Lächeln wirkte nicht sonderlich überzeugend.

Die fremden Piraten fesselten Zwieback, Grinsson, Kalle und Nickel, doch plötzlich kam eine laute Stimme wie aus dem Nichts:

„Ich bin der gefährlichste Pirat der Karibik, das weiß doch jeder!" Erschrocken blickten die Piraten um sich.

„Wer war das?", riefen sie. „Es muss noch ein Mann versteckt sein!" Sie durchsuchten die *Tusnelda*, konnten aber niemanden finden. Verunsichert standen sie auf dem Deck herum, als die Stimme plötzlich wieder ertönte: „Ich kenne keine Gnade, ihr müsst alle sterben!"

„Verdammt, was ist hier los?", brüllte der Piratenanführer des anderen Schiffes. „Wer droht uns hier?" Doch statt einer Antwort hörte er: „Ich kenne keine Gnade, ihr müsst alle sterben!"

„Verdammt, hier spukt es, lasst uns so schnell wie möglich verschwinden!", ordnete er an, und die anderen Piraten waren sehr froh, dass sie die

Tusnelda wieder verlassen durften, denn sie schlotterten vor Angst. Schon oft hatten sie von toten Seeräubern gehört, die als Geister wieder zurück auf Schiffe kommen. Sie hielten dies für Seemannsgarn, doch nun waren sie sich gar nicht mehr so sicher. So schnell, wie sie gekommen waren, verließen sie also das Schiff und segelten auf und davon.

Nickel, Kalle, Maat Grinsson und Käpt'n Zwieback saßen noch immer gefesselt auf der *Tusnelda*. Da kam Klabauter angeflogen und setzte sich auf Nickels Schulter. Dann hüpfte er auf dessen gefesselte Hände, um den Knoten zu lösen. Nachdem Nickel befreit war und dieser dann auch die anderen losgebunden hatte, standen sie in einem kleinen Kreis und streichelten und lobten Klabauter reihum.

„Klabauter, du hast uns gerettet! Hiermit erenne ich dich für heute zum Käpt'n der *Tusnelda*", rief Zwieback. „Du bist der Größte, ohne dich wären wir jetzt wahrscheinlich gar nicht mehr am Leben!"

Klabauter erwiderte: „Ich bin der gefährlichste Pirat der Karibik, das weiß doch jeder!" Jetzt mussten alle vier herzhaft lachen, obwohl ihnen der Schreck noch immer in den Knochen saß.

Rettung im letzten Moment

Nickel lag auf dem Schiffsdeck und sah zum Himmel empor. Die *Tusnelda* lag im Hafen von Barbados. Es war Vollmond, und die anderen waren bereits in ihre Kajüten gegangen. Er träumte vor sich hin, als ihn laute Geräusche aus seinen Gedanken rissen. Sie kamen vom Nachbarboot. Zwei Männer schienen zu streiten, und zwischendurch konnte man eine Mädchenstimme schluchzen hören. Nickel sprang auf. Er ging zur Reling, konnte aber nicht genau erkennen, was sich dort abspielte.

Weil Nickel wusste, dass er keine Ruhe finden würde, packte er sein Taschenmesser ein und machte sich auf den Weg zum Nachbarboot, das er über einen Steg erreichte.

Er konnte den Gouverneur von Tortuga erkennen, mit dem auch Käpt'n Zwieback schon öfter Streit gehabt hatte. Ein anderer betrunkener und wütender Bärtiger hielt Spielkarten in der Hand und brüllte: „Du hast deine Tochter Klara verwettet, nun gehört sie mir, und ich werde sie mitnehmen!"

Der Gouverneur rief: „Quatsch, das war doch nicht ernst, du kannst doch nicht glauben, dass du meine einzige Tochter bekommst!"

Nickel schreckte zusammen. Nun konnte er auch Klara erkennen. Sie saß in eine Ecke gekauert und schluchzte. Nickel konnte es nicht fassen. Der dumme Gouverneur hatte in seiner Spielsucht seine Tochter verwettet. Sie sollte seinen Leichtsinn nun ausbaden. Das musste verhindert werden! Er kannte Klara vom Sehen. Sie war immer mit ihrem Vater unterwegs, dem das Nachbarschiff gehörte, und mit dem sie quer

durch die Karibik segelte. Einmal hatten sie vor der Hafenkneipe miteinander geredet. Nickel hatte auch später noch gerne daran gedacht, weil sie nicht nur lustig war, sondern dazu schöne, pechschwarze Haare und blaue Sternaugen hatte.

Die beiden Männer waren noch immer so miteinander beschäftigt, dass Nickel erkannte, dass er sofort handeln musste. Barfuß schlich er sich an Klara heran und nahm ihre Hand. Sie wollte losschreien, doch Nickel hielt ihr den Mund zu und flüsterte schnell: „Ich bin's, Nickel, ich will dich nur retten!" Er half ihr schnell, ihre Schuhe auszuziehen, und lautlos verließen sie das Boot und retteten sich auf die sichere *Tusnelda*.

Der Gouverneur von Tortuga und der Bärtige zankten noch immer, lauter als vorher. Vermutlich hatten sie bemerkt, dass Klara verschwunden

war. Von der *Tusnelda* aus konnten Nickel und Klara beobachten, wie die beiden das Schiff verließen. Vermutlich machten sie sich auf die Suche nach Klara, die sie irgendwo im Hafen vermuteten.

Klara war noch immer aufgeregt, aber froh, dass sie zunächst einmal in Sicherheit war.

„Wir werden schon eine Lösung finden. Jetzt bleibst du erst einmal hier, da kann dir nichts passieren", sagte Nickel beruhigend. Er holte eine Decke und ein Gläschen Rotwein und meinte: „Danach kannst du besser schlafen."

Schon nach fünf Schlucken war beiden ein wenig schwindelig, da legten sie sich gemeinsam unter die Decke und sahen zum Mond. Groß und ruhig stand er da am Himmel und strahlte so viel Sicherheit aus, dass Nickel und Klara bald einschliefen.

Die hilfsbereiten Piraten

Klara wachte früh am Morgen auf und musste sich erst kurz besinnen, wo sie war. Sie weckte sogleich Nickel und fragte beunruhigt: „Nickel, was soll ich denn nun machen, wo soll ich hin? Mein Vater und der Bärtige werden mich noch immer suchen!" Nickel antwortete: „Wir müssen die anderen einweihen. Der Käpt'n ist zwar nicht immer der Netteste, aber er wird schon deshalb zu uns halten, weil er deinen Vater nicht besonders mag." Das leuchtete auch Klara ein. Gemeinsam mit Nickel ging sie in die Schiffsküche, wo Nickel sie erst einmal Kalle vorstellte, der gerade das Frühstück zubereitete. Sie erzählten ihm, warum Klara hier war und warum sie vor allem auch die nächste Zeit hier bleiben musste.

Kalle war stolz auf Nickel, der so schnell gehandelt hatte. Beim Frühstück wurden auch Käpt'n Zwieback und Maat Grinsson informiert.

Der Käpt'n war zunächst etwas zögerlich: „Frauen und Kinder sind auf Piratenschiffen eigentlich nicht erlaubt." Sie einigten sich dann aber darauf, dass Klara ja kein Kind mehr sei, aber auch noch keine Frau, und sie deshalb durchaus erst einmal auf der *Tusnelda* bleiben könne.

Sie segelten aufs Meer hinaus, wo sie sicher waren, erst einmal nicht auf Klaras Vater oder den Bärtigen zu stoßen. Dafür begegneten sie einem Segelschiff, das dicht herankam. Der Kapitän des Schiffes rief Käpt'n Zwieback etwas zu.

„Keine Ahnung, aus welchem Land die kommen, aber ich verstehe überhaupt nichts", sagte Zwieback zu den anderen. Da kam Klara näher heran. Da sie mit ihrem Vater schon jahrelang über die Weltmeere gesegelt und auch schon in vielen Ländern gewesen war, konnte sie fünf Sprachen. Der Kapitän des anderen Schiffes wiederholte seine Worte. Klara lächelte und antwortete ihm.

„Es sind Franzosen, und sie haben ein Problem. Der Mast ihres Schiffes hat bei einem Sturm einen Riss bekommen, und das Segel ist kaputt; sie brauchen eure Hilfe."

„Nun ja, eigentlich sind wir ja Piraten, aber nachdem wir heute schon so nett waren, dich auf unserem Schiff aufzunehmen, können wir jetzt auch noch den Franzosen helfen", antwortete Käpt'n Zwieback großzügig.

Die Anwesenheit von Klara schien ihn zu einen richtig sympathischen Zeitgenossen zu machen. Grinsson und er holten ein Ersatzsegel herbei. Nickel und Kalle konnten den Mast zwar nicht völlig reparieren, ihn aber mit Seilen so stützen, dass das Schiff sicher bis nach Barbados kommen würde.

Die Franzosen waren von der Hilfsbereitschaft der Mannschaft und von Klaras hervorragenden Französischkenntnissen so angetan, dass sie sich nicht nur überschwänglich für die Hilfe bedankten, sondern dem Käpt'n auch noch einige Flaschen Rotwein schenkten. Maat Grinsson, Kalle und Nickel bekamen zwei Ballen edler Stoffe, und Klara ein kleines Fläschchen mit teurem Parfüm.

Käpt'n Zwieback war völlig platt. „Wir haben niemanden ausgeraubt, sondern jemandem ge-

holfen. Und dafür bekommen wir diese ganzen Geschenke", sagte er verwundert. „Helfen ist manchmal besser als ausrauben, was?", scherzte Nickel.

In jedem Fall hatten sie dieses schöne Erlebnis Klara zu verdanken, denn wenn sie die französische Sprache nicht verstanden hätte, dann wäre es gar nicht dazu gekommen. Das sah auch Käpt'n Zwieback so und sagte deshalb zu Klara: „Fräulein Klara, danke dass Sie unsere Übersetze-

rin waren. Im Namen der Mannschaft möchte ich Ihnen sagen, dass wir uns freuen, Sie bei uns zu haben."

Kalle und Nickel schauten sich an und trauten ihren Ohren kaum. Der normalerweise launische und laute Käpt'n Zwieback konnte sich plötzlich ganz höflich benehmen. Nun, es sollte ihnen recht sein, denn sie hatten gleich zwei Dinge, über die sie sich freuen konnten: die nette Klara und den hilfsbereiten, höflichen Käpt'n Zwieback.

Der Abschied

Einige Tage später segelten Zwieback, Grinsson, Kalle, Nickel und Klara zurück nach Barbados. Ihre Vorräte waren aufgebraucht, und außerdem wollten sie herausfinden, was der Vater von Klara, der Gouverneur von Tortuga, in der Zwischenzeit getrieben hatte.

Der beste Ort, um Neuigkeiten zu erfahren, war von jeher die Hafenkneipe. Käpt'n Zwieback und Maat Grinsson erklärten sich sofort gerne bereit, dorthin zu gehen und Neuigkeiten über Klaras Vater in Erfahrung zu bringen.

Völlig unerwartet trafen sie ihn dort höchstpersönlich an. Er war schon am frühen Mittag angetrunken, hatte verquollene Augen und fühlte sich ganz offensichtlich hundsmiserabel.

„Zwei Schnäpse und einen Doppelten für den Gouverneur", bestellte Käpt'n Zwieback. Er und Grinsson setzten sich zu Klaras Vater und fragten „Na, was ist denn los?"

Sie hatten als Letztes damit gerechnet, dass der Gouverneur ihnen die ganze Geschichte

sofort erzählen würde, aber er war so verzweifelt, dass er sofort begann. Er erzählte vom üblen Kartenspiel, bei dem er in einer düsteren Minute seine Tochter verspielt hatte, die dann aber plötzlich verschwunden war und von der nun schon seit zwei Wochen jede Spur fehlte.

Er berichtete, dass er mit dem Bärtigen, gegen den er im Kartenspiel verloren hatte, sein Luxusboot gegen dessen altes Boot getauscht hatte, damit dieser endlich Frieden gab und einsah, dass ein Mensch sicherlich nie ein Wetteinsatz sein konnte. Er erzählte, wie er die letzte Woche jede Ecke der Insel abgesucht hatte und nun seit drei Tagen nur noch in der Hafenkneipe saß, weil er nirgends eine Spur von Klara gefunden hatte.

Er war ein einziges Häufchen Elend, und Käpt'n Zwieback und Maat Grinsson bekamen geradezu Mitleid mit ihm.

„Wenn wir dir helfen würden, deine Tochter zurückzubekommen, was wäre dir das wert?",

fragte Zwieback den Gouverneur. Dieser blickte auf und flehte den Käpt'n an:

„Weißt du, wo sie ist? Bitte hilf mir, ich gebe dir alles, was ich habe, wenn ich nur meine Klara wiederbekomme!"

Zwieback und Grinsson sahen sich an und waren sich einig, dass der Gouverneur seine Lektion gelernt hatte. Er würde sicherlich nie wieder um einen Menschen spielen. Außerdem war er bereit, wirklich alles herzugeben, wenn er dafür Klara zurückbekommen würde.

„O. k., Gouverneur, kommen Sie mal mit."

Sie gingen zurück auf die *Tusnelda*, wo Kalle gerade an Bord damit beschäftigt war, die Essensvorräte aufzufüllen. Nickel stand mit Klara an der Reling und hielt ihre Hand. Als er Käpt'n Zwieback und Grinsson mit Klaras Vater daher-

kommen sah, wusste er schon, dass die letzten Minuten mit Klara gekommen waren. Als der Gouverneur Klara sah, begann er, ihr entgegenzurennen. Wie er sie in die Arme nahm, rann ihm, aber auch ihr, eine kleine Träne an der Nase entlang.

„Klara, ich werde von jetzt an immer gut für dich sorgen, und ich verspreche dir, dass ich nie wieder Karten spielen werde!"

Dem Gouverneur war es ernst. Das wussten sie alle, und deshalb ließen sie es zu, dass der Gouverneur Klara wieder zu sich nahm.

Sie verabschiedeten sich lange, und Nickel fiel der Abschied besonders schwer, weil Klara ihn zum Abschied auf die Wange küsste und sagte: „Nickel, ich danke dir so sehr, du bist der beste Freund, den ich je gehabt habe."

Der Trödelladen

Während sich Käpt'n Zwieback und Maat Grinsson in der Hafenspelunke den einen oder anderen Schnaps gönnten, stöberten Nickel und Kalle in ihrem Lieblingströdelladen in der Innenstadt. Wann immer sie in der Gegend vorbeikamen und gerade ein bisschen Kleingeld übrig hatten, gingen sie dorthin.

In der Ecke des Ladens saß der Händler. Und wie immer, wenn sie den Laden betraten, war er in ein Buch vertieft. Der Laden war so groß, dass gerade zwei Menschen darin stehen, aber nicht aneinander vorbeikommen konnten. Dafür war der Laden vom Boden bis zur Decke vollgestopft, so dass man ohne weiteres auch nach zwei Stunden noch Neues entdecken konnte.

Nickel stöberte zuerst in den Büchern, von denen manche schon so alt waren, dass sie fast auseinander fielen. Nickel träumte vor sich hin und sagte dann: „Es wäre doch schön, wenn jetzt eine Schatzkarte aus einem dieser alten Bücher herausrutschen würde."

„Ja, aus alten Büchern fallen doch immer Schatzkarten heraus, zumindest in Filmen und Abenteuerromanen, was?", lachte Kalle. Sie sahen sich noch ein bisschen um, bis Nickel schließlich ein Buch über eine Weltreise entdeckte, das er unbedingt kaufen wollte. Kalle hatte ein altes Kartenspiel gefunden, von dem er meinte, dass er es für geruhsame Tage auf See gut gebrauchen könnte.

„Ich finde aber schon, dass wir dem Käpt'n auch etwas mitbringen sollten", überlegte Nickel, und schon im selben Moment entdeckte er eine kleine antike Schnupftabakdose aus Messing. „Das ist genau das Richtige für den Käpt'n!", freuten sich beide.

Die Dose war schon recht alt und hatte ein paar schwarze Flecken, unter denen jedoch der goldene Glanz von Messing hervorschimmerte.

„Wenn wir die putzen, sieht sie aus wie neu", meinte Kalle, „und nun noch etwas für Maat Grinsson."

Grinsson liebte schöne Waffen, und die beiden hatten einen alten Dolch entdeckt, mit dem sicherlich noch nie jemand gekämpft hatte, weil er dafür viel zu schade war. Der Dolch war aber so teuer, dass Nickel und Kalle ihn unmöglich kaufen konnten. Und weil ihnen auch sonst nichts einfiel, entschieden sie sich, die kleine Tabakdose dem Käpt'n und Grinsson gemeinsam zu schenken, schließlich schnupften beide gern eine Prise.

Nachdem sie auf dem Markt noch Obst und Gemüse eingekauft hatten, schlenderten Nickel und Kalle zurück zur *Tusnelda*. Kalle begab sich sogleich in die Kombüse. So nennen die Seeleute übrigens die Küche auf dem Schiff. Und während er begann Kartoffeln zu schälen, suchte Nickel nach Putzmittel, um die Schnupftabakdose für Käpt'n Zwieback und Grinsson zum Glänzen zu bringen.

Gerade als das Essen fertig war, kamen Zwieback und Grinsson zurück aufs Boot gewankt. Sie hatten offensichtlich viel zu viel getrunken, und weder Zwieback noch Grinsson wollten zu Abend essen.

„Gut, dann haben sie Pech gehabt, dann essen wir eben alleine!", sagte Kalle doch ein wenig beleidigt.

„Ja, du hast Recht, und die Schnupftabakdose bekommen sie heute auch nicht, wenn sie so be- trunken sind. Selbst schuld!", schimpfte Nickel. So aßen sie ihr Abendessen allein, und vor dem Schlafengehen spielten sie noch eine Partie Mau- mau mit Kalles neuen Karten. Grinsson und Zwieback hingegen schliefen tief und fest.

Die Schatzkarte

Am nächsten Morgen, als Käpt'n Zwieback und Maat Grinsson ihren Rausch ausgeschlafen hatten, waren sie froh über Kalles leckeres Frühstück und erstaunt, als Nickel ihnen berichtete, dass Kalle und er ein Geschenk für sie beide hätten.

Erwartungsvoll blickten Grinsson und Käpt'n Zwieback auf Nickel, der aus seinem Hemdsärmel die kleine Schnupftabakdose hervorzauberte. Geradezu gerührt waren die beiden Männer, und Grinsson holte sofort Tabak herbei, um ihn in die schöne Dose zu füllen. Er öffnete sie, wartete kurz und hielt sie dann ganz nah an seine Nase.

„Hej, wieso hältst du dir die Dose an die Nase, da ist doch noch gar kein Schnupftabak drin, du Dummkopf!", rief Zwieback. Doch Grinsson beachtete ihn nicht, sondern blickte gebannt in die leere Dose hinein. So langsam wurden die anderen neugierig, und Grinsson sagte leise: „Da hat jemand was in den Boden der Dose geritzt!"

„Zeig her!", rief Käpt'n Zwieback und riss Grinsson die Dose aus der Hand. Fachmännisch sagte er dann: „Das ist eine Landkarte von Barbados. Hier, das sind Berge, und da ist ein Quadrat mit einem Kreuz. Ha, das ist eine Schatzkarte!" Aufgeregt redeten alle durcheinander, bis Zwieback sagte: „Lasst uns einfach vor Ort nachsehen!"

Sie segelten in den Hafen von Barbados, legten an, nahmen Spaten und Schaufeln zur Hand und machten sich auf die Suche nach der Stelle mit dem Kreuz, die auf der Schatzkarte in der kleinen Dose eingeritzt war. Sie überquerten einen Berg und gelangten schließlich in eine sandige Bucht, in der vier Palmen standen.

„In dieser Bucht muss der Schatz sein. Sie liegt genau zwischen den zwei Bergen. Am besten, wir graben die ganze Bucht um", sagte Käpt'n Zwieback. Nickel blickte konzentriert auf die vier Palmen. Sie bildeten genau ein Quadrat.

„Ich glaube, die vier Punkte in der Dose sollen die vier Palmen sein. Der Schatz müsste genau in der Mitte sein", sagte Nickel überlegend.

„Hm, gar nicht so dumm, mein Schiffsjunge", gab Zwieback zu, und die vier rannten zu den Palmen hinüber und begannen, in deren Mitte ein Loch zu buddeln. Viel schneller als erwartet stießen sie auf einen festen Gegenstand, und noch unerwarteter entpuppte sich der feste Gegenstand tatsächlich als Schatztruhe.

„Das gibt's doch nicht, wir haben eine echte Schatztruhe gefunden!", schwärmte Nickel. Die Frage, wie man die Truhe am besten öffnen konnte, löste Käpt'n Zwieback schnell und brutal mit einem Brecheisen.

Die Überraschung war groß. Vor ihnen lag tatsächlich eine riesige Truhe voller Edelsteine. Kleine und große Diamanten blitzten ihnen ebenso entgegen wie Rubine, Saphire und andere bunte Kostbarkeiten.

„Das ist wahrscheinlich der größte Schatz, der hier je gefunden wurde! Und er gehört mir!", rief Maat Grinsson völlig außer sich.

„Quatsch, du Schwachkopf, das ist mein Schatz!", schnauzte Käpt'n Zwieback zurück. Sie brüllten sich nun gegenseitig an, und zwar so laut, dass ein Polizeiauto, das an der Küstenstraße entlangfuhr, anhielt und zwei Polizisten auf die

Streithähne zukamen. „Was gibt es denn hier für ein Problem?", fragte einer der Polizisten und im selben Moment sah er den Schatz.

„Haben sie den gefunden?", fragten die Polizisten ungläubig wie aus einem Mund. Zwieback und Grinsson hatten noch nicht begriffen, was die Anwesenheit der Polizisten zu bedeuten hatte: Die Polizei konfiszierte den Schatz, denn er war Eigentum der Insel. Zwieback und Grinsson tobten nun noch mehr, als sie hörten, dass man ihnen den Schatz wieder wegnehmen wollte. Die Polizisten teilten ihnen aber mit, dass die Finder – und zwar alle vier – ein Anrecht auf einen Finderlohn hätten. Der war so groß, dass die komplette Besatzung der *Tusnelda* mindestens ein Jahr davon leben konnte.

„Wenn die Polizei nicht gekommen wäre, hätten wir unser ganzes Leben davon leben können!", schimpfte Zwieback weiter. Nickel und Kalle hingegen freuten sich: „Was für ein Glückstag, wir haben Geld genug für mindestens ein Jahr! Wir können Urlaub machen und brauchen keine Schiffe mehr zu überfallen. Und außerdem hatten wir riesiges Glück, denn es gibt nicht viele Menschen, die jemals einen solchen Schatz finden!"

Auf der Jagd nach Rum und Zigarren

Seit mehreren Tagen war das Piratenschiff *Tusnelda* mit seiner Besatzung nun schon auf hoher See. Käpt'n Zwieback waren Rum und Zigarren ausgegangen, sodass er die Reise nach Jamaika auf sich nahm, um für Nachschub zu sorgen. Sein Maat Grinsson hoffte ebenfalls auf eine fette Beute, denn auch er war von der Sorte, für die ein Leben ohne Rum und Zigarren kein Leben war.

Sowohl Nickel als auch der Schiffskoch Kalle machten sich gar nichts aus Alkohol und rauchten auch nicht. Sie freuten sich aber schon deshalb über die Reise, weil sie noch nie in der Gegend um Jamaika gewesen waren.

„Beute in Sicht!", rief Käpt'n Zwieback, und am Horizont konnte man schon sehr deutlich ein großes Handelsschiff sehen.

„Mit unserer flinken *Tusnelda* holen wir die schnell ein!", rief er, und sie nahmen Kurs auf das Schiff. Als sie nah genug herangekommen waren, rief Käpt'n Zwieback: „Hisst die Piratenflagge mit dem Totenkopf! Dann sehen sie, wer wir sind, und sie haben noch die Möglichkeit, sich kampflos zu ergeben. Wenn sie das nicht tun, kenne ich keine Gnade!" Maat Grinsson stand an der Reling und beobachtete das andere Schiff mit dem Fernglas.

„Sie sind klug, sie hissen eine weiße Flagge. Das heißt, dass sie sich ergeben", rief er den anderen zu.

„O. k., dann lasst uns mal die Beute holen!" Geschwind schwangen sich Käpt'n Zwieback und Maat Grinsson auf das andere Boot.

„Gut, dass ihr euch ergebt, wir müssen euch aber trotzdem fesseln. Alle die Hände hinter den Rücken!", rief er mit Furcht einflößender Stimme. Die Besatzung bestand aus zehn Mann, und alle wurden der Reihe nach gefesselt.

Kalle und Nickel beobachteten von der *Tusnelda* aus, wie Käpt'n Zwieback nun im Bauch des Schiffes verschwand, um nach der Ladung zu suchen. Grinsson blieb bei der gefesselten Besatzung, um sicherzugehen, dass sich keiner befreien konnte. Zwieback kam triumphierend zurück. Er hatte mehrere Rumflaschen im Arm.

„Grinsson, das ganze Schiff ist voll mit Rum und Zigarren! Ich mache gleich mal eine Flasche auf, damit wir sehen, ob der Rum auch gut ist!", freute sich Zwieback und hatte bereits eine Flasche geöffnet. Er gab sie Grinsson, öffnete eine für sich selbst, und beide prosteten sich zu.

„Teuflisch gut, das Zeugs!", rief Zwieback und hob erneut zum Trinken an. Die gefesselte Besatzung des Handelsschiffs sah den beiden Schnapstrinkern ängstlich zu. Diese konnten sich gar nicht mehr beherrschen, und nach kurzer Zeit hatte sowohl Zwieback als auch Maat Grinsson je eine ganze Flasche Rum geleert. Obwohl sie bereits auf dem Schiff herumschwankten und nicht mehr gerade stehen konnten, öffneten sie zwei weitere Flaschen.

„Was sollen wir denn nun machen?", fragte Kalle Nickel, die das Geschehen noch immer von der *Tusnelda* aus beobachteten.

„Ich glaube, wir müssen nur ein Weilchen warten, die Zeit tut ein Übriges", antwortete

Nickel ruhig, und er hatte Recht. Nach einer halben Stunde fielen beide kurz nacheinander um und machten keine Mucks mehr, das heißt Grinsson begann nach einer Weile laut zu schnarchen.

„So, jetzt sind wir an der Reihe", rief Nickel. Kalle und er schwangen sich auf das Handelsschiff.

„Bitte bringt uns nicht um!", rief die gefesselte Besatzung.

„Ach was, wir doch nicht!", antwortete Nickel. „Ich mache euch einen Vorschlag: Wir lösen eure Fesseln, und ihr helft uns, die beiden Betrunkenen zurück auf die *Tusnelda* zu tragen." Sehr erleichtert sahen die Gefangenen drein und stimmten sofort zu. Nickel und Kalle lösten die Fesseln. Die Handelsleute waren so froh, dass sie wieder frei waren und ihnen nichts passiert war, dass sie nicht nur Käpt'n Zwieback und Grinsson auf die *Tusnelda* zurücktrugen, sondern Nickel

und Kalle viele Flaschen Rum und einige Kisten Zigarren dazugaben. Alle dankten einander und Nickel und Kalle traten den Heimweg mit Kurs auf Barbados an.

Fast zwölf Stunden dauerte es, bis Käpt'n Zwieback und Maat Grinsson ihren Rausch ausgeschlafen hatten.

„Was ist passiert", rief Zwieback, „wo bin ich?" Nickel erzählte ihm die Geschichte so: „Ihr habt das Handelsboot überfallen, die ganze Mannschaft gefesselt und dann eine riesige Beute gemacht. Hier, der ganze Rum und die Zigarren, das habt ihr erbeutet!" Käpt'n Zwieback lachte laut und klatschte sich auf die Schenkel.

„Ich habe sie alle besiegt, ich bin der Größte!", rief er glücklich, und er und Maat Grinsson zündeten sich eine Zigarre an und blickten sehr heldenhaft drein.

Die Spielzeugbande

Gabriele Nink

Im Kinderzimmer ist was los!

„Jetzt sind es schon drei lange Tage, dass das Kind in Urlaub ist", klagt der Schmusehase dem anderen Spielzeug im Kinderzimmer sein Leid. „Keiner spielt mit uns. Mir ist ja so langweilig!"

„Mir auch, mir auch", fallen die anderen in die Klage ein.

„Wir sollten etwas unternehmen", rufen alle durcheinander.

„Wir wissen doch, wie man spielt, das können wir auch allein."

„Was haltet ihr davon, wenn wir eine Theateraufführung machen", schlägt der lustige Schlenkerkasper vor.

„Ja, ja", rufen die anderen.

„Ich spiele aber die Hauptrolle, denn ich bin ja schließlich eine Kasperletheater-Figur", sagt der Kasper.

„Dann bin ich die schöne Prinzessin", ruft die eingebildete Porzellanpuppe.

„Und ich bin der böse Wolf", sagt der weiche, anschmiegsame Schmusehase.

„Du und ein böser Wolf", kichern die quirligen Murmeln, „du kannst doch keiner Fliege was zu Leide tun! Dann noch eher der Teddy."

„Ich bin der böse, böse Bär, der die Prinzessin auffrisst", ruft der Teddybär übermütig und schneidet dabei furchtbare Grimassen.

„Ich will auch mitspielen", meldet sich der kleine Spielzeugbagger. „Mit meiner Hilfe könnte man die Prinzessin retten", schlägt er vor.

„Gute Idee", meint der Brummkreisel, „du könntest den Kasper und die Prinzessin mit Hilfe deiner Schaufel aus der Gefahrenzone bringen."

„Dann bin ich aber der Regisseur, und ihr müsst alle nach meiner Pfeife tanzen", entscheidet der Brummkreisel.

Emsig gehen alle an die Arbeit. Das Stück soll heißen: „Der böse Bär hätte beinahe die schöne Prinzessin gefressen", da sind sich alle Beteiligten einig. Die Murmeln, der Schmusehase und die Badeente, für die sich keine passenden Rollen gefunden haben, sind die Zuschauer. Die Murmeln sitzen gespannt vor dem Kasperletheater und murmeln, denn das Theaterstück hat noch nicht begonnen. Dann hält der Schmusehase eine kurze Ansprache:

„Sehr verehrtes Publikum! Ich freue mich, Ihnen unser erstes Theaterstück mit dem Titel „Der böse Bär hätte beinahe die schöne Prinzessin gefressen" vorstellen zu können. Viel Spaß allerseits!"

Dann endlich geht der Vorhang auf, und das spannende Stück beginnt. Als erstes Bild sind der Schlenkerkasper und die schöne Prinzessin zu sehen. Die Prinzessin ist wunderschön und bekommt Szenenapplaus, weil sie das Häkeldeckchen vom Nachttisch als Kopfschmuck trägt. Den Kasper hält sie an der Hand, und gemeinsam singen sie das Lied, das das Kind immer trällert, wenn es aus dem Kindergarten kommt. Das Spielzeug kennt den Text in- und auswendig, und auch das Publikum singt mit.

Plötzlich taucht im Hintergrund der böse Bär auf. Dem Publikum stockt der Atem, den Glaskugeln stehen die Haare zu Berge. Alle sind sehr aufgeregt. Der Bär reißt sein Maul Furcht erregend weit auf, um die schöne Prinzessin zu fressen, aber da ist schon der Schlenkerkasper mit dem Bagger zur Stelle. Der gibt dem Bären mit einem Stock eins auf die Nase, steigt mit der Prinzessin in die Schaufel des Baggers und verschwindet mit ihr auf Nimmerwiedersehen.

Das Stück ist zu Ende, und das Publikum klatscht wie wild. Alle sind froh und erleichtert, dass die Prinzessin in letzter Sekunde gerettet wurde. Die Schauspieler müssen sich mindestens zwanzigmal verbeugen. „Das war ja so schön!", finden alle.

„Morgen spielen wir wieder Theater", schlägt der Schlenkerkasper vor. „Dann sind die Murmeln, der Schmusehase und die Badeente mit dem Schauspielern dran, und wir sind das Publikum. Was haltet ihr von dem Titel: „Die Rettung der Badeente vor dem Ertrinken?"

Das Kind ist krank

Dem Kind geht es sehr schlecht. Es liegt mit fiebrig roten Wangen im Bett und wird einfach nicht gesund. Immer wieder kommen die Eltern ins Kinderzimmer und sehen nach, wie es dem kleinen Patienten geht. Sie machen kalte Umschläge und Wadenwickel, bringen Tee und Zwieback, aber nichts hilft. Das böse Fieber will einfach nicht runtergehen.

Das Spielzeug ist entsetzt. „Wie können wir dem Kind helfen, wieder gesund zu werden?", fragt es sich.

„Wir könnten in der Nacht die Arbeit der Eltern übernehmen", schlägt der liebe, wollige Teddybär vor.

„Das ist eine gute Idee!", meinen die anderen. „Wir müssen nur aufpassen, dass uns die Eltern nicht erwischen. Wir müssen sehr vorsichtig sein!"

Am Abend kann es das Spielzeug kaum abwarten, bis die Eltern zu Bett gegangen sind. Sofort nach dem Gutenachtkuss beginnen sie mit der Arbeit.

„Der Kamillentee ist alle", melden die Glaskugeln, die in ihrem Säckchen auf dem Nachttisch des Kinderzimmers liegen und den besten Überblick auf das Bett haben.

„Brummkreisel, kannst du schnell in der Puppenstube neuen Tee kochen?"

„Sofort", antwortet der Kreisel, „bin schon bei der Arbeit."

„Mir ist so heiß", stöhnt das Kind.

„Hast du nicht gehört, Badeente?" rufen die Murmeln, „dem Kind ist heiß! Lauf schnell ins Badezimmer, und hole Wasser!" Und damit der Transport des Wassers schneller geht, hilft auch der kleine Spielzeugbagger mit. Blitzschnell ist er mit einer Schaufel voll Wasser zur Stelle.

„Ich brauche deine Schlappohren, mein lieber Schmusehase", sagt der Bagger. „Die tauchen wir ins Wasser und legen sie dem Kind dann auf die heiße Stirn."

„Wenn es dem Kind hilft", antwortet der Schmusehase, der es gar nicht so gern hat, immer

mit feuchten Ohren rumzulaufen. „Meine Ohren sind ja eh ständig nass genuckelt", sagt er, springt mit tropfenden Ohren ins Bett des Kindes und schmiegt sich eng an das fiebrige Gesichtchen.

„Das tut gut", stöhnt das Kind.

„Was kann ich tun?", fragt die Porzellanpuppe, die wie immer vornehm und kühl auf der Fensterbank steht. „Kann ich mit meinem kalten Körper zur Kühlung beitragen?", schlägt sie vor.

„Das wäre eine Möglichkeit", sagt der Teddy. Sogleich schlüpft die Puppe unter die Bettdecke und kühlt mit ihrem Körper die heißen Beine des Kindes. Der Teddybär klettert auf das Kopfkissen und streichelt immer wieder liebevoll die glühenden Wangen des Kindes.

„Jetzt ist es an der Zeit, Fieber zu messen", meint der Schlenkerkasper. „Das Fieberthermometer liegt neben uns", raunen die Murmeln leise.

„Lieber Bagger, kannst du das Thermometer mit deiner Schaufel unter den Arm des Kindes fahren?"

„Natürlich", ruft der Bagger eifrig, denn er arbeitet für sein Leben gerne. Und so ist das Fieberthermometer ganz schnell an seinem Platz.

Das Spielzeug wartet gespannt. Nach ein paar Minuten liest der Schmusehase das Ergebnis ab: 37,3 Grad Celsius. „Das Fieber ist gesunken!", jubeln alle. Und wirklich, das Kind ist eingeschlafen und atmet ganz ruhig. Das Spielzeug ist mit sich und der Welt zufrieden. Als die Eltern am nächsten Morgen wieder nach ihrem Kind sehen, sind sie sehr froh, dass das Fieber gesunken ist. Zum ersten Mal nach mehreren Tagen hat das Kind wieder Appetit und verlangt nach einem Marmeladenbrötchen. Die roten Fieberflecken sind verschwunden, und die Körpertemperatur ist gesunken. „Dass unser Kind so schnell wieder gesund wird, hätte ich nicht gedacht", sagt die Mutter zum Vater. Das Spielzeug sieht sich an: Wenn die Eltern wüssten, dass das Spielzeug einen großen Anteil an der Genesung des Kindes hatte, würden sie sich sicherlich sehr wundern!

Der gebrochene Arm

Das Sandmännchen hat gute Arbeit geleistet, findet der Mond, der zufrieden durch das Kinderzimmerfenster guckt. Das Kind schläft tief und fest. Aber was ist denn das?

„Da tobt ja noch das Spielzeug im Zimmer herum! Da muss ich aber noch einmal dem Sandmann Bescheid sagen, vielleicht hat der bei seiner allabendlichen Runde vergessen, dem Spielzeug Sand in die Augen zu streuen." Schnell zieht der Mond weiter, um das Sandmännchen zu suchen.

Laut ist es im Kinderzimmer! Der Brummkreisel brummt, der Bagger scheppert, die Badeente schnattert, die Murmeln kichern albern und klirren wild gegeneinander. Der Teddy singt: „Die Bären rasen durch den Wald, der eine macht den andern kalt. Die ganze Bärenbande brüllt: Wo ist der Honigtopf, wo ist der Honigtopf, wer hat den Honigtopf geklaut?" Der Schmusehase wackelt mit den Ohren dazu.

Nur die Porzellanpuppe steht wie immer vornehm und steif auf der Fensterbank. Sie ist sehr wütend auf die anderen, weil sie gerne in Ruhe schlafen möchte.

„Ruhe, verdammt noch mal, könnt ihr nicht ein bisschen leiser sein!" zischt sie ungehalten. „Soll das Kind etwa von eurem Lärm aufwachen? Morgen seid ihr wieder müde, und keiner kann etwas mit euch anfangen", ruft sie. „Wenn das so weitergeht, sage ich dem Mond Bescheid!" Aber das andere Spielzeug stört sich nicht an den mahnenden Worten der Porzellanpuppe. Übermütig johlen alle durcheinander, klirren und klappern, brummen und kichern, singen und tanzen. Jetzt schlägt der Teddy sogar noch einen Purzelbaum quer übers Bett. Der Brummkreisel macht einen Handstand, und die Murmeln üben sich im Weitsprung. Eine nach der anderen fliegen sie quer durch das ganze Kinderzimmer.

Plötzlich passiert es: Eine Murmel springt mit dem falschen Bein ab, federt einmal kurz auf dem Fensterbrett auf, prallt ab und landet genau auf dem Arm der Porzellanpuppe. „Pling!", macht es, und der Arm der Puppe bricht ab.

„Mein Arm, mein armer Arm!", ruft die Porzellanpuppe entsetzt. „Mein Arm ist ab. Jetzt muss ich wieder in die Puppenklinik, und ihr seid Schuld!", herrscht sie die quirligen Murmeln an, die jetzt zerknirscht gemeinsam in einer Ecke des Kinderzimmers hocken. „Da seht ihr, was ihr angerichtet habt!"

„Oh, entschuldige, liebe Puppe!", schluchzt die verzweifelte Murmel, die an dem Unglück Schuld ist. „Das habe ich nicht gewollt!", weint sie. „Wie kann ich das je wieder gutmachen?"

„Ist ja schon gut", meint die Puppe, der die unglückliche Murmel jetzt Leid tut. „Mein rechtes Bein war ja auch schon einmal ab und ist in der Puppenklinik wieder angeklebt worden. Und jetzt sieht es fast wieder genauso schön aus wie vorher. Besser nur der Arm, als wenn mein ganzer Körper zerbrochen wäre. Aber das soll euch eine Lehre sein. Jetzt wird sofort geschlafen,

marsch ins Bett! Ich will nichts mehr von euch hören!" Das Spielzeug ist zerknirscht und gehorcht der Porzellanpuppe sofort. Es ist ohnehin schon lange müde, es wollte vorher nur keiner so recht zugeben. Die arme Porzellanpuppe hält sich unglücklich den Arm und seufzt: „Warum bin ich auch bloß aus Porzellan? Wäre ich aus Plastik, würde ich mich nicht so oft verletzen und könnte besser mit den anderen herumtollen." Andererseits würde sie demnächst wieder operiert und hätte dann dem Spielzeug wieder viel zu erzählen.

Als das Sandmännchen tief in der Nacht dem Spielzeug Sand in die Augen streuen will, sieht es, dass alle tief und fest schlafen. „Typisch Mond", seufzt es, „als ob ich nicht schon genug zu tun hätte." Schnell läuft es zum nächsten Spielplatz, holt noch ein paar Schubkarren voll frischem Sand und fährt mit seiner Arbeit fort.

Der Teddy erzählt seine Geschichte

Es ist ein heißer Sommertag. Das Kind ist im Schwimmbad und hat nur die kleine Badeente mitgenommen. Das übrige Spielzeug liegt, von der Hitze faul, im Kinderzimmer herum: Der Teddybär und der Schmusehase lümmeln sich auf dem Kopfkissen des Kindes, der Schlenkerkasper hängt kopfüber vom Kasperletheater herunter, die Murmeln kullern leise unter dem Bett herum, der Bagger steht in der Ecke, der Brummkreisel liegt gegen den Kleiderschrank gelehnt, und die Porzellanpuppe sitzt wie immer auf der Fensterbank.

„Soll ich euch einmal meine Geschichte erzählen?", fragt der Tedddybär. Die anderen sind Feuer und Flamme, weil der Teddy so schön erzählen kann.

„Also", beginnt der Bär. „Ich bin schon urur-alt. Im Jahre 1965 bin ich einem kleinen Mäd-chen geschenkt worden. Da lag ich unter dem Weihnachtsbaum. Die Kerzen strahlten, und das kleine Mädchen strahlte mit ihnen um die Wette, als es mich sah. ‚So einen schönen Teddy habe ich noch nie gesehen!', rief sie und schloss mich glücklich in ihre Arme. Von dem Zeitpunkt an war ich immer mit ihr zusammen. Ich war fabrik-neu, hatte ein glänzendes Fell und blinkende Knopfaugen. Auch Brummen konnte ich viel lau-ter als heute. Das Mädchen war die Mutter des Kindes, dem wir jetzt gehören. Ich hatte eine schöne Zeit mit ihr und wurde immer geliebt. Ich habe in ihrem Arm gelegen und wurde ständig geherzt und gedrückt. Wenn ich daran denke, wird es mir immer noch warm ums Herz.

Leider gab es in der Familie noch einen Bru-der. Der war eifersüchtig auf mich und zeigte mir bei jeder Gelegenheit, dass er mich nicht mochte. Kaum war das Mädchen aus dem Zimmer, zog er an meinen Ohren, schüttelte mich und riss mir einmal sogar ein Auge aus. Das kleine Mädchen hat das Auge aber sofort wieder angenäht. Sie konnte aber noch nicht so gut nähen, und des-halb schiele ich heute ein bisschen.

Irgendwann wurde das Kind älter und verlor das Interesse an mir. Das tat mir sehr weh. Ich kam in einen alten Koffer und wurde auf dem Dachboden abgestellt. Da lag ich dann, Gott sei

Dank aber nicht alleine. Zusammen mit mir waren da noch die nette Barbie mit ihren schönen Kleidern und außerdem ein Ball, dem es aber im Laufe der Zeit immer schlechter ging, weil er jeden Tag mehr an Luft verlor. Aber die Zeit ist uns nie lang geworden.

Zweimal wurde der Koffer irgendwo hingebracht, da ist die Familie umgezogen. Dann kam Bewegung in die Bude. Wir wurden durcheinander geschüttelt, dass uns die Luft wegblieb. Später mussten wir uns wieder neu sortieren. Ansonsten war es eine ruhige Zeit. Trotzdem waren wir nicht glücklich, denn schließlich ist es die Bestimmung des Spielzeugs, dass mit ihm gespielt wird. Aber es dauerte noch ungefähr drei weitere Jahre, bis der Koffer wieder geöffnet wurde. Wir wurden herausgeholt, gesäubert, gebür-

stet und entfusselt. Der Ball wurde wieder aufgepumpt, und sah danach wie neu aus. Die Barbie bekam neue Kleider und ich, weil mein Körper im Laufe der Zeit so viele Haare verloren hatte, eine gestrickte Hose, einen Pullover und echte Hosenträger. Dann wurde ich dem lieben Kind geschenkt, das sich über mich ebenso gefreut hat, wie damals seine Mutter. Und jetzt bin ich hier bei euch und führe ein glückliches Leben."

„Was für eine rührende Geschichte!", rufen die anderen begeistert. „Aber ehrlich, so alt siehst du gar nicht aus!", bemerkt der Brummkreisel.

„Ich habe mich eben gut gehalten, weil mich das Kind so gut pflegt", antwortet der Teddy. „Und weil es mich so lieb hat …", flüstert er noch, bevor er erschöpft einschläft, denn der Jüngste ist er schließlich auch nicht mehr.

Das Spielzeug auf Entdeckungsreise

Es ist mitten in der Nacht, als der Schlenkerkasper plötzlich aufwacht. Der Mond scheint hell durchs Kinderzimmerfenster. Ganz voll ist er in dieser Nacht.

„Bestimmt hat mich der Vollmond geweckt", denkt er bei sich. „Der Mond hat es gut, der darf draußen scheinen, und ich", überlegt er, „ich war noch nie draußen."

Er hört die Glasmurmeln leise vor sich hinmurmeln. Wahrscheinlich sind die auch von der Helligkeit des Mondes wach geworden.

„He, Murmeln, seid ihr wach?", fragt er ins Dunkle.

„Ja, ich bin wach", antwortet die Größte und Farbenprächtigste von allen. „Ich habe das Problem, bei Vollmond nicht schlafen zu können."

„Warst Du schon mal draußen?", fragt sie der Kasper neugierig.

„Oh ja, das Kind nimmt uns manchmal mit auf den Spielplatz und spielt mit seinen Freunden im Sand. Das macht vielleicht Spaß!"

„Ich würde für mein Leben gerne einmal einen Spielplatz sehen", sagt der Kasper sehnsüchtig.

„Nichts leichter als das", antwortet die Glaskugel, „lass uns doch einfach gemeinsam hingehen. Ich weiß doch den Weg."

„Das wäre das Größte", meint der Kasper. Eilig klettert er vom Kasperletheater herunter, nimmt die gläserne Murmel in seine Hand, und los geht es. Bis zu diesem Zeitpunkt hatte er das Kinderzimmer noch nicht verlassen, denn er war das neueste Spielzeug.

„Zuerst musst du durch die Kinderzimmertür, dann die Treppe runter und im Flur durch die Haustür", erklärt ihm die Murmel. „Zum Spielplatz sind es dann nur noch ein paar Meter."

Der Kasper öffnet die Türe und schleicht leise die Treppe, Stufe für Stufe, hinunter. Plötzlich fällt ihm die Murmel aus der Hand. Die poltert laut von einer Treppenstufe zur nächsten und verursacht dabei einen Höllenlärm.

„Bist du verrückt geworden?", ruft die Murmel. „Die Erwachsenen könnten uns hören."

Aber da ist es auch schon zu spät. Sie hören ein Bett knarren und die Stimme vom Vater des Kindes rufen:

„Was ist denn hier los? Man könnte glauben, es seien Einbrecher im Haus!" Das Licht im Treppenhaus geht an, und der verschlafene Vater kommt die Treppe herunter.

„Mach dich ganz klein", wispert die Murmel dem Kasper noch zu – aber zu spät, der Vater wäre fast über ihn gestolpert.

„Da hat das unordentliche Kind wieder nicht aufgeräumt und sein Spielzeug auf der Treppe liegen lassen", seufzt er. „Aha, da ist ja der Übeltäter", sagt er, als er fast auf der Murmel ausrutscht. „Das

ist ja lebensgefährlich!", sagt der Vater, nimmt die Glaskugel in seine große Hand und den Schlenkerkasper kopfüber an seinem Kasperlegewand. Beides wirft er mit Schwung auf das Sofa im Flur.

Das war's, jetzt müssen beide Spielzeuge im Flur übernachten und würden erst morgen wieder zurück ins Kinderzimmer gebracht werden. Wenn sie allein hinaufgingen, würden die Erwachsenen etwas merken.

„Keine Angst, es waren keine Einbrecher", beruhigt der Vater des Kindes die Mutter. „Das Kind hat mal wieder seine Spielsachen nicht aufgeräumt", hören die beiden den Vater erzählen. „Eine Murmel hat sich selbstständig gemacht und ist die Treppe runtergekullert, und ich hätte mir fast den Hals gebrochen!", berichtet er.

„Na denn, gute Nacht!", sagt die Murmel zum Kasper, während sie es sich beide auf dem Sofa bequem machen. „Dann ziehen wir eben erst morgen Nacht los", murmelt sie. „Für heute reicht es an Aufregung. Und morgen hältst du mich besser fest, verstanden?", vergewissert sie sich noch, kurz bevor sie endgültig einschläft und von den weichen Sandkörnern des Spielplatzes träumt.

Der kranke Brummkreisel

„Essen kommen!", ruft die Mutter das Kind. Ein allerletztes Mal haut das Kind kräftig auf den Brummkreisel und verlässt eilig das Kinderzimmer, denn es hat Hunger. Der Kreisel dreht sich geschwind, wird schneller und schneller. Dann wird er wieder langsamer, eiert ein wenig, bis er das Gleichgewicht verliert und schließlich mit der Seite hart gegen einen eisernen Heizkörper scheppert.

„Au, aua, jetzt habe ich bestimmt eine Beule!", jammert der Brummkreisel. Sogleich befühlt er seinen Blechkörper, aber zum Glück ist keine Beule zu ertasten. Irgendetwas stimmt heute nicht mit ihm. Normalerweise liebt er es, wenn das Kind mit ihm spielt. Je schneller er sich drehen

darf, umso besser fühlt er sich. Nur eben heute nicht. Gerade ist ihm von dem vielen Drehen ganz schwindelig geworden, und es ist ihm mulmig zu Mute. „Vielleicht bin ich krank", denkt er bei sich. „Ich sollte die anderen fragen."

„Teddy, hör mal", spricht er den gutmütigen, wolligen Bären an, der sich auf dem Bett des Kindes lümmelt. „Teddy, mir ist heute gar nicht wohl", ruft er. „Ich glaube, ich bin krank. Weißt du, ich war noch nie krank", erklärt er dem Bären. „Ich weiß nicht, wie sich das anfühlt, wenn man krank ist."

„Fühlst du dich schlapp, hast du Kratzen im Hals, einen heißen Kopf und Schwindel?", fragt der Teddy.

„Ja, Schwindel", jammert der Brummkreisel, „mir ist so schwindelig."

„Nur schwindelig? Dann kann es keine Erkältung sein", sagt der Bär. Er hatte nämlich schon einmal eine Grippe gehabt, weil das Kind ihn ohne Pullover und Hose im Durchzug hatte liegen lassen.

„Bist du schon einmal krank gewesen?", fragt der Kreisel als Nächsten den Schmusehasen. „Das Kind hat mir einmal einen Knoten in jedes Ohr gemacht, da konnte ich zwei Tage lang nichts hören", erwidert der Hase, der neben dem Teddy lehnt. „Ich weiß aber nicht, ob das eine richtige Krankheit ist."

„Ich hatte schon mal eine Gänsehaut", ruft die Badeente aus dem Badezimmer. Sie hatte das Gespräch mitverfolgt und schon lange etwas dazu sagen wollen. Das ganze Spielzeug fängt an zu lachen. „Ha, ha, eine Ente mit Gänsehaut, ist das nicht witzig?", rufen sie durcheinander.

„Hast du Schmerzen im Bein?", mischt sich die Porzellanpuppe wichtigtuerisch von der Fensterbank her in das Gespräch ein. Sie war sehr stolz, schon einmal so krank gewesen zu sein, dass sie in die Puppenklinik musste.

„Nein, habe ich nicht", antwortet der Kreisel.

„Bestimmt wissen die Murmeln mehr, die drehen sich ja auch immer im Kreis. Die kennen sich gewiss mit Schwindelgefühlen aus", meint der Teddy. Die sonst so quirligen, bunten Glasmurmeln haben es sich unter dem Bett gemütlich gemacht und halten gerade ein Mittagsschläfchen, als sie der Brummkreisel anspricht.

„Mir war schon mal schwindelig", entgegnet die kleinste der Murmeln auf die Frage, während sie langsam unter dem Bett hervorrollt. „Aber das Gefühl ist schnell wieder weggegangen, weil ich mich nach dem Spielen ein wenig ausgeruht habe. Vielleicht musst du nur ein bisschen schlafen, und dann fühlst du dich wieder besser", meint sie.

„Das ist eine großartige Idee", findet der Brummkreisel. „Ich bin sowieso hundemüde", sagt er, lehnt sich an den Kleiderschrank und schläft augenblicklich ein. Als er wieder aufwacht, fühlt er sich wie neugeboren und kann es kaum abwarten, bis das Kind wieder mit ihm spielt. Und dann dreht er sich putzmunter, ganz ohne Schwindelgefühle, immer schneller und schneller und würde am liebsten gar nicht mehr mit dem Drehen aufhören.

Das fremde Spielzeug

„Tschüss, bis morgen im Kindergarten!", hört das Spielzeug das Kind seinem Spielkameraden noch zurufen, bevor sich hinter den beiden die Kinderzimmertür schließt. Die Freunde hatten den ganzen Nachmittag mit dem Spielzeug gespielt. Es war ein schöner, aber auch ein anstrengender Tag, denn das fremde Kind hatte zusätzlich Spielzeug von zu Hause mitgebracht: eine wunderschöne Puppe mit einem langen glänzenden Zopf, die nur chinesisch sprach, und eine Wasserpistole, die den ganzen Tag nur Unsinn gemacht hatte. Das Spielzeug lag nun

DIE SPIELZEUGBANDE

völlig entkräftet auf einem Haufen mitten im Zimmer, weil das Kind keine Zeit zum Aufräumen mehr gehabt hatte.

„Ich bin vergessen worden", meldet sich plötzlich die vorwitzige Wasserpistole aus dem angrenzenden Badezimmer. Schöne Bescherung, ausgerechnet die nervige Wasserpistole, die das übrige Spielzeug immer nass spritzt! Das Spielzeug stöhnt:

„Jetzt müssen wir es so lange mit diesem Angeber aushalten, bis er wieder von seinem Besitzer abgeholt wird", jammern sie. „Wenn doch die liebe Puppe hier geblieben wäre", denkt die Porzellanpuppe auf der Fensterbank. „Ich hätte sie ja so gerne als Freundin!"

Da kommt auch schon die angeberische Wasserpistole aus dem Bad ins Zimmer gerannt und droht dem übrigen Spielzeug: „Jetzt spritze ich euch alle nass!" Alle gehen in Deckung, aber zu spät. Ein Schwall kalten Wassers ergießt sich über das gesamte Spielzeug.

Der Bagger und der Brummkreisel, die beide sehr rostempfindlich sind, fangen an zu schimpfen. Der Teddy und der Schlenkerkasper sind bereits nass bis auf die Haut. Nur dem Badeentchen macht es nichts aus, nass zu werden. Denn Wasser ist schließlich sein Element.

„Na warte", beschweren sich alle, „wenn wir dich erwischen!"

„Achtung, jetzt kommt die nächste Ladung", ruft die Wasserpistole frech. Wieder ducken sich alle, aber das hätten sie gar nicht gebraucht, denn die Wasserpistole ist leer. Da wird das vorlaute Spielzeug ärgerlich. „Mist, ich muss erst nachladen", sagt es und macht sich auf den Weg ins Badezimmer. Aber da ist das Badeentchen schon

zur Stelle und hält mit aller Kraft den Wasserhahn zu. Nun kommt das übrige Spielzeug dem Entchen zur Hilfe.

„Du kriegst keinen Tropfen Wasser mehr, du Quälgeist!", beschließen sie und bauen sich bedrohlich rund um den Wasserhahn auf. „Du spritzt uns nicht mehr nass", sagen sie. Da gibt sich die Wasserpistole geschlagen. Ohne Wasser ist sie nämlich ganz hilflos.

„Entschuldigung", sagt sie, „ich schwöre euch, ich mache das nie wieder!" Aber das Spielzeug ist unnachgiebig und nimmt die Entschuldigung nicht an.

„Wir müssen die Wasserpistole bestrafen", sagt der Schlenkerkasper, „damit sie weiß, dass man Spielzeug nicht ungestraft nass spritzen darf."

„Wie wäre es, wenn ich sie einfach wegbaggerte?", schlägt der kleine Bagger vor, weil er so gerne arbeitet.

„Ich weiß etwas Besseres", meint der Teddybär. „Zur Strafe muss die Wasserpistole uns alle aufräumen."

Alle sind einverstanden, und die Wasserpistole beginnt kleinlaut mit ihrer Strafarbeit. Der Teddy wird aufs Bett gelegt, der Schlenkerkasper dazu, die Murmeln kommen eine nach der anderen in ihr Säckchen, der Brummkreisel zur Porzellanpuppe auf die Fensterbank, der Bagger in seine Ecke und die kleine Badeente auf den Badewannenrand. Hinterher ist die Wasserpistole fix und fertig, und das Spielzeug ist zufrieden. Als das Kind wieder ins Zimmer zurückkommt, sieht es, dass alles schön aufgeräumt ist.

„Auf mein Spielzeug kann ich mich verlassen, das räumt sich ganz von alleine auf", ruft es und schließt den Teddy fest in die Arme.

51

Der Gesangswettbewerb

„Schlaf, mein Kindchen, schlaf ein …", hört das Spielzeug im Kinderzimmer die Mutter des Kindes singen, und schon ist das Kind eingeschlafen. Die Mutter gibt ihm noch einen Kuss auf die Stirn und verlässt dann das Kinderzimmer.

Normalerweise schläft vom Gesang der Mutter auch das Spielzeug ein, nur heute nicht. Alle sind noch hellwach und unterhalten sich über Gott und die Welt.

„Ich wollte", beginnt der Schmusehase, der bei dem Kind auf dem Kopfkissen liegt, „ich könnte auch so schön singen."

„Vielleicht kannst du ja singen, du musst es einfach nur mal probieren ", ermuntern ihn die anderen.

„Was soll ich denn singen?", fragt der Hase.

„Irgendein Schmuselied, du bist doch ein Schmusehase", schlägt der Schlenkerkasper vor.

„Aber ich kenne keins", antwortet der Schmusehase verzagt.

„Dann erfinde doch eins", sagt der Teddybär.

„Ich singe jetzt jedenfalls ‚Alle meine Entchen'", ruft das Badeentchen und fängt sofort an:

„Alle meine Entchen schwimmen auf dem See …" tönt es aus dem Badezimmer.

„Zwei, drei, vier, marschieren wir, im schnellen Lauf, Berg hinauf, oben dann, alle Mann, Murmeln roll, roll!", fallen die Murmeln unter dem Bett in den Gesang ein und übertönen damit sogar das Badeentchen.

„Oh, jubi-duh", auch der Teddy kann nun nicht mehr an sich halten, „ich möchte sein wie duuuh", schmettert er los.

„Wir sollten einen Wettbewerb veranstalten, wer am besten singen kann", schlägt der kleine Spielzeugbagger vor.

„Das ist eine gute Idee", finden die anderen.

„Aber einen kleinen Moment noch, ich muss noch schnell ein Lied erfinden", erwidert der Spielzeugbagger. „O ja, gerade ist mir ein guter Text eingefallen. Hört mal: Ich baggere ja so gerne, baggere bei Tag und Nacht, baggere die ganze Woche durch, die ganzen Monate durch, das ganze Jahr hindurch, bei Wind und Wetter, juchhuh!"

„Na ja", sagen die anderen und zucken mit den Schultern. „Schließlich muss es dir ja gefallen", meinen sie.

Bewertet werden die Sänger von der Jury, bestehend aus dem Schlenkerkasper, der gerade einen Schluckauf hat und deshalb nicht singen kann, der Porzellanpuppe, die ihre Stimme schonen will, und dem Schmusehasen, dem immer noch kein Lied eingefallen ist.

Das Entchen beginnt. Es steht auf dem Nachttisch, hält ein unsichtbares Mikrofon in den Händen und singt „Alle meine Entchen".

„Buhh", rufen die anderen, „halt den Schnabel!" Das Entchen ist durchgefallen. „Ich mache nicht mehr mit!", sagt es beleidigt und watschelt zurück ins Badezimmer.

Dann kommen die Murmeln dran: „Zwei, drei, vier, marschieren wir …".Dabei klicken sie rhythmisch gegeneinander. Das Lied kommt bei der Jury gut an und wird mit der Note Zwei bewertet.

Dann kommt der heimliche Favorit, der Teddy, an die Reihe mit „Oh, jubi-duuh …" aus dem Dschungelbuch. Die Jury und auch das Publikum sind begeistert. „Das ist eine glatte Eins", sind sie sich einig.

Auch das Baggerlied findet Anklang. „Ich baggere so gern …", dabei fährt der Bagger im Takt des Liedes seine Schaufel rauf und runter und dreht sich um sich selbst. Diese Tanzeinlage findet den Beifall des Publikums: „Note Zwei bis Drei", befindet die Jury und der Bagger ist zufrieden.

Der gelungene Wettbewerb ist zu Ende, und alle Beteiligten sind müde und legen sich zum Schlafen nieder. Nur das Badeentchen ist immer noch eingeschnappt. „Morgen mache ich meinen eigenen Wettbewerb und gebe mir die Note Eins", nimmt es sich vor, bevor es dann auch endlich einschläft.

Unheimlicher Besuch aus Nachbars Garten

Das Kinderzimmerfenster ist nur angelehnt. Da schiebt sich plötzlich eine Gestalt durch den schmalen Spalt, den das offene Fenster bildet, windet sich geschmeidig um die Porzellanpuppe auf der Fensterbank und landet mit einem eleganten Satz mitten auf dem Bett, auf dem der Teddybär gerade seinen Mittagsschlaf hält. Aus seinen Träumen gerissen, schreckt der Teddy hoch und blickt geradewegs in ein paar unheimliche, grün glimmende Augen, die ihn gefährlich anblitzen. Dem armen Teddy bleibt vor Schreck fast das Herz stehen.

„Ein Monster!", schreit er entsetzt. Das Monster macht einen Buckel und faucht wie ein Vulkan. Pechschwarz sind seine Haare, und einen riesigen Schnurrbart hat es auch. Der Bär zittert wie Espenlaub. Aber das Ungeheuer scheint kein Interesse an dem armen Teddy zu haben, denn es rollt sich zusammen, schließt die Augen und gibt Geräusche wie eine arbeitende Nähmaschine von sich. Das Monster scheint – gottlob! – eingeschlafen zu sein.

Der Teddy wagt nicht, sich auch nur einen Millimeter von der Stelle zu rühren, denn das Ungeheuer liegt dicht an ihn gedrängt. Der furchtbare Schnurrbart streift fast sein Gesicht. Auch die Porzellanpuppe auf dem Fensterbrett, die alles mit angesehen hat, ist starr vor Schreck.

„Potzblitz!", sagt der Bär, der endlich seine Sprache wiedergefunden hat. „Was ist das?", fragt er mit zittriger Stimme.

„Das könnte ein Tier sein", meinen die Murmeln, die schon öfter auf dem Spielplatz waren und die Welt kennen.

„Ein Hund ist das oder so etwas Ähnliches", ruft die kleinste Murmel.

„Nein, das ist eine Katze", sagt die zweitgrößte Murmel, „das weiß ich genau!"

„Das ist die Nachbarskatze, die habe ich schon durch den Garten laufen sehen. Die jagt dort die Mäuse und …", sie guckt das Badeentchen mitleidig an, „… und die Vögel."

„Ich glaube", antwortet das Badeentchen verzweifelt, während es an sich hinunterguckt, „ich bin eine Art Vogel."

„Aber du bist doch aus Plastik", beruhigen die anderen das arme Entchen.

„Soll ich das Tier rausbaggern?", wagt der Bagger, der so gerne arbeitet, einen Vorschlag.

„Besser nicht", erwidert der Schlenkerkasper, „schau dir mal die gefährlichen Krallen an!" Während die Spielsachen beratschlagen, wie sie das Ungeheuer loswerden könnten, wacht die Katze auf und reckt und streckt sich. Sie fährt spielerisch ihre Krallen ein und aus und kommt mit einem Sprung elegant auf die Beine. „Miau!", sagt sie dann. Alle sehen sich sehr überrascht an.

„Was heißt denn das?", fragt der Brummkreisel.

„Das ist eine fremde Sprache, die wir nicht verstehen, aber es hört sich doch eigentlich ganz lieb an. Vielleicht heißt das ‚Guten Tag' auf Katzensprache", meint die Porzellanpuppe.

„Miau!", nimmt der Schmusehase probeweise Kontakt auf, denn er findet, dass das Tier ihm, von den Ohren einmal abgesehen, ziemlich ähnlich sieht.

Und die Katze antwortet ihm: „Miau!". Auch die anderen bekommen nun Mut.

„Miau!", sagen die Murmeln, „Miau!", die Porzellanpuppe, „Miau!" der Brummkreisel, der Teddy, der Bagger und der Schlenkerkasper. Sogar das Entchen sagt „Miau!"

Das Eis ist gebrochen. Jetzt werden einige noch mutiger und beginnen das glänzende Fell des Tieres zu streicheln. Es fühlt sich ganz samtig an. Alle rufen nun wild durcheinander: „Miau, miau, miau", bis sie fast heiser sind und es der Katze zu bunt wird. Sie will doch lieber noch ein bisschen auf Mäusejagd gehen.

„Du bist jederzeit herzlich willkommen", rufen die Spielzeuge dem Stubentiger nach, als dieser in einem Satz anmutig auf das Fensterbrett springt und durch den Fensterspalt verschwindet. „Schau ruhig öfter mal bei uns herein, wir freuen uns!"

Die Geburtstagsgeschenke

Das Kind ist an diesem Tag sehr aufgeregt, denn es hat Geburtstag. Von den Eltern hat es als Geschenk die lang ersehnte Barbie-Puppe bekommen und dazu einen roten Ball mit großen weißen Tupfen. Die neuen Spielsachen trägt das Kind ins Kinderzimmer und legt sie dort auf dem Boden ab. Es muss noch mit der Familie den Geburtstagskuchen essen und will danach sofort mit den neuen Geschenken spielen.

Da liegen sie nun, die Barbie und der rote Ball, von den alten Spielzeugen bestaunt. Außer dem Teddy hat noch keines von ihnen eine so magere Puppe, mit so langen Beinen und so viel blonden Haaren gesehen – und so eine große rote Murmel mit weißen Flecken drauf, auch noch nicht.

„Du musst mehr essen", sagt die Porzellanpuppe auf der Fensterbank, der das magere Püppchen Leid tut, zu der Barbie, „sonst wird ja nie etwas aus dir."

„Ich will aber nicht dicker werden", erwidert die Barbie, „Erstens ist es modern, so dünn zu

sein und zweitens passen mir sonst meine schönen Kleider nicht mehr. Ich bin nämlich ein Model, müsst ihr wissen! Ist hier vielleicht irgendwo ein Spiegel?", fragt sie kokett.

„Wozu braucht man denn einen Spiegel?", fragt das Spielzeug erstaunt. „Das Kind braucht zum Zähneputzen einen Spiegel, klar, damit es sieht, dass nach dem Zähneputzen keine Zahnpasta mehr am Mund klebt, aber sonst?", wundert sich das Spielzeug.

„Damit ich mich in meinen schönen Kleidern bewundern kann", erwidert die eingebildete Barbie und dreht sich einmal um sich selbst.

„Hier ist ein Spiegel", ruft das Badeentchen aus dem benachbarten Badezimmer, das neugierig darauf wartet, die Barbie endlich zu Gesicht zu bekommen.

Schnell verschwindet das magere Püppchen im Badezimmer, und alle kommen staunend hinterher. Da ist sie schon auf die Ablage des Waschbeckens geklettert und dreht sich vor dem Badezimmerspiegel. „Na, wie sehe ich aus?", fragt sie erwartungsvoll. Sie trägt ein quietschrosa Strandkostüm, das viel zu kurz ist.

„Du wirst dich erkälten", meint der Teddy.

„Wie willst du in dem Kleid denn anständig arbeiten?", erkundigt sich der Bagger.

„Arbeiten? Puh!", sagt die Barbie. „Das tue ich nicht. Ich würde mir ja meine Kleider ruinieren. Aber sagt, wie findet ihr meine Frisur?"

„Sieht ziemlich affig aus", meint der freche Schlenkerkasper.

„Ich glaube, ich ziehe mich um", sagt die Barbie, der es plötzlich langweilig wird, weil sie bei

den anderen so wenig Bewunderung findet. „Ich ziehe mir mein schönes Ballkleid an und stecke mir die Haare hoch."

„Du bist doch schon angezogen", sagt das Badeentchen verwundert. Dass das Ankleiden eine lästige Angelegenheit ist, weiß es von den anderen.

„Ich will aber noch schöner aussehen", antwortet die Barbie. Langsam verlieren die Spielzeuge das Interesse an der eitlen Puppe, die nichts als schöne Kleider im Kopf hat, und wenden sich dem anderen neuen Spielzeug zu, dem roten Ball, der zusammen mit den Murmeln im Kinderzimmer geblieben ist. Der Ball hüpft lustig auf und

ab und rollt zu den Murmeln unters Bett. „Du bist aber eine große Murmel", staunt die aufgeregte Bande.

„Ich bin ja auch keine Murmel, ich bin ein Ball", erklärt er. „Sollen wir zusammen spielen?"

„Nichts lieber als das", antworten die Murmeln selig und rollen unter dem Bett hervor. „Mit dir kann man wenigstens etwas anfangen."

Das finden die anderen auch. Und bald ist im Kinderzimmer ein lustiges Ballspiel im Gange. Alle spielen mit, nur die Barbie nicht. Die hat sich schon wieder umgezogen, steht immer noch auf der Ablage im Badezimmer und dreht sich vor dem Spiegel.

Murx
der Waldschrat

Gabriele Nink

Das Konzert zu Ehren des Einhorns

Murx, der Waldschrat, der in einer Höhle inmitten des Zauberwaldes lebt, ist gerade dabei, sein Haustier, die Kreuzspinne, zu füttern, als er von weitem die Elfenschar herbeieilen sieht. Kaum berühren die luftigen Wesen mit ihren zarten Beinchen die Erde. Sie scheinen geradezu auf ihn zuzuschweben.

Murx stöhnt. Nicht, dass er etwas gegen die lieblichen Elfen hätte, im Gegenteil. Er mochte sie sehr gerne, wenn sie nur nicht so viel, so laut und vor allem so hoch sängen.

Erst in der letzten Nacht hatte Murx kein Auge zugemacht, so laut hatte der Elfenchor geprobt. Dabei sind in seinem Küchenschrank vier Gläser zersprungen, weil Elfie, die beste Sängerin des Chores, das hohe C mühelos schafft und manchmal sogar noch höher kommt. Schon mehr als hundert Gläser sind in diesem Jahr auf diese Weise zu Bruch gegangen.

„Was wollt ihr?", begrüßt der Waldschrat die Elfen nicht gerade freundlich, als sie vor seiner Höhle stehen.

„Wir wollen dir nur einen Besuch abstatten", zwitschert Zsa-Zsa, seine Lieblingselfe. Liebevoll beginnt sie Murx den langen Bart zu zausen.

„Ich kenne euch doch, ihr wollt etwas von mir", antwortet Murx, „besonders wenn ihr mir so schöntut. Heraus mit der Sprache!"

„Nun ja", beginnt Elfie, „wir wollten dich um einen klitzekleinen Gefallen bitten. Genauer gesagt, das Wiesel hat uns berichtet, dass die bösen Zwerge unser ‚Konzert zu Ehren des Einhorns' stören wollen. Die gemeine Bande hat vor, unseren Gesang mit Pauken und Trompeten zu übertönen. So eine Gemeinheit!"

Murx findet die Idee der Zwerge gar nicht so schlecht, das muss er zugeben. Aber er mag die gemeine Zwergenbande nicht – und wenn er sich erst das zu erwartende Getöse vorstellt!

„Was kriege ich denn dafür?", fragt er die Elfen.

„Wir bringen dir zum Dank ein Ständchen", erwidern die Elfen im Chor.

„Bloß nicht", stöhnt Murx, „aber ihr könntet mir einen Tag lang den Bart kraulen."

„Wird gemacht", rufen die luftigen Wesen, und schon trägt sie ein Lufthauch fort. Sicher werden sie ihr Wort wieder nicht halten. Murx kennt dieses langhaarige Gesindel nur zu gut. Aber was soll man machen!

„Was meinst du, Klara, wie können wir den Elfen helfen?"

„Elfen helfen, das reimt sich, Meister", antwortet die Kreuzspinne. „Ich schlage vor, wir graben eine Grube und legen ein Netz darüber, das ich dir gerne spinne. So ist das Loch für die Zwerge nicht zu sehen, und die ganze Bande fällt hinein."

„Keine schlechte Idee", findet Murx. Sogleich gräbt er ein tiefes Loch auf dem Weg, den die Zwerge nehmen müssen. Dann legt er als Tarnung das gerade fertig gewordene, klebrige Netz der Spinne darüber.

Am nächsten Tag hören Murx und die Kreuzspinne schon von weitem die lärmende Schar der boshaften Zwerge. Man könnte meinen, die nichtsnutzige Bande habe ein ganzes Orchester dabei. Dann hören sie, wie der Trommelwirbel plötzlich abbricht und gleich danach ein lautes Fluchen beginnt. Offensichtlich ist Zwerg um Zwerg mitsamt den ganzen Instrumenten in das Netz gefallen, und keiner vermag sich aus den klebrigen Fängen zu befreien.

„Die brauchen mindestens zwei Tage, um da wieder rauszukommen", freuen sich Murx und die Spinne. „Aber jetzt müssen wir uns beeilen, damit wir noch rechtzeitig zum Fest des lieben Einhorns erscheinen!"

Und es wurde ein ganz besonders schönes Fest. Die glücklichen Elfen sangen so laut und so hoch wie noch nie, da sind sich alle Beteiligten einig. Nur gut, das Murx vorsorglich seine Ohrstöpsel mitgenommen hatte.

Murx hat eine Riesenangst

Murx, der Waldschrat, hat nicht gerade seinen besten Tag als er durch den Zauberwald geht, um seinen lieben Freund, das Einhorn, zu besuchen. Schon wieder hatte er schlecht geschlafen, weil die Elfen so laut gesungen hatten. Vierzehn Gläser sind vom Elfengesang zersprungen, so viele wie noch nie.

Der Weg ist weit, und Murx ist müde und hungrig. Da bemerkt er eine einladende Kuhle neben sich. Ein Schläfchen würde ihm jetzt sicherlich wieder auf die Beine helfen. Hier würden ihn die Elfen bestimmt nicht stören. Aber zuerst würde er sich noch eine Mahlzeit brutzeln. Getrocknete Gräser für ein Feuer sind hier genug zu finden, und er hat wohlweislich zwei frische Hühnerbeine in seinem Rucksack. Schnell versucht er ein paar trockene Halme des Gestrüpps abzureißen, das hier in rauen Mengen wächst.

Aber so sehr er sich auch bemüht, es gelingt ihm nicht, die Gräser aus der Erde zu ziehen. Glücklicherweise hat er ein Messer dabei. Damit schneidet er ein paar Halme ab, nimmt sein Brennglas aus der Hosentasche und hält es über dem trockenen Gras in die Sonne. Schnell fängt das Gestrüpp Feuer und brennt lichterloh, aber merkwürdigerweise riecht es ganz fürchterlich nach verbrannten Haaren.

Murx Laune sinkt auf den Nullpunkt. Der beißende Geruch verdirbt ihm den Appetit. Aber er kommt nicht mehr dazu, sich zu ärgern, denn plötzlich geschieht etwas Unglaubliches: Murx verliert den Halt unter seinen Füßen, strauchelt und saust einen sehr steilen Abhang hinunter. Während er sich wieder und wieder überschlägt, hört er eine Stimme donnern:

„Murx, du elender Schrat! Nicht nur, dass du den Mut hast, mir an den Barthaaren zu rupfen, nein, du begehst auch noch die Riesendummheit, ein Feuerchen auf meiner Backe anzuzünden! Mir reicht es!", schreit der Riese wutentbrannt. „Immer kommst du mir mit deinen Dummheiten in die Quere. Aber diesmal kommst du mir nicht so einfach davon. Ich stecke dich in meinen Vogelkäfig und lass dich nie wieder raus. Nie wie-

der, hörst du!" Endlich ist die Purzelei vorbei, und Murx findet sich auf einem Riesenfuß wieder.

„Ach du heiliger Strohsack!", murmelt er vor sich hin. „Der Riese! Ich habe mir kein gutes Plätzchen für mein Picknick ausgesucht. Warum passiert eigentlich immer mir so etwas?"

Der Riese bückt sich hinunter, um Murx zu ergreifen, aber der ist schneller. Blitzartig ist er vom Schuh des Riesen heruntergerutscht und in ein schützendes Gebüsch neben den Füßen des Riesen verschwunden.

„Murx", schreit dieser, „wo bist du? Warte, ich ziehe dir das Fell über die Ohren!" Murx sitzt im Gebüsch und bibbert vor Angst. Wenn der Riese nur einen Schritt beiseite macht, würde er ihn zerquetschen wie eine Laus.

Plötzlich hört er den Riesen vor Schmerz laut aufschreien: „Ah, ah! Meine Augen – ich kann nichts mehr sehen! Aua!" Der Riese stolpert mit Riesenschritten vorwärts und ist bald nicht mehr zu sehen.

„Gott sei Dank!", stammelt Murx. Aber wer ist ihm da bloß zur Hilfe geeilt? Die Antwort lässt nicht lange auf sich warten. Es ist Elfie, die liebliche Sängerin des Elfenchores, die zu ihm ins Gebüsch geschwebt kommt.

Elfie hatte auf einem Spaziergang das Brennglas von Murx gefunden und kombiniert, dass er sich in größter Gefahr befinden müsse. Als sie den wütenden Riesen sah, hatte sie die gefährliche Situation sofort erfasst und dann den Einfall gehabt, den Riesen mit dem Brennglas zu blenden.

„Gut gemacht, Elfie", bedankt sich Murx bei ihr. „Wenn du nicht gewesen wärest, säße ich jetzt in einem Vogelkäfig."

„Eine Hand wäscht die andere", antwortet Elfie. „Du hast uns doch schließlich neulich auch bei unserem Zwergenproblem geholfen."

Die Koboldprüfung

Es ist ein heißer Sommertag, als Murx, der Wald-schrat, vor seiner Hütte sitzt und ein Kreuzwort-rätsel löst. Eine schwierige Frage lautet da: Kopf-bedeckung des Zwerges? „Zi …, Zipfel? Na klar, Zipfelmütze!", sagt Murx mehr zu sich selbst und trägt zufrieden das Lösungswort ein.

Plötzlich flitscht schmerzhaft etwas Nasses gegen seine Backe. „Herrgott Sakrament!", flucht Murx, während er sich die Wange reibt. „Was ist denn das?" Auf seiner Backe klebt ein nasses Papierkügelchen. Schnell schaut er hoch und sieht gerade noch einen Schatten eilig hinter der alten Eiche verschwinden.

„Bleib stehen", ruft er dem Schatten zu, „sonst werde ich verdammt ungemütlich!" Schnell läuft er zu dem dicken Baum, schaut dahinter und sieht dort einen winzigen Kobold sitzen, der vor Angst wie Espenlaub zittert.

„Was für einen Schabernack treibst du mit mir?", herrscht Murx den kleinen, unglücklichen Wurm an, während er ihn hinter dem Baum her-vorzieht. „Warte, ich werde dir Beine machen!"

„Entschuldige, Murx", erwidert das schmäch-tige Kerlchen mit erstickter Stimme. „Ich übe doch nur für meine Prüfung. Ich bin doch schon einmal bei der Koboldprüfung durchgefallen,

weil ich keinen guten Schabernack getrieben habe", erklärt der kleine Kobold verzweifelt. „Bitte, bitte hilf mir, lieber Murx", stammelt er. Mit seinen winzigen Ärmchen fasst er den Waldschrat um den Hals und drückt sich Hilfe suchend an ihn.

„Nichts als Ärger hat man mit diesen vorwitzigen Kobolden", denkt Murx, aber trotzdem tut dem guten Murx der kleine Kerl Leid.

„Vielleicht kann ich dir ja wirklich helfen", sagt er. „Ich schlage vor, du treibst deinen Schabernack zukünftig mit den Zwergen und den Trollen und nicht mit mir. Lass mich nachdenken, vielleicht fällt mir ja ein guter Streich ein. Hm,

Klingelstreiche machen ja die meisten, aber wie wäre es mit einer Wasserbombe oder Zahnpasta unter der Türklinke oder Salzstreuer aufdrehen?", überlegt Murx. „Aber zunächst einmal: Das Wichtigste am Schabernacktreiben ist, dass du schnell laufen und gut klettern kannst, damit man dich nicht erwischt", erklärt er dem kleinen Kobold. „Beim Lauftraining kann dir der Hase helfen, und beim Klettern vielleicht die Eichhörnchen. Warte, ich hole schnell meine Stoppuhr."

So übt Murx mit dem schmächtigen Kobold, dem Hasen und einem Eichhörnchen, bis der kleine Kobold klettern kann wie ein Eichhörnchen und so schnell läuft wie ein Hase.

„Jetzt bist du fit für die Generalprobe", ist sich Murx sicher. „Heute Abend haben die Zwerge die Trolle zum Wildschweinbraten eingeladen, dann kannst du dich beweisen. Erledige deine Vorarbeiten gut, damit alles klappt", legt er ihm noch ans Herz.

Pünktlich auf die Minute kommen die eingeladenen Trolle bei den Zwergen an. Sofort ärgern sie sich, weil sie sich ihre Hände an der Türklinke mit Zahnpasta beschmutzen.

„Das ist wohl ein schlechter Scherz von den Zwergen", vermuten sie verärgert. Aber das Essen ist lecker, und die Trolle scheinen versöhnt zu sein, als plötzlich der Deckel des Salzstreuers beim Nachwürzen abfällt und dem Obertroll das Essen versalzt. Wieder ärgern sich die Trolle.

Der Höhepunkt aber ist die Wasserbombe. Die fällt beim Nachtisch vom Dach und ergießt sich mitten über den Tisch. Da haben die Trolle die Nase gestrichen voll und verlassen sehr ärgerlich das ungastliche Haus der Zwerge. Der kleine Kobold, der ganz schnell weggelaufen ist, strahlt, denn er hat seine Bewährungsprobe bestanden. Nach einem so guten Schabernack muss er nun nicht mehr fürchten, bei der Koboldprüfung durchzufallen.

Die Wünschelrute

Murx, der Waldschrat, steht gerade eingeseift in seinem Garten unter der vom Dach hängenden Gießkanne, um sich abzuduschen. Aber kein Tropfen Wasser kommt aus dem Kannenhals.

„Jetzt wasche ich mich zum ersten Mal nach vier Wochen, und dann habe ich so ein Pech!", schimpft er. „Ich weiß schon, warum ich mich so selten wasche. Klara!", ruft er mürrisch sein Haustier, die Kreuzspinne. „Haben wir die Wasserrechnung nicht bezahlt, oder warum kommt kein Wasser aus der Gießkanne?"

„Aber weißt du denn nicht, dass das Wasser im Zauberwald knapp geworden ist? Die Quelle ist versiegt. Liest du den überhaupt keine Zeitung mehr?", antwortet ihm die Kreuzspinne.

„Das muss ich überlesen haben", sagt Murx. „Bring mir doch bitte Wasser! Die Seife juckt."

„Woher soll ich Wasser nehmen", erwidert Klara, „wenns doch keins gibt."

Sehr ärgerlich nimmt Murx ein Handtuch und wischt sich, so gut es geht, die Seife vom Körper. Trotzdem stehen seine Haare von der Seife zu Berge, und sein langer verfilzter Bart juckt. Schnell zieht er sich an und kramt die letzte Ausgabe der Schneckenpost hervor. Direkt auf der ersten Seite liest er:

Wichtige Mitteilung
Die Zauberquelle ist versiegt.
Die Bewohner des Zauberwaldes
bangen um ihr Leben!

Dann folgt ein Interview mit der Wasserkröte: „Meine armen Kaulquappen schnappen nach Luft. Das Wasser wird nur noch wenige Tage ausreichen, dann ist der Tümpel ausgetrocknet, und

mein Nachwuchs wird umkommen", klagt die Wasserkröte den Lesern ihr Leid.

Da fällt Murx etwas ein. Von seinem Urgroßvater hat er einmal eine Wünschelrute geerbt. Sein Urgroßvater hatte die Fähigkeit, Wasseradern aufzuspüren. Warum sollte er, Murx, diese Gabe nicht auch geerbt haben?

Sogleich sucht er nach der Wünschelrute und findet sie auch schnell hinter der Gartenhecke. Bislang hatte er sie nur benutzt, um sich damit den Rücken zu kratzen. Murx ergreift die beiden Enden der Wünschelrute und geht, die Rute waagerecht vor sich haltend, los. Sollte er die Fähigkeit zum Wasseradernfinden geerbt haben, müsste die Wünschelrute in der Mitte irgendwann nach unten ziehen. An dieser Stelle würde Wasser zu finden sein.

So läuft er eine ganze Weile, bis er zum Zwergenhügel kommt. Am Fuß der Anhöhe beginnt die Wünschelrute plötzlich nach unten zu ziehen, der Beweis, dass Murx die seltene Gabe seines Urgroßvaters geerbt hat.

Hier also muss es Wasser geben. Und richtig, als der Schrat an der Stelle gräbt, stößt er auf einen großen Wasserkanister.

„Aha", denkt er bei sich, „die gemeinen Zwerge haben mal wieder nur an sich gedacht und sich einen Vorrat angelegt, damit sie nicht verdursten." Schnell gräbt er den Kanister ganz aus, öffnet ihn und schüttet sich das kostbare Nass über den Kopf. Der unerträgliche Juckreiz lässt augenblicklich nach.

„Ich werde schon noch Wasser finden", da ist sich Murx sicher. Er geht weiter und weiter. Kurz vor dem ausgetrockneten Zaubersee zieht die Wünschelrute plötzlich wieder mit aller Kraft nach unten, das heißt, an dieser Stelle muss sehr viel Wasser zu finden sein.

Sofort gräbt Murx ein Loch. Bereits nach einem halben Meter Tiefe stößt der Waldschrat auf nassen Sand, ein Zeichen dafür, dass er mit seiner Vermutung richtig liegt. Plötzlich schießt eine große Wasserfontäne in die Höhe.

Murx schreit „Hurra!" und springt mehrere Male begeistert in die Luft. Schnell gräbt er einen Graben bis zum See und beobachtet zufrieden, wie das Wasser in die ausgetrocknete Mulde läuft. Nach einer Stunde ist der See ganz voll gelaufen. Murx ist sehr stolz auf sich und seine Arbeit. Nun müssen die Bewohner des Zauberwaldes nicht mehr um ihr Leben bangen.

Die Nussräuber

„Oh, es gibt wieder eine neue Ausgabe der Schneckenpost", freut sich Murx, der Waldschrat, über die willkommene Abwechslung. Die Nachrichten in dieser Zeitung sind zwar meist bereits veraltet, weil sich die Schnecke mit dem Austragen immer viel Zeit lässt, aber es stehen trotzdem immer interessante Meldungen darin.

Der Waldschrat macht es sich in seiner alten Hängematte bequem und schlägt die Zeitung auf. Direkt auf der ersten Seite fällt ihm eine fett gedruckte Nachricht auf:

Wir bitten um Ihre Mithilfe!
Die Eichhörnchen des Zauberwaldes drohen
zu verhungern, weil ihr Wintervorrat an
Nüssen gestohlen wurde.
Wer kennt den oder die Täter?
Belohnung: 20 Hühnerbeine

Als Murx diese Zeilen liest, kommt ihm sofort ein Verdacht. Der Winter ist streng in diesem Jahr, und im Zauberwald ist kaum noch etwas Essbares zu finden. Alle Bewohner müssen den Gürtel enger schnallen. Merkwürdigerweise sehen die Zwerge aber so gut genährt aus wie noch nie. „Na, wenn es da keinen Zusammenhang gibt", denkt der Waldschrat.

„Klara?", fragt er sein Haustier, die alte Kreuzspinne, die genauso faul wie Murx neben ihm in ihrem Spinnennetz baumelt. „Was glaubst du? Kannst du dir vorstellen, dass die bösen Zwerge den armen Eichhörnchen ihren Wintervorrat an Nüssen stehlen?"

„Warum nicht?", antwortet Klara. „Der gemeinen Bande ist doch alles zuzutrauen. Aber man braucht Beweise!"

„Und die werden wir uns beschaffen", antwortet Murx. „Wir müssen die Zwergenbande auf frischer Tat ertappen!"

Murx und Klara beschließen, sich im Revier der Eichhörnchen einmal umzusehen. Normalerweise tollen die Eichhörnchen auf den biegsamen Ästen der Haselnusssträucher lustig herum. In diesem Winter aber sind die possierlichen Tiere so entkräftet, dass sie unter dem Strauch kauern.

„Alle Verstecke sind ausgeraubt", klagen sie, „und nun müssen wir bitteren Hunger leiden."

„Hier zum Beispiel hatte ich eine Nuss vergraben", jammert ein kleines Eichhörnchen. „Ich habe die Stelle genau gekennzeichnet. Und jetzt ist die Nuss weg."

„Aber hier sind ja ganz viele Fußspuren", bemerkt Murx, „die sind ja noch ganz frisch. Wenn wir einen Gips-Abdruck machen, Klara, können wir diesen mit den Gummistiefelabdrücken der

Zwerge vergleichen. Dann hätten wir den Beweis."

„Was haben wir denn hier?", fragt Klara und hält einen roten Stofffetzen hoch.

„Ach ne! Wenn ich mich nicht täusche, ist das die Zipfelmütze von Ratz, dem Zwergenanführer. Damit wäre der Fall doch schon geklärt", sagt Murx. Schnell suchen sie das Zwergenlager auf, um die bösen Zeitgenossen zur Rede zu stellen.

„Immer sollen wir es gewesen sein", beklagt sich Ratz, der Oberzwerg, beleidigt, als Murx und Klara mit den Beweisstücken ankommen.

„Ist das hier deine Zipfelmütze oder nicht?" fragt der Schrat drohend.

„Jawohl, das ist sie", antwortet Ratz. „Aber deshalb bin ich noch lange kein Dieb! Ich habe sie bloß verloren."

„Ich will augenblicklich alle eure Gummistiefel sehen!", verlangt Murx. Dann vergleicht er die Profile der Zwergenstiefel mit dem Gipsabdruck, aber leider stimmt keines mit dem mitgebrachten Abdruck überein. „Und nun zu dir, Ratz, deine Stiefel will ich auch sehen", sagt Murx drohend. Dieser will aber seine Stiefel plötzlich nicht zeigen und versucht wegzulaufen. Blitzschnell stellt der Schrat dem Zwerg ein Bein, und der fällt um. Klara macht sich daran, den Zwergenanführer mit ihren klebrigen Fäden zu fesseln. Dann sehen sich die beiden das Profil seiner Sohlen genau an.

„Wir haben ihn, Klara! Ratz, du bist überführt! Wir übergeben dich jetzt der Waldpolizei, und wer weiß, ob du jemals wieder aus dem Gefängnis herauskommst!"

Der Vulkan bricht aus

Heute richten die Feuersalamander wieder ihr alljährliches Feuerwehrfest aus. Alle Bewohner des Zauberwaldes sind gekommen und bewundern die roten Feuerwehrautos, die langen Leitern und die dicken Schläuche der Feuerwehr. Auch für das leibliche Wohl ist gesorgt. Über einem Grill brutzeln knusprige Hühnerbeine und Bratwürstchen. Dazu gibt es Holunderwein und Honigbier. Alles ist schön mit frischen Blu-men geschmückt, und die Gäste tragen ihre Sonntagskleidung.

Während alle auf die Freigabe des Buffets warten, kommen plötzlich aufgeregt zwei Frettchen angelaufen. „Feuer! Feuer!", rufen sie in Panik. „Wo, wo?", fragen die eifrigen Feuersalamander, bereit, sofort zu löschen, was zu löschen ist. „Dahinten am Berg", rufen die Frettchen ganz außer Atem.

Alle blicken zu dem Berg hinüber und sehen die Bergspitze in Rauchschwaden gehüllt. „Um Gottes Willen! Der Vulkan ist ausgebrochen!" rufen die Bewohner des Zauberwaldes angsterfüllt. Schnell eilen alle zum Fuße des Berges.

„Wer klettert rauf und sieht nach?", fragen die Trolle. „Am besten die Zwerge", rufen die Trolle, die Angst haben. „Die Trolle sollen gehen", schlagen die Zwerge vor, denen es ebenfalls mulmig wird. „Na gut, dann gehe eben ich", entscheidet Murx, der Waldschrat.

Mutig klettert er den Berg bis zum Kraterrand hoch und wäre beinahe von ein paar feurigen Gesteinsbrocken getroffen worden.

„Was ist hier los?", ruft er laut in den Krater hinein.

„Ich bin ja so wütend", faucht der Vulkan und speit eine Ladung rot glühender Lava aus seinem Schlund. Murx springt schnell beiseite. Beinahe wäre er wieder getroffen worden.

„Jetzt beruhige dich doch", versucht er den aufgebrachten Vulkan zu besänftigen. „Wer hat dir denn etwas zu Leide getan?"

„Ich habe gerade einmal 87 Jahre geschlafen, und dann haben mich die Berggeister aufgeweckt", grollt der Vulkan. „Jetzt bin ich natürlich nicht ausgeschlafen. Normalerweise schlafe ich ja so etwa 1000 Jahre. Ich bin ja so wütend!", schimpft er wieder, und zur Bekräftigung schleudert er abermals eine Ladung Gesteinsbrocken aus seinem tiefsten Inneren heraus. „Ich werde den ganzen Zauberwald mit allen seinen Bewohnern vernichten", droht der Vulkan.

Schnell klettert Murx den Berg wieder hinunter und erzählt den anderen, was der Vulkan angedroht hat.

„Wir müssen uns Rat bei der Kräuterhexe holen", schlägt er vor. Vielleicht kann sie Beruhigungstropfen mixen. Der Vulkan ist so aufgebracht, dass er sich durch nichts und niemanden beruhigen lässt. In einer langen Prozession wandern alle zur Kräuterhexe am See und fragen sie um Rat.

„Ich könnte wohl ein Beruhigungsmittel brauen", sagt sie, „nur kann ich nicht garantieren, dass es wirkt. Aber eines weiß ich gewiss: Wir brauchen mindestens hunderttausend Eimer voll." Alle gehen an die Arbeit. Die Kräuterhexe braut nach einem alten Familienrezept ein Beruhigungsmittel, und die Feuersalamander holen ihre Eimer, schütten die Beruhigungstropfen hinein und bilden eine lange Kette vom Fuße des Berges bis zum großen Höllenschlund des Vulkankraters hinauf. Und dann geht es los.

Die Eimer wandern von Feuersalamander zu Feuersalamander. Oben werden sie in den Schlund des Vulkans geschüttet, bis es zischt.

„Ich bin ja so müde", murmelt der Vulkan. Dann wird er, den Tropfen sei Dank, immer müder und müder, bis er schließlich ganz einschläft. Er brummelt noch ein wenig, und dann hören die Bewohner glücklich wie der Vulkan leise schnarcht. Er hört sich jetzt an wie immer, und keiner muss mehr Angst haben. Da sind sie sich sicher. Gewiss wird er noch eine ganze Weile so fest weiterschlafen.

Das Echo ist weg!

An einem schönen warmen Sommertag macht sich Murx, der Waldschrat, zu einer Wanderung auf. Sein Ziel ist der Zauberberg, denn er will dem freundlichen Echo einen Besuch abstatten.

Sein Weg führt ihn zunächst am Sonnenblumenfeld vorbei. Die Sonnenblumen grüßen und nicken ihm freundlich mit ihren Köpfen zu.

Weiter geht es durch das Fliegenpilzwäldchen, wo die Kobolde wohnen. Auch hier winken alle, aber Murx ist auf der Hut. Gar zu gerne treiben die Kobolde ihren Schabernack mit ihm. Aber zu spät, denn schon stolpert er über eine unsichtbare Schnur, und hui! fliegt ihm die Kappe weg. „Nur schnell raus hier", denkt der Waldschrat und verlässt eilig das Fliegenpilzwäldchen.

Über einen schmalen Pfad gelangt er bald zu dem Gelände, in dem die Trolle wohnen. Schon von weitem hört er ihr Gebrüll. „Bestimmt streiten sie wieder", denkt Murx.

Auch auf dem angrenzenden Zwergenhügel ist der Teufel los. Vierundzwanzig Paar Gummistiefel und ebenso viele Zipfelmützen hängen hier unordentlich in den Bäumen herum. „Wahrscheinlich nehmen die Zwerge im Tümpel gerade ein Bad", vermutet Murx.

Dann macht der Schrat einen weiten Bogen um das Birkenwäldchen, in dem die Elfen täglich ihre Gesangsprobe abhalten. Aber der Bogen ist nicht weit genug, denn der Gesang der Elfen ist immer noch zu hören. Murx hält sich vorsorglich die Ohren zu, denn Elfie, die beste Sängerin des Chores, probt gerade die Tonleiter. Glücklicherweise hat Elfie keinen guten Tag, denn das hohe C schafft sie heute nicht.

Murx geht weiter und sieht in der Ferne schon das Riesengebirge. Darum pflegt er ebenfalls einen ganz großen Umweg zu machen, damit er dem bösen Riesen nicht in die Quere kommt. Jetzt hat er bereits die Hälfte des Weges hinter sich gebracht.

Ein paar Schmetterlinge begleiten ihn eine Weile und sorgen für ein wenig Kurzweil. „Wir sind heute schon zweimal zum Zauberberg geflattert", erzählen sie ihm, „und jetzt fliegen wir zur Blumeninsel im Zaubersee, um ein paar Blumen zu bestäuben."

Am Zaubersee trifft Murx auf die alte Kräuterhexe, die ihn zu einem Spinnenragout einlädt, aber der Schrat lehnt dankend ab, denn nichts ist ihm mehr zuwider als das Lieblingsgericht der Kräuterhexe. Außerdem hat er ein paar gebratene Hühnerbeine in seinem Rucksack, die will er am Fuße des Zauberberges verspeisen.

Endlich, es ist schon spät am Nachmittag, erreicht er sein Ziel. „Hallo, liebes Echo!", ruft er sofort. Normalerweise antwortet das Echo dann: „Hallo! Hallo! Hallo!", nur heute nicht. „Hallo, Echo!", versucht er es wieder. Aber das Echo antwortet nicht.

„Das ist aber merkwürdig", denkt der Waldschrat. Sollte das Echo am Ende vielleicht krank sein, wie im letzten Herbst? Da hatte es starke

Halsschmerzen, weil der Gebirgsbach immer so kalt über ihn fließt. Aber damals hat das Echo wenigstens geantwortet, wenn auch nur schwer verständlich. Besorgt macht er sich auf den Heimweg und vergisst vor lauter Sorge sogar, die gebratenen Hühnerbeine zu essen.

Als er am späten Abend seine Hütte erreicht, berichtet er Klara, der Kreuzspinne, dass das Echo am Zauberberg ihm nicht geantwortet habe, und dass er nicht hoffe, dass diesem etwas fehle.

„Aber weißt du denn nicht, dass das Echo verreist ist?", antwortet Klara erstaunt. „Es wollte das Echo eines anderen Bergs besuchen und kommt erst in einer Woche wieder aus dem Urlaub zurück", klärt ihn Klara auf. „Das hat doch groß und deutlich in der Schneckenpost gestanden", sagt sie.

Nein, das hat Murx nicht gewusst. Dann würde er eben nächste Woche noch einmal eine Wanderung machen müssen.

Ein Wunsch geht in Erfüllung

Es ist eine jener wunderschönen, lauen Sommernächte im Zauberwald. Die Glühwürmchen sind schon angegangen und verbreiten ein schummriges Licht. Murx, der Waldschrat, liegt gemütlich auf der Wiese seines Vorgartens und schaut in den sternenklaren Himmel. Die Nacht ist so klar, dass er die ganzen Sternbilder erkennen kann. Da glüht plötzlich eine Sternschnuppe auf.

„Jetzt muss ich mir ganz schnell etwas wünschen", denkt Murx. „Aber was wünsche ich mir bloß? Eigentlich bin ich ja wunschlos glücklich." Aber da fällt ihm zum Glück noch etwas ein. „Ich wünsche mir von der Sternschnuppe eine ungestörte Nachtruhe", beschließt er. Die Elfen sollen heute Nacht einmal nicht singen. Wie wäre es, wenn Elfie, die beste Sängerin des Elfenchores, zum Beispiel einen Schluckauf bekäme, der sie am Singen hinderte? Ganz schnell äußert er in seinen Gedanken diesen Wunsch, und die Sternschnuppe verglüht.

„Hicks!", hört er genau neben seinem rechten Ohr ein unerfreuliches Geräusch. „Hicks!"

„Zum Teufel", flucht Murx, „wer ist das?"

„Ich bin's, Elfie", antwortet das durchscheinend zarte Wesen, das so gerne singt. „Hicks, ich habe einen Schluckauf, der nicht aufhören will, hicks! Die anderen können das Geräusch nicht mehr ertragen und haben mir nahe gelegt, woanders zu übernachten, hicks! Darf ich vielleicht bei dir schlafen, hicks?"

Murx stöhnt, das Hicksen der Elfe war ja noch schlimmer als ihr Gesang. Er würde kein Auge zumachen in dieser Nacht, das war gewiss. Warum musste er auch immer alles vermurxen. Er hätte sich ja auch etwas anderes wünschen können: einen Sack voll Gold beispielsweise oder ein paar neue Socken. Das hat er nun davon.

„Was gibt es denn für Möglichkeiten, einen Schluckauf zu beenden?", überlegt er fieberhaft. Da fällt ihm ein Mittel ein, von dem er gehört

hatte, dass es hilfreich sei. Wenn man sich ganz stark auf eine Sache konzentriert, kann das dazu führen, dass der Schluckauf vergeht.

„Was hast du heute gegessen?", fragt er Elfie.

„Blattsalat mit gerösteten Haselnüssen. Hicks!", antwortet Elfie wie aus der Pistole geschossen.

„Und gestern?", fragt Murx.

„Gestern gab es Birkenblätter mit Ahornsirup. Hicks!", erinnert sich Elfie genau.

„Und vorgestern?"

„Mmmh, da muss ich überlegen, aber es will mir nicht einfallen. Hicks!"

„Überlege ganz konzentriert!", sagt Murx. Elfie überlegt hin und her, aber – hicks! – es will ihr partout nicht einfallen. Trotzdem hört der Schluckauf nicht auf.

„Huuu", ruft Murx ganz plötzlich, der sich erinnert, dass auch Erschrecken eine heilsame Wirkung auf einen Schluckauf haben kann.

„Hicks, warum erschreckst du mich? Hicks! Das finde ich aber gar nicht nett von dir!"

Und der Schluckauf bleibt. Es ist wie ein Fluch. Durch nichts und niemanden ist dieses lästige Geräusch zu beenden.

Da sieht Murx plötzlich wieder eine Sternschnuppe.

„Elfies Schluckauf soll sofort wieder aufhören", wünscht er sich inbrünstig. Und der Schluckauf hört auf der Stelle auf.

„Der Schluckauf ist weg!", jubelt Elfie. „Jetzt kann ich endlich wieder singen", freut sie sich und fängt sofort mit der Tonleiter an.

„Dann kannst du doch auch wieder nach Hause gehen", meint Murx listig.

„Aber nein, Murx", antwortet Elfie, „in so einer schönen lauen Sommernacht geht man doch nicht nach Hause. Ich bleibe gerne bei dir und singe dir die ganze Nacht lang Lieder vor. Ein persönliches Konzert, nur für dich, was sagst du nun?"

„Mir bleibt aber auch nichts erspart", denkt Murx und ergibt sich seinem Schicksal.

Das Einhorn ist krank

Das Einhorn ist krank! Die Nachricht verbreitet sich wie ein Lauffeuer im Zauberwald. Zuerst bekommt das Wetter Wind von der Sache. Das erzählt es den Ästen der Bäume weiter, die wiederum die Neuigkeit den Vögeln zuraunen. Und die zwitschern die Nachricht jedem zu, der sie hören will. Das Einhorn ist krank, weiß bald der ganze Zauberwald.

So erreicht die Meldung auch die Elfen und Feen, die Baumgeister, Zwerge, Gnome, Trolle und Kobolde, die Hexen und auch den Riesen. Alle Bewohner des Zauberwaldes machen sich große Sorgen, auch die weniger netten Zeitgenossen unter ihnen, denn das Einhorn ist ihnen heilig. Ihm darf kein Leid widerfahren, sonst geschieht ein Unglück, das weiß jeder Bewohner des Zauberwaldes.

Auch Murx, der Waldschrat, macht sich große Sorgen. Das Einhorn ist sein bester Freund, denn es hat ihm schon mehr als einmal mit seiner großen Weisheit aus der Patsche geholfen. Gleich macht sich Murx auf den Weg, um dem Einhorn einen Krankenbesuch abzustatten. Als er auf der Weide ankommt, sind die zarten Elfen und auch ein paar luftige Baumgeister schon da. Für den Nachmittag hat sich eine Abordnung der Zwerge, der Trolle und der Gnome zum Besuch angesagt.

Traurig streicheln die Elfen das ehemals glänzende Fell des Einhorns. Es muss ihm wohl sehr schlecht gehen, denn es liegt auf der Seite, das Fell ist fahl, und das Horn auf seiner Stirn stumpf.

„Wir müssen sofort die Kräuterhexe holen, nur sie allein kann dem armen Einhorn helfen", sagt Murx.

„Da waren wir schon", berichten die Elfen. „Sie kennt auch einen Zaubertrank, der dem Einhorn helfen könnte. Aber die Beschaffung der Zutaten ist schwierig. Sie wollte dich fragen, ob du ihr dabei helfen kannst. Sie braucht Mäusedreck, Bienenköniginnenwaben und Kreuzspinnengift."

„Nichts leichter als das", antwortet Murx, „die gewünschten Zutaten habe ich zufälligerweise alle im Haus." Schnell eilt er zu seiner Höhle zurück und bittet sein Haustier, die Kreuzspinne Klara, um ein wenig Gift, das sie bereitwillig aus ihrer Giftblase drückt.

„Ich brauche heute eh kein Gift mehr. Guck dir das Vorratsspinnennetz an, es platzt aus allen Nähten", sagt sie.

„Ich habe gerade den ganzen Dreck zusammengekehrt, da hast du aber Glück gehabt", antwortet die Mäusemutter auf Murx' Bitte um Mäusedreck und reicht ihm eine ganze Mülltonne voll aus dem Mauseloch.

Nur die eitle Bienenkönigin will zuerst keine Wabe abgeben, aber als sie hört, dass es um die Genesung des Einhorns geht, ist sie gleich einverstanden. Alle Zutaten sind beisammen, und Murx beeilt sich, zurück zur Weide zu kommen.

Mittlerweile ist auch die Kräuterhexe eingetroffen, die sich nun an die Zubereitung des Zaubertranks macht. Dem Einhorn scheint es noch schlechter zu gehen, denn es hält die Augen geschlossen und atmet kaum noch.

Glücklicherweise ist der Zaubertrank schnell fertig, und die Elfen beginnen, dem Einhorn das Gebräu einzuflößen. Das Einhorn schluckt und schluckt und macht dann die Augen ganz weit auf. Alle befürchten das Schlimmste, aber da blinzelt es mit den Augen, schnaubt durch seine Nüstern, rollt sich auf die andere Seite und steht auf. Das Fell beginnt wieder zu glänzen und das Horn auf seiner Stirn ebenso.

„Ich träumte", sagt das Einhorn, „alle Freunde aus dem Zauberwald wären hier. Aber es war kein Traum, ihr seid ja tatsächlich alle hier." Da freuen sich alle, dass das Einhorn wieder gesund ist, und lassen die alte Kräuterhexe hochleben. Und weil sie schon einmal alle beisammen sind, feiern sie gemeinsam ein großes Genesungsfest.

Die Waldschratfrau

Murx, der Waldschrat, steht in seiner Küche und schimpft. Aus dem getrockneten Lehmboden ragen drei frisch gebuddelte Maulwurfshügel. Gerade eben ist er verschlafen in einen hineingetreten und hat sich dabei die Füße ganz dreckig gemacht. Erst letzte Woche hatten die unermüdlichen Wühltiere seinen Schlafzimmerboden mit mehreren Haufen verunziert.

„Wenn das noch einmal vorkommt, räuchere ich euch aus!", ruft Murx wütend. „Könnt ihr das nicht woanders machen, bei den Zwergen oder den Trollen vielleicht?"

„Die Maulwürfe sind doch blind", nimmt Klara, die Kreuzspinne, die possierlichen Tiere in Schutz. „Die wissen doch gar nicht, wo sie beim Graben rauskommen. Deine Launen sind in letzter Zeit wirklich unerträglich, mein lieber Waldschrat", stellt sie fest. „Was du brauchst, ist eine Frau! Dann wäre das Zusammenleben mit dir bestimmt erträglicher."

Murx wird nachdenklich. „Vielleicht hat die Spinne ja Recht. Wenn ich so weitermache, verkautze ich noch mehr." Es stimmte ja, irgendwie fühlte er sich immer ein wenig allein, daran konnte auch sein Haustier, die Spinne, nichts ändern. Aber wo sollte er eine Schratfrau kennen lernen, fragte er sich. In seinem Zauberwald war er der einzige Waldschrat.

„Vielleicht sollte ich eine Kleinanzeige in der Schneckenpost aufgeben", überlegt Murx. Die wird auch in anderen Zauberwäldern gelesen. Sogleich setzt er sich an seinen Küchentisch und macht sich daran, einen Brief zu formulieren. O weh, ist das schwer! Er schreibt:

„Also, ich bin ein Waldschrat und heiße Murx. Manchmal habe ich schlechte Laune, aber sonst bin ich ganz pflegeleicht. Ich suche eine Frau, die gut Hühnerbeine zubereiten kann."

Murx kratzt sich am Bart. Das muss reichen, denkt er. Oder halt! Spinnen muss sie auch mögen. Er setzt noch hinzu:

„Es wäre gut, wenn du Spinnen magst."

Schnell klebt er den Brief zu, steckt ihn in einen Umschlag und gibt ihn der Schnecke mit, die heute, mal wieder mit einer Woche Verspätung, die Schneckenpost austrägt. Dann wartet er gespannt. Und wirklich, nach einiger Zeit bekommt er eine Antwort. Darin steht:

„Lieber Murx, schon lange allein, suche ich einen lieben Schrat, der mit mir gemeinsam durch den Zauberwald des Lebens geht. Zufälligerweise esse ich für mein Leben gerne Hühnerbeine, die ich auch vortrefflich zubereiten kann. Auch ich bin manchmal schlecht gelaunt, aber

ansonsten recht pflegeleicht. Meine Lieblingstiere sind Spinnen, besonders mag ich Kreuzspinnen, weil sie die Hütte von Ungeziefer freihalten. Ich würde dich sehr gerne kennen lernen. Vielleicht treffen wir uns am nächsten Sonntag an der Grenze, die deinen Zauberwald von meinem trennt? Erkennungszeichen: eine Sonnenblume. Deine Murxi."

Murx ist entzückt. Da hat er aber Glück! Das scheint der Beschreibung nach genau die richtige Frau für ihn zu sein. Murx ist sehr aufgeregt, als er mit einer Sonnenblume in der Hand an der verabredeten Stelle wartet. Er hat gebadet und sich sogar die Haare und den Bart gekämmt.

Und dann sieht er sie, schüchtern und mit geröteten Wangen unter einem Baum stehen, und sein Herz macht sofort bumm! Dann wird er rot wie eine Tomate und stammelt: „Du glaubst ja gar nicht, wie sehr ich mich freue, dich kennen zu lernen, meine liebe Murxi!"

Er reicht ihr galant den Arm, und von diesem Zeitpunkt an sind die beiden unzertrennlich, gehen zusammen durch den Zauberwald des Lebens und essen gemeinsam Hühnerbeine, die Murxi, das muss man zugeben, wirklich vortrefflich zubereiten kann.

Maler Tüftel
auf Reisen

Nadja Kadel

Der Drachen geht auf Reisen

„Jetzt kannst du loslassen", rief Tüftel, und Fritz ließ die Leine los, an der der Drachen schon die ganze Zeit gezogen hatte.

Um aber mit dem Anfang der Geschichte zu beginnen: Tüftel ist Maler und lebt zusammen mit seinem Hamster Fritz in Strümpfelbach. Das ist ein winzig kleiner Ort im Süden Deutschlands, in dem es viele alte Fachwerkhäuser gibt und wo alles ruhig und gemächlich zugeht. Maler Tüftel und Hamster Fritz haben ein kleines Häuschen mit einem großen Garten, in dem es einen Kirschbaum und einen kleinen Teich gibt. Die meiste Zeit des Jahres sind sie aber gar nicht daheim, denn beide unternehmen sehr gerne lange Reisen.

Die letzten Wochen waren sie zu Hause in Strümpfelbach. Fritz hatte sich gelangweilt, weil Tüftel die ganze Zeit gemalt hat. Am einen Tag malte er ein Bild von Tante Annas Katze, am nächsten Tag bemalte er das schwarze Auto des Nachbarn Lars, der lieber ein gelbes Auto mit bunten Blumen darauf haben wollte. Natürlich hat Fritz zugeschaut und auch ein bisschen mitgeholfen, aber meistens war ihm langweilig. Irgendwann hatte er zu Tüftel gesagt:

„Tüftel, ich hätte gerne einen neuen Freund."

„Freunde kann man nun mal nicht herzaubern", erwiderte Tüftel mit ernster Miene. Nach einer kleinen Überlegungspause fügte er hinzu:

„Aber vielleicht habe ich eine andere Idee." Tüftel lief in die Garage. Als er zurückkam, trug er Holzlatten, Nägel, Klebstoff, einen Hammer und verschiedene Schnüre auf dem Arm. Papier,

Farben und Pinsel hatte er sowieso immer bei sich. Er legte alles auf einen Haufen und sagte: „Wir könnten einen Drachen für dich bauen. Was meinst du?" Fritz strahlte. Auf Maler Tüftels Ideen war Verlass. Tüftel hämmerte die Holzlatten zusammen, und Fritz begann damit, das Papier für den Drachen zu bemalen.

Zuerst malte er die Augen in feurigem Orangerot. Für das Gesicht wählte er ein Muster aus hellgelben und dunkelgelben Flammen. Der Körper und der Schwanz wurden bunt. Alle Farben des Regenbogens gingen abwechselnd ineinander über. Als das Papier getrocknet war, war auch Tüftel mit dem Gerüst fertig. Gemeinsam spannten sie das Papier darüber und klebten es an den Ecken fest. Außerdem befestigten sie die Drachenschnur. Fritz wurde schon ungeduldig. Er konnte es überhaupt nicht erwarten, bis der Klebstoff getrocknet, und der Drachen endlich in der Luft sein würde.

Zum Glück gab es an diesem Tag genug Wind, sodass sie den Drachen wirklich noch am selben Mittag ausprobieren konnten. Schon gleich nachdem er in der Luft war, begann der Drachen heftig an der Leine zu ziehen.

„Du musst ihm mehr Schnur geben", sagte Tüftel zu Fritz. Fritz gab mehr Schnur, und der Drachen stieg höher und höher. Die Regenbogenfarben konnte man auch von weitem gut sehen. Die Schnur war abgerollt und der Drache ganz weit weg, und er zog noch immer fest an der Leine.

„Man könnte meinen, dass er weg will", überlegte Fritz. Nach einer Stunde holten sie den Drachen zurück, was ziemlich schwierig war, weil dieser wirklich mit einer unglaublichen Kraft an der Schnur zog.

Auch die nächsten Tage war es windig genug, sodass Fritz seinen Drachen jeden Tag steigen ließ. Dann kam dieser Dienstag.

Wieder ließ Fritz seinen Drachen steigen, aber an diesem Tag war es anders. Er war es ja gewöhnt, dass der Drache an der Leine zog, aber an diesem Dienstag zerrte er dermaßen, dass Fritz ihn kaum mehr halten konnte. Er sprach beruhigend auf den Drachen ein, aber dieser kümmerte sich gar nicht darum. Er zog und zerrte und wollte partout immer weiter in den Himmel steigen. Als Fritz sich nicht mehr zu helfen wusste, holte er sich Rat bei Tüftel. „Fritz, ich glaube, der Drachen will auf Reisen gehen. Er war

jetzt eine Weile hier bei uns, und da hat es ihm auch gut gefallen. Aber nun will er eben die Welt sehen", sagte Tüftel zu Fritz, der schon etwas traurig dreinschaute. „Weißt du, wenn jemand unbedingt weg will, dann darf man ihn nicht aufhalten. Das ist doch bei uns auch so. Wenn wir hier in Strümpfelbach sind, gefällt es uns gut. Aber dann kommt wieder eine Zeit, in der es uns packt, und wir auf Reisen gehen. Dann kann uns auch niemand aufhalten." Fritz schaute immer noch traurig, aber er sah ein, dass Tüftel Recht hatte mit dem, was er sagte. Noch einmal schauten sie zum Drachen hinauf. Fritz winkte ihm und verabschiedete sich.

„Jetzt kannst du loslassen", rief Tüftel, und Fritz ließ die Leine los, an der der Drachen schon die ganze Zeit gezogen hatte.

Kinder, ist das eine Hitze

„Puh, ist das heiß hier", stöhnte Fritz.

„Daheim in Deutschland hast du geklagt, dass es dir zu kalt sei. Beschwer dich jetzt nicht über die Hitze", erwiderte Maler Tüftel. Tja, der Maler hatte gut reden. Schließlich hatte er ja kein dichtes Hamsterfell am ganzen Körper. Was aber Fritz nicht wusste: Im Sommer wäre es hier in Ägypten noch viel heißer. Es war also gut, dass sie ihre Reise nach Kairo in den Februar gelegt hatten.

„Komm, Fritz, wir müssen vielleicht noch eine halbe Stunde gehen, bis wir bei den Pyramiden angekommen sind. Das schaffst du noch", ermunterte Tüftel seinen Freund. Fritz schien nicht

ganz überzeugt zu sein und jammerte weiter. „Ach, wenn wir wenigstens ein Kamel hätten." Doch Tüftel hieße nicht Tüftel, wenn er nicht eine Idee hätte. Er schnallte seinen Rucksack vom Rücken und holte seinen Zeichenblock heraus.

„Du willst jetzt aber nicht anfangen, ein Bild zu malen", stöhnte Fritz. Tüftel grinste ihn an. Er hatte zwei Blätter seines Zeichenblocks abgerissen und begann nun, das dicke Papier wie eine Ziehharmonika zu falten. Fritz runzelte die Stirn. Was sollte denn das werden?

„Hier, Fritz, das ist ein Fächer, schau, wenn du ihn vor deinem Gesicht hin- und herschwingst, kannst du dir damit kühle Luft zufächern." Maler Türftel übergab den Fächer an Fritz, der nun bereits viel freudiger dreinschaute. Eifrig fächernd gingen sie weiter nebeneinander her. Man konnte die Pyramiden bereits sehen.

„Sie sehen aus wie riesige Dreiecke", meinte Fritz. Die Größte der Pyramiden stand in der Mitte, und ihre Spitze ragte weit in den Himmel.

„In zehn Minuten sind wir da, aber lass uns vorher noch eine kleine Pause machen und etwas trinken", meinte Tüftel. Er holte eine Thermoskanne mit Tee aus seinem Rucksack.

„Was, ich soll bei dieser Hitze auch noch heißen Tee trinken?", rief Fritz entsetzt.

„Ob du es glaubst oder nicht, heißer Tee ist das Beste, was du trinken kannst. Am Anfang schwitzt du zwar ein bisschen, aber der Schweiß bringt dir wieder Kühlung. Auch die Ägypter trinken oft heißen Tee. Das ist viel besser als Cola mit Eiswürfeln." Was Tüftel alles wusste ... Nach dieser Teepause vergingen die letzten Meter bis zu den Pyramiden wirklich schnell.

„Wir sind da!", rief Fritz begeistert. Fasziniert blickte Tüftel auf die große Pyramide. Er konnte

gar nicht glauben, dass er direkt vor diesem Weltwunder stand.

„Man weiß heute noch nicht, wie es die Menschen vor 4500 Jahren geschafft haben, diese riesigen Gebäude zu bauen. Schließlich gab es damals keine Maschinen, wie wir sie heutzutage haben", überlegte Tüftel.

„Wieso haben die Ägypter überhaupt die Pyramiden gebaut?", unterbrach Fritz den Maler.

„Wahrscheinlich wurden die Pyramiden gebaut, um darin den Pharao zu begraben, wenn er gestorben war", antwortete Tüftel.

„Was ist denn nun wieder ein Pharao?", hakte Fritz ein.

„Der Pharao war der Herrscher in Ägypten. Er war wie ein Kaiser, nur noch mächtiger. Die Äypter, musst du wissen, glaubten nicht an einen Gott, sondern an verschiedene Götter. Und der Pharao, glaubten sie, war der Sohn des Sonnengottes Re. Re saß im Himmel, und der Pharao auf der Erde sollte im Auftrag seines Vaters dafür sorgen, dass die Sonne jeden Tag auf- und untergeht", erklärte Tüftel. „Das ist natürlich wichtig, dass jeden Tag die Sonne auf- und untergeht. Deshalb haben die Ägypter ihrem verehrten Pharao auch so ein riesiges Grab gebaut. Wirklich spannend ist das."

„Weißt du, Tüftel, ich bin froh, dass wir hergekommen sind. Die Hitze macht mir jetzt auch gar nichts mehr aus", sagte der begeisterte Fritz.

Sie setzten sich zufrieden auf den Boden, fächerten sich Luft zu, tranken noch ein wenig Tee, schauten immer noch fasziniert auf die Pyramiden und kamen sich im Vergleich dazu ganz klein vor.

Die Königin von New York

Maler Tüftel hielt seinen Hamster Fritz fest an sich gedrückt. Neben ihm lag sein Zeichenblock mit Pinsel und Farben. Der Wind blies beiden ins Gesicht, und es schaukelte heftig.

„Ich glaube, ich werde seekrank", stöhnte Fritz.

„Halte durch, Fritz, wir haben es fast geschafft. In ein paar Minuten kann es losgehen", antwortete Maler Tüftel. Sie konnten ihr Ziel schon sehen. Es wurde von Sekunde zu Sekunde größer. Mit einer Fackel in der Hand und einer Krone auf dem Kopf ragte sie aus dem Wasser, diese riesige grüne Figur. Extra wegen der Freiheitsstatue hatten Maler Tüftel und Fritz die lange Reise nach Amerika auf sich genommen. Nun war es so weit, das Boot legte an, und Tüftel nahm Fritz bei der Hand. „New York, New York", summte Tüftel vor sich hin, und Fritz, der nun nicht mehr seekrank war, summte mit. Wahrscheinlich sangen sie, um ihre Aufregung zu überspielen. Nun war der Moment gekommen, in dem Tüftel und Fritz ihren Plan verwirklichen wollten. Ihr Plan, das ist eine lange Geschichte:

Vor einem Jahr hatten Maler Tüftel und Fritz zum ersten Mal ein Bild von der haushohen Freiheitsstatue gesehen. Ganz allein stand sie im Meer. Sie blickte auf die Stadt New York. Auf dem

Foto waren viele Leute aus der ganzen Welt zu sehen gewesen, die extra mit dem Boot gefahren waren, um die Freiheitsstatue zu besuchen.

„Sie ist wie eine Königin", hatte Maler Tüftel damals beim Anblick des Fotos gesagt.

„Ja, aber sie ist ganz grün. Weißt du, sie wäre eine richtige Königin, wenn sie eine goldene Krone hätte", war die Antwort von Fritz. Und so ist dann der Plan der beiden entstanden. Sie würden die Freiheitsstatue zur richtigen Königin machen. Wozu hatte Tüftel schließlich Pinsel und Farben!

Schnell stiegen Tüftel und Fritz nun bis zur Krone der Freiheitsstatue hinauf.

„Sie ist ja noch viel größer, als ich dachte", rief Fritz. Maler Tüftel schnaufte, während er die Treppen hinaufstieg.

„Wir sind da, Fritz! Kannst du mir helfen, die goldene Farbe anzurühren?", fragte Maler Tüftel, der bereits den Pinsel anfeuchtete. Fritz half ihm beim Anrühren. Dann begann der schwierigste Teil: Tüftel klammerte sich mit einem Arm an einer Zacke der Krone fest, mit der anderen Hand pinselte er die goldene Farbe darauf. Genau so hatten sie es daheim geprobt. Wochenlang hatte sich Tüftel jeden Tag an verschiedenen Ästen des Kirschbaumes festgeklammert und war mit dem Pinsel über die Äste gestrichen, um für die Bemalung der Krone zu üben. Natürlich hatten sie keine goldene Farbe benutzt, schließlich war die zu teuer. Außerdem, was hätten denn die Nachbarn gesagt, wenn sie den Kirschbaum golden angemalt hätten?

Das Üben hatte sich gelohnt. Sicher hielt sich Maler Tüftel an einer Zacke fest und übermalte die andere grüne Zacke in glänzendem Gold. Fritz rührte immer wieder neue Farbe an. Nach der siebten Zacke begann Tüftels Arm ein bisschen wehzutun. Das lag daran, dass der Kirschbaum daheim nur sieben Äste hatte. Aber er ließ sich nichts anmerken, und nach stundenlanger Arbeit hatten sie es tatsächlich geschafft. Die Freiheitsstatue hatte endlich eine goldene Krone!

Obwohl beide erschöpft waren, umarmten sie sich fest und tanzten zurück zum Boot. Der Wind blies immer noch, und auch einige Wolken waren aufgezogen, aber das störte die beiden nicht. Zufrieden stellten sie fest, dass man schon von weitem die goldene Krone sehen konnte. Nun begann es zu tröpfeln, und innerhalb von wenigen Sekunden regnete es in Strömen. Auch das störte Maler Tüftel und Fritz zunächst nicht. Noch immer beobachteten sie glücklich ihr Werk.

Doch was mussten sie sehen? Die goldene Farbe begann auf das Gesicht der Freiheitsstatue zu fließen. Der Regen löste die goldene Wasserfarbe auf! Verdammt, daran hatten Maler Tüftel und Fritz nicht gedacht! Je mehr es regnete, desto mehr verteilte sich die goldene Farbe auf der ganzen Statue und wurde von dort aus ins Meer gespült. Nach nur zehn Minuten war von der goldenen Farbe nichts mehr zu sehen. Maler Tüftel konnte gar nichts mehr sagen, eine Träne rann über sein Gesicht.

„Tüftel, mach dir nichts draus! Das Wichtigste ist, dass wir unseren Plan verwirklicht haben. Wir beide wissen, dass sie eine Königin ist, und wir beide haben gerade eben noch selbst den Beweis dafür gesehen", versuchte Fritz ihn zu trösten.

Tüftel wischte sich schnell die Träne aus dem Gesicht. „Fritz, du hast Recht, wir werden die Freiheitsstatue immer mit einer goldenen Krone in Erinnerung behalten."

Maler Tüftel und die Chinesische Mauer

Hamster von der Seite, Hamster von oben, Hamster beim Mittagsschlaf. Maler Tüftel schüttelte den Kopf. Immer dasselbe Motiv. So konnte das nicht weitergehen.

„Ich brauche dringend mal wieder einen Tapetenwechsel, was meinst du? Wir sind ja immerhin schon wieder fast zwei Monate hier in Strümpfelbach", sagte er zu seinem Hamster Fritz. „Sollen wir nicht mal wieder Urlaub machen? Dann finde ich vielleicht auch ein neues Motiv. Nichts gegen dich als Modell, aber Hamsterbilder habe ich jetzt genug", fügte er hinzu.

„Gerne", antwortete Fritz, der nichts gegen ein wenig Abwechslung einzuwenden hatte, denn das Modellsitzen ging ihm auch schon auf die Nerven.

„Wo waren wir denn noch nie?", fragte Maler Tüftel.

„Wir könnten den Globus drehen und mit geschlossenen Augen auf die Kugel tippen, da fahren wir dann hin", meinte Fritz.

Schnell holten sie den Globus und machten es genau so, wie Fritz es vorgeschlagen hatte. Augen zu, Augen auf, und der Zeigefinger von Maler Tüftel zeigte mitten auf China.

„Da fahren wir hin", jubelte Fritz, „ich esse für mein Leben gerne chinesisch, und vielleicht könnten wir den Kaiser von China besuchen." Auch Maler Tüftel freute sich über das Reiseziel.

„Ich kann dann die Chinesische Mauer malen, was für eine Herausforderung!" Schnell packten sie ihre Koffer und machten sich mit der Transsibirischen Eisenbahn auf den langen Weg. Sie fuhren acht lange Tage und acht lange Nächte, bis der Zug endlich hielt, und der Schaffner rief:

„China, hiel Endstation! Leisende bitte alle aussteigen." Der chinesische Schaffner konnte nämlich kein „R" aussprechen.

„Wo bitte, geht es hier zur Chinesischen Mauer?", fragte Tüftel einen Herrn, der einen großen Chinesenhut trug. Aber der Herr schüttelte den Kopf, weil er die fremde Sprache nicht verstand.

„Suki-Jaki, Ching-Chang, Ming-Ming, Bonsai, Ginseng", versuchte es Maler Tüftel.

„Tschang-Tscheng", antwortete der Fremde freundlich und zeigte nach vorn.

„Da ist sie ja", freute sich Tüftel, „jetzt hätten wir glatt das berühmteste Bauwerk Chinas fast übersehen."

„Die ist aber lang", meinte Fritz. „Wie willst du die denn auf das Zeichenblatt kriegen?"

Tüftel kratzte sich am Kopf. „Du hast Recht, Fritz, das könnte wirklich ein Problem werden. Bestimmt passt nur ein kleines Mauerstück aufs

Papier, und dann muss ich die Fortsetzung auf weitere Zeichenblätter malen. Zum Schluss könnte man dann alle Blätter zusammenkleben."

„Das ist eine großartige Idee", fand Fritz.

Sogleich holte Maler Tüftel seine Staffelei sowie die vielen bunten Farbtöpfe und legte los. Er malte und malte, ein Blatt nach dem anderen. Trotzdem war Maler Tüftel mit seiner Arbeit unzufrieden. Er hatte das Gefühl, dass alle Bilder gleich aussahen. Maler Tüftel und Fritz setzten sich auf die Mauer, um Maler Tüftels Werk zu begutachten, als Fritz mit seinen Pfoten verse-

hentlich in einen Farbtopf geriet. Über dieses Missgeschick erschrak er so sehr, dass er von der Mauer fiel. Oh weh, mitten auf das zuletzt fertig gestellte Bild fiel er! Nun zierten vier rote Hamsterfüße das Gemälde.

„Rote Pfoten auf der Chinesischer Mauer, das ist es", schwärmte Maler Tüftel. „Das ist das beste Bild, das ich je gemalt habe. Du hast meine Malerehre gerettet. Was sollte ich nur ohne dich anfangen?", lobte er Fritz, der nun vor lauter Stolz auch noch ganz rote Ohren bekam.

Der Blick vom Eiffelturm

Wer saß denn da schon am frühen Morgen gemütlich in einem Café, trank Kaffee und aß Croissantbrötchen dazu? Wir können es uns denken. Klar, es waren Maler Tüftel und sein Hamster Fritz. Sie waren schon früh am Morgen mit dem Zug in Paris angekommen.

Sie wollten sich ein bisschen stärken, bevor sie sich aufmachten, die Stadt zu erkunden.

„Komm, wir gehen los", sagte Fritz, „ich will unbedingt zu diesem riesigen Turm dort drüben." Mit dem riesigen Turm meinte Fritz den Eiffelturm, denn der war ihr erstes Ziel in Paris. Sie hatten sich vorgenommen, die Treppen des Eiffelturms hinaufzusteigen, statt den Aufzug zu nehmen.

„Lass uns die Stufen zählen", meinte Tüftel.

„Glaubst du, so weit können wir überhaupt zählen?" Fritz war davon nicht überzeugt. Sie

stiegen und stiegen, und die Treppenstufen schienen nicht weniger zu werden. Nach 500 Stufen machten sie eine Pause.

„Ich kann jetzt schon nicht mehr", jammerte der erschöpfte Fritz.

„Ach was, Fritz, da haben wir schon ganz andere Sachen geschafft! Lass uns weitergehen und dabei zählen." Als sie bis 1000 gezählt hatten, war noch immer kein Ende in Sicht. Erst nachdem sie bei der Zahl 1652 angekommen waren, ging es nicht mehr weiter.

Verschwitzt lehnten sie sich an das Geländer und wagten einen ersten Blick nach unten. Paris lag ihnen zu Füßen. Beide waren baff. Die riesige Stadt wirkte von so weit oben viel übersichtlicher.

„Au Champs-Elyssées, la-la-la-la-la", sang Tüftel einen alten Schlager. Fritz summte mit, während er von einer Seite zur anderen schaute.

Plötzlich hielt er inne. „Tüftel, schau, hier gibt es ein Pyramide, genau wie in Ägypten! Wie kommt denn die hierher? Ist da auch ein Pharao begraben?", fragte Fritz aufgeregt.

„Ja, du hast Recht, da ist tatsächlich eine Pyramide, dort drüben beim Louvre-Museum. Aber diese Pyramide ist aus Glas und nicht aus Stein. Begraben ist darin sicherlich niemand", lachte Tüftel. Trotzdem erinnerte Fritz die Pyramide natürlich zu Recht an ihre Reise nach Ägypten.

„Auch die Franzosen erinnert diese Pyramide an Ägypten. Vor 200 Jahren war der französische Kaiser Napoleon nämlich auch dort", erzählte Tüftel seinem Freund Fritz. „Aber jetzt lass uns nicht nur von Ägypten reden, schließlich sind wir in Frankreich!", fügte Tüftel bestimmt hinzu.

Sein Blick schweifte erneut über die Stadt. „Siehst du den Hügel dort drüben? In dieser Gegend sind viele meiner Kollegen", sagte Tüftel.

„Du hast Kollegen in Paris? Davon hast du mir ja gar nie erzählt", erwiderte Fritz.

„Nun ja, ich kenne sie ja auch nicht persönlich, aber dort bei dem Hügel in Montmartre gibt es ganz viele Maler. Viele von ihnen malen und verkaufen ihre Bilder auf der Straße. Wenn Leute vorbeigehen, fragen sie, ob sie sie malen können", erzählte Tüftel. Fritz überlegte. Jetzt hatten sie schon so viele Reisen gemeinsam unternommen, so viele Städte und Länder gesehen. Noch konnte er sich gut an alle Einzelheiten erinnern. Von manchen Orten hatte Tüftel Bilder gemalt. Nur von ihnen beiden gab es kein einziges Bild. Fotos hatten sie nie gemacht, weil Tüftel gemalte Bilder viel persönlicher fand. Da hatte Fritz eine Idee:

„Was hältst du davon, wenn wir nachher nach Montmartre gehen, und uns von einem Maler malen lassen? Das wäre doch lustig, wenn sich der Maler Tüftel einmal selber malen ließe!", schlug Fritz begeistert vor.

Was hat Maler Tüftel wohl zu diesem Vorschlag gesagt? Ob die beiden wirklich ein Bild von sich haben malen lassen?

Die Suche nach den blauen Farben

Die weiteste Reise von Tüftel und Fritz ging ans andere Ende der Welt. Es war die Reise der unterschiedlichen blauen Farbtöne.

Den ersten Blauton hatte Tüftel mit der Hilfe von Hamster Fritz kurz nach ihrer Ankunft entdeckt. Gleich am Flughafen war das, als sie eine riesige Weltkarte an der Wand hängen sahen. Die Umrisse der beiden Hauptinseln Neuseelands waren genau in der Mitte. Daneben war die neuseeländische Flagge abgebildet. Sie ist blau mit vier roten Sternen und auch ein bisschen weiß. Aber sie ist hauptsächlich blau, ein besonderes Blau, Neuseelandblau eben.

Draußen im Freien galt ihr erster Blick dann dem Himmel. Schließlich ist Neuseeland bekannt als das Land der langen weißen Wolke. Und es stimmte tatsächlich: Drei riesige lange weiße Wolken hingen direkt über ihnen am Himmel. Der Himmel sonst war – genau wie man sich das vorstellt – himmelblau. Es dauerte nicht lange, bis Maler Tüftel das Himmelblau angerührt hatte. Praktisch dasselbe Blau hatte er bereits in anderen Ländern angetroffen.

Das nächste Ziel von Tüftel und Fritz war das Meer. Auf schwarzem Sand liefen sie den Wellen entgegen. Meerblau oder Aquamarin nannte

Tüftel die Farbe des Wassers. Man muss wissen, dass es keine einfache Farbe ist. Sie variiert viel mehr als das einfache Himmelblau. Mal hat sie einen Grünstich, mal ist sie dunkler, mal heller. Es dauerte einige Zeit, bis Tüftel dieses besondere Blau angerührt hatte. Statt gewöhnlichen Wassers nahm er Meerwasser zum Anrühren der Farbe. Das Hinzumischen von salzigem Meerwasser ist das Geheimnis von Maler Tüftel für einen wirklich einmaligen meeresblauen Farbton – also bitte nicht weitererzählen … Zufrieden saßen Maler Tüftel und Fritz mit der frisch angerührten, meeresblauen Farbe am Strand und verglichen sie mit dem Meer. Gut getroffen war der Farbton, nicht ganz genau gleich, aber wirklich gut getroffen.

Es vergingen zwei Tage, in denen Tüftel und Fritz durch Neuseeland fuhren. Sie setzten mit der Fähre von der Nordinsel auf die Südinsel über. Während dieser Fahrt entdeckten sie etwas, was in Neuseeland gar nicht so ungewöhnlich ist: Delfine spielten im Meer. Sie waren ein ganzes Stück entfernt, aber man konnte sehen, wie sie Purzelbäume in der Luft schlugen. Obwohl ihre Grundfarbe grau und silbrig ist, schimmern sie bläulich, und Maler Tüftel machte sich sofort daran, ein Delfinblaugrau zu mischen.

Auf der Südinsel sollte sie ein weiteres Blau erwarten. Ausgerüstet mit langen Hosen, Schuhen mit Eisennägeln in den Sohlen und einem Seil in der Hand, machten sie sich auf zum Gletscher. In einer Gegend, in der sie vor wenigen Minuten noch Palmen gesehen hatten, war es nun plötzlich eisig kalt. Vorsichtig stiegen sie den rutschigen Weg hinauf und erblickten das klarste Blau, das sie je gesehen hatten: neuseeländisches Gletscherblau! Sie waren von einer unglaublichen

Freude erfüllt und überzeugt, dass dies ihr unübertroffenstes Blauerlebnis bleiben würde.

Wenige Tage später wurden sie jedoch eines Besseren belehrt, als sie vor dem Tekapo-See standen.

Zunächst trauten sie ihren Augen nicht, ein solch unwirkliches, milchiges Türkisblau hatten sie in ihrem ganzen Leben noch nie gesehen. Tüftel mischte und probierte, aber es gelang im nicht, dieses Blau einzufangen. Stundenlang experimentierte er, schlug in Büchern nach, alles ohne Erfolg. Dann trafen sie dort auf einen Wissenschaftler, der ihnen sagte, dieses Blau würde Phosphorablagerungen im Wasser verursacht. Er brachte ihnen zwar eine Erklärung, aber die Farbe konnten sie trotzdem nicht mischen.

Tüftel gab der Farbe einen Namen. Er nannte sie Tekapoblau, aber er musste sich damit abfinden, dass er diese Farbe niemals würde mischen können.

Wie Fritz fast zum Eiszapfen gefroren wäre

Die Reise zum Nordpol hatten Tüftel und Fritz besonders gründlich vorbereitet. Normalerweise wirft Tüftel einfach Papier, Pinsel und Farben, Zahnbürste, Seife und frische Wäsche, seinen Reisepass und Geld in seinen Rucksack, und los geht es. Dieses Mal hatten beide schon Wochen vorher begonnen, Wollsocken, Handschuhe und Wollmützen zu stricken. Sie hatten sich Fellschuhe und eine Angel gekauft, aber nicht nur das. Sie schliefen nur noch bei offenem Fenster, und das im November! Und: Sie übten das Schießen mit Pfeil und Bogen. Dazu setzten sie die gelbe Quietschente in den Teich ihres Garten und versuchten, diese zu treffen. Das war gar nicht so einfach, wie man denkt.

Am Abreisetag waren sie viel aufgeregter als sonst, was seltsam war, weil sie doch eigentlich so gut vorbereitet waren.

Aber die Aufregung verflog, als sie am Nordpol ankamen. Es war noch kälter, als sie gedacht hatten. Gleich bei ihrer Ankunft wurden sie von ein paar Eskimos begrüßt, die ihnen als Willkommensgeschenk je eine Pelzmütze schenkten. Man könnte meinen: „Wieso brauchen die denn eine Pelzmütze, sie haben sich doch extra eine Wollmütze gestrickt?" Aber auch wenn man sich das kaum vorstellen kann: Am Nordpol ist es wirklich so kalt, dass keine Wollmütze der Welt warm genug ist!

Tüftel und Fritz hatten also gleich an ihrem Ankunftstag Freunde gefunden. Sie boten ihnen einen Schlafplatz in ihrem Gäste-Iglu an. Zudem war es ein Glück, dass Tüftel und Fritz auch beim Fischfang und Jagen nicht allein waren, obwohl sie vorher so fleißig geübt hatten.

Als Tüftel und Fritz nämlich zum ersten Mal angeln gehen wollten, stellten sie fest, dass alles zugefroren war. Sie fanden überhaupt keine Stelle, an der sie ihre Angeln hätten ins Wasser halten können.

Zum Glück hatten sie ihre Freunde, die Eskimos. Diese wussten, wie und an welcher Stelle man am besten ein Loch ins Eis schlägt. Im Kreis saßen sie dann um das Loch im Eis, und es dauerte gar nicht lange, bis sie einen Fisch an der Angel hatten. Als sie einige Fische gefangen hatten, trugen sie diese zur Feuerstelle und spießten sie auf einen Holzstock.

Während Tüftel mit den Eskimos die Fische röstete, spielte Fritz mit einem Husky. So heißen die Hunde der Eskimos, die sie auch vor ihre Schlitten spannen. Fritz warf dem Husky einen Stock zu, und dieser brachte ihn zurück. Als Fritz den Stock wieder werfen wollte, ging er ein paar Schritte rückwärts, und bevor er sich versah, war er mit einem großen Platsch in das Angelloch im Eis gefallen! Er ruderte mit den Armen und hielt sich an einem Eisstück fest. Aber als er sich daran aus dem Wasser ziehen wollte, brach es ab und schwamm wie eine Minieisscholle neben ihm.

„Hilfe! Hilfe!", rief Fritz mit klappernden Zähnen. „Hört mich denn keiner?", schrie er verzweifelt. Zum Glück hatte der Husky gleich bemerkt, dass Fritz ins Wasser gefallen war. Er rannte sofort zur Feuerstelle, um die Eskimos und Tüftel zu alarmieren. Während Fritz schrie und versuchte, sich über Wasser zu halten, kamen alle schnell herbeigelaufen. Tüftel schlug die Hände über dem Kopf zusammen.

„Fritz, um Gottes Willen, halte durch, wir kommen und retten dich!" Einer der Eskimos hielt eine Angel ins Wasser und rief: „Fritz, halte dich an dem dicken Haken fest". Das tat Fritz mit letzter Kraft, und wenige Sekunden später hatte man ihn erfolgreich aus dem Wasser geangelt. Fritz war so erschöpft und durchgefroren, dass er gar nichts mehr sagen konnte. Tüftel nahm Fritz, der sich gerade in einen Eiszapfen verwandelte, in seine Arme und rannte mit ihm zur Feuerstelle.

„Nicht braten!", rief Fritz mit letzter Kraft. Die Eskimos lächelten, und Tüftel rann eine kleine Träne über die Wange, so froh war er, dass Fritz nichts passiert war. Schnell zogen sie seine nassen Kleider aus und hielten ihn dicht ans Feuer, damit er sich wieder aufwärmte.

„Puh, das war wirklich knapp!", sagte Tüftel, der sich so langsam von dem Schock erholte. Sie feierten ein großes Fest, und die restlichen Tage am Nordpol machte Fritz einen großen Bogen um Löcher im Eis.

Die Stadt der Brücken und Moscheen

Maler Tüftel schaute auf die Uhr. Es war gerade einmal halb sechs, und ganz langsam begann die türkische Morgendämmerung. Aufgewacht war er durch den Ruf des Muezzins zum Morgengebet. Denn fünfmal am Tag ruft der die Gläubigen zum Gebet. Dies tut er über einen Lautsprecher vom Minarett aus. Das ist der Turm einer Moschee. Alles war auf Arabisch, so verstand Tüftel noch nicht einmal, was der Muezzin rief.

Maler Tüftel schaute nach seinem Hamster Fritz, der neben ihm schlief. Tüftel konnte nicht mehr einschlafen. Er ging auf den Balkon hinaus und setzte sich auf den Plastikstuhl. Von hier aus konnte er weite Teile von Istanbul überblicken. Er sah auf das Meer. Er sah kleine Lichter, die von den Fischerbooten kamen. Es war nun so hell, dass er bereits die großen Brücken sehen konnte.

Sie führen über den Bosporus. So heißt die Meerenge, die nicht nur die Stadt Istanbul, sondern auch Europa und Asien voneinander trennt.

Tüftels Blick wanderte über die Dächer. Immer wieder blieb sein Blick an den runden Dächern der Moscheen hängen. Moscheen sind die Gotteshäuser der Muslime, ähnlich wie die Kirchen bei den Christen. Direkt neben den Moscheen stehen die schmalen Minarette. Gerne würde Tüftel einmal eine Moschee von innen sehen, vielleicht noch heute?

Er schaute dem Sonnenaufgang zu. Auch Fritz war aufgewacht, sagte „Guten Morgen!" und setzte sich dann zu ihm auf den Balkon.

Es klopfte an ihrer Zimmertür. Die Wirtin der Pension, in der sie wohnten, brachte ihnen ein Frühstückstablett. Zum Weißbrot gab es nicht nur Honig und Marmelade, sondern auch Oliven und Schafskäse. Dazu tranken sie schwarzen Tee.

Es war noch früh, aber sie brachen in die Stadt auf. Sie liefen über die Galata-Brücke, auf der nun viele Männer standen, miteinander redeten und ihre Angeln ins Meer hielten.

Sie liefen die Altstadt hinauf, und als sie an einer Moschee vorbeikamen, meinte Fritz:

„Weißt du, Tüftel, ich würde gerne einmal eine Moschee von innen sehen." Tüftel freute sich, weil er heute morgen genau denselben Gedanken gehabt hatte. Sie stiegen die Treppenstufen zum Eingang hinauf, dann wurde Fritz stutzig: „Tüftel, kannst du mir erklären, warum die ganzen Schuhe hier herumstehen?" Im selben Moment lief ein Mann barfuß an ihnen vorbei.

„Zum Beten ziehen die Menschen hier immer ihre Schuhe aus und waschen ihre Füße", erwiderte Tüftel . Er zeigte auf den Brunnen, der in der Nähe stand. Die beiden zogen ebenfalls ihre Schuhe aus und wuschen ihre Füße.

Tüftel hatte dabei nicht gemerkt, dass die grüne Wasserfarbe aus seiner Tasche gefallen war. Sie hatte sich mit dem Wasser vermischt. Als Tüftel es merkte, war Fritz bereits hineingetreten und hinterließ überall, wo er ging, kleine grüne Tapser.

„Fritz, beweg dich nicht! Was für ein Missgeschick!" Tüftel packte schnell die Farbe ein und

putzte den grünen Fleck, so gut es ging, weg. „Eines steht fest, so kannst du nicht in die Moschee gehen! Bleib an dieser Stelle stehen, dann trage ich dich nachher weg." Doch bevor sie gingen, wollte Tüftel wenigstens noch einen Blick in die Moschee werfen. Vorsichtig schaute er durch einen Spalt in der Eingangstür.

Auf dem Boden der Moschee lag ein weicher Teppich mit einem bunten Muster. Es gab keine Sitzbänke wie in einer Kirche. Die Männer knieten auf dem Teppich und beteten. Vielleicht war es besser, dass Tüftel und Fritz nicht hineingegangen waren, womöglich hätten sie die Menschen gestört. Natürlich erzählte Tüftel Fritz, was er gesehen hatte. Dann trug er ihn zum Brunnen, um ihm die grünen Farbreste von den Füßen zu waschen.

„Saubere Füße hast du nun zumindest!", sagte Tüftel, bevor sie sich weiter auf den Weg durch Istanbul machten.

Irgendetwas steht hier schief

Erdbeere, Schokolade, Zitrone, Vanille, Pistazie, Stracciatella. Allein schon wegen der vielen, leckeren Eissorten gefiel es Fritz und Tüftel in Italien ganz außerordentlich. An manchen Tagen aßen sie Eis schon zum Frühstück, manchmal zwischendurch und zum Nachtisch sowieso immer. Dabei waren sie eigentlich gar nicht wegen der Schleckerei nach Italien gefahren, sondern weil Maler Tüftel im Radio gehört hatte, dass der Schiefe Turm von Pisa noch mehr in Schieflage geraten war. Wenn das so weiterginge würde er irgendwann einstürzen.

„Fritz, ich muss den schiefen Turm von Pisa unbedingt malen, solange er noch steht", hatte Tüftel gesagt, und schon am nächsten Tag waren sie losgefahren. Weil es in Pisa mittags ziemlich heiß wird, arbeitete Tüftel immer schon frühmorgens an seinem Bild. Auf die feine Leinwand trug er sorgfältig die Ölfarben auf. Fritz beobachtete in der Zwischenzeit die Menschen, die zur Arbeit gingen, und die hupenden Autos. Er aß Eis und lernte außerdem ein bisschen Italienisch. Natürlich war „gelati" sein Lieblingswort. Man kann sich leicht denken, was das heißt!

Nach fast einer Woche Arbeit war Tüftel mit seinem Bild fertig. Um zu sehen, wie es an der Wand wirkte, stellte er es in einen Rahmen und hängte es im Zimmer des Hotels auf.

„Das ist wirklich eines meiner besten Werke", sagte Tüftel und hielt den Kopf ein bisschen schief.

„Hmm", meinte Fritz, „also wenn ich ganz ehrlich sein soll, Tüftel, der Turm, den du gemalt hast, ist zwar wunderschön und sieht auch aus wie der Schiefe Turm von Pisa. Aber ich glaube, es gibt ein Problem. Der Turm, den du gemalt hast, ist gar nicht schief!" Tüftel schaute ihn verdutzt an und blickte dann sogleich wieder auf das Bild an der Wand.

Er hielt seinen Kopf nun nicht mehr schief, und man konnte sehen, wie das Lachen in seinem

Gesicht sich zu einer ernsten Miene verwandelte.

„Fritz, das kann doch nicht sein, wie konnte mir denn das passieren?", rief er erschrocken.

„Vielleicht ist das passiert, weil du deinen Kopf beim Malen auch immer schief gehalten hast, wie gerade, als du das Bild angeschaut hast?", versuchte Fritz eine Erklärung zu finden.

Tüftel rannte vor lauter Aufregung drei Runden um das Bett.

„Fritz, was machen wir jetzt, morgen fahren wir zurück nach Deutschland, und nun soll meine ganze Arbeit umsonst gewesen sein?", rief Tüftel verzweifelt. Fritz saß auf dem Bett und schaute auf das Bild vom Geraden Turm von Pisa. Er murmelte vor sich hin.

„Warum ist der Turm von Pisa schief? Wenn er gerade wär, wär's kein Schiefer Turm von Pisa mehr." Es war ganz klar, der Turm musste schief

sein. So konnte das Bild auf keinen Fall aufgehängt werden.

Doch Tüftel wäre nicht Tüftel, wenn er nicht doch noch eine Lösung gefunden hätte. Er lief zur Wand und drehte das Bild vom Geraden Turm nach rechts.

„Siehst du, Fritz, ich hab's! Wir hängen das Bild einfach schief an die Wand. Dann wird auch der Turm endlich schief", sagte er verschmitzt. Fritz musste zugeben, dass der Turm nun wirklich sehr schief aussah. Beide lachten.

„Und ich habe schon gedacht, dass die ganze Arbeit umsonst war", sagte Fritz.

„Weißt du was? Das müssen wir feiern. Wie wär's mit einem Eis?", schlug Tüftel vor.

„Gelati, ja, das ist gut!", antwortete Fritz, und zur Feier des Tages verputzten sie einen riesigen Eisbecher.

Im Land der Zuckerstreusel

„Fahrradfahren macht ja so viel Spaß!", rief Fritz. Wer Fritz gut kennt, wundert sich vielleicht, dass er das sagt. Ein großer Sportler ist er normalerweise nämlich nicht. Um Fritz' plötzliche Begeisterung für das Radfahren zu verstehen, sollte man wissen, dass sich Tüftel und Fritz gerade in Holland befanden. Und weil dort alles ganz flach ist, ist das Radfahren ganz einfach, viel einfacher als in Strümpfelbach.

Schon mehr als dreißig Kilometer waren sie heute schon geradelt, ohne dabei müde zu werden. Sie trafen hunderte von anderen Radfahrern, die immer freundlich „Hoi!" riefen. Am Anfang haben sich Tüftel und Fritz gewundert und um sich geschaut, ob irgendwo in der Nähe eine Wiese gemäht wird. Aber sie haben weder eine Mähmaschine noch Heu gesehen. Nach einer Weile haben sie dann verstanden, dass „Hoi!" holländisch ist, und auf Deutsch „Hallo!" heißt.

Autos gibt es in Holland weniger als Fahrräder. Und alle Autos scheinen einen Wohnwagen hinter sich herzuziehen. Nun, vielleicht haben auch nur Tüftel und Fritz mehr Wohnwagen als Autos gesehen, weil sie an zwei Campingplätzen vorbeigeradelt sind, das kann sein.

Und dann sind da natürlich noch die Windmühlen. Windmühlen gibt es in Holland nämlich fast so viele wie Wohnwagen. Früher hat man in den Windmühlen Getreide gemahlen. Der Wind hat das Rad der Windmühle gedreht. Mit der Kraft, die der Wind erzeugt, wurde die Mühle angetrieben. So wurden dann Weizen und Gerste zu Mehl gemahlen. Heute gibt es zum Mahlen elektrische Maschinen, und deshalb braucht man die Windmühlen nicht mehr so dringend. Weil sie aber bereits da sind und dazu sehr schön aussehen, haben manche Holländer etwas anderes aus den Windmühlen gemacht: zum Beispiel ein

kleines Lokal. Weil Tüftel und Fritz vom Radfahren recht hungrig geworden waren, sind sie in einer alten Windmühle eingekehrt.

Tüftel und Fritz bestellten sich ein Käsebrot und eine Apfelsaftschorle. Apfelsaftschorle haben sie aber nicht bekommen, das gibt es nämlich in Holland nicht. Also haben sie einen leckeren Früchtetee getrunken. Am Nebentisch saß eine Familie mit einem Kind, die auch gerade eine Pause vom Fahrradfahren machte. Fasziniert schaute Fritz auf den Teller des Kindes. Da lag ein Butterbrot und auf dem Butterbrot eine dicke Schicht bunter Zuckerstreuseln.

„Tüftel, schau mal", sagte Fritz, „das sind doch die Streusel, die wir immer auf unsere Weihnachtsplätzchen streuen. Wieso streuen die Leute die denn auf ein ganz normales Brot?"

„Weißt du, in anderen Ländern haben die Menschen einfach andere Gewohnheiten. Sie essen und trinken anders, sie sprechen anders und manchmal verhalten sie sich auch anders", antwortete Tüftel. Er dachte nach. Eigentlich war das ein Grund, warum er so gern in andere Länder fuhr. Es interessierte ihn, Menschen kennen zu lernen, die anderes kennen und wissen als er selbst.

„Fritz, da hast du mich auf eine Idee gebracht!" Tüftel holte Zeichenblock und Farben heraus und malte ein Bild mit vielen bunten Punkten.

„Du malst aber viele Streusel", meinte Fritz.

„Ja, ganz recht, Fritz, dieses Bild soll uns an Holland erinnern, wenn wir wieder zu Hause sind und daran, dass die Menschen auf der Welt so bunt sind wie Streusel."

„Ein wirklich schönes Bild!", freute sich Fritz.

Die Tiere im Garten

Sandra Garbers

Der Trödel-Ausflug

Eines schönen Tages, es muss Anfang Juni gewesen sein, hatte Eckbert Igel eine Idee.

„Wie wäre es, wenn wir einen Ausflug machten?", fragte er Kai Hase und Tilly Maus. Der vorsichtige Hase wollte natürlich sofort wissen, ob so ein Ausflug nicht gefährlich sei. Aber Tilly Maus hüpfte vor Freude auf der Stelle.

„Wir brauchen Proviant", rief sie. „Proviant ist das Wichtigste bei einem Ausflug."

Typisch Tilly, dachte Eckbert, der ja wusste, dass das Wichtigste an einem Ausflug der Entschluss zu dem Ausflug ist. Denn wenn der fehlt, ist der leckerste Proviant nur ein Abendessen. Mit einem Ausflug aber wird ein Picknick daraus. Und wo machen ein Igel, eine Maus und ein Hase am besten ein Picknick? Natürlich auf einer Waldlichtung. Sie packten Karotten, Äpfel, Käse und Schokolade in ihre Rucksäcke und marschierten los. Immer geradeaus in Richtung Wald.

Als sie wenig später am Waldrand ankamen, war ihnen dann aber doch ein wenig mulmig zu Mute. So ein Wald ist doch sehr dunkel.

„Es soll eine alte, hässliche Kröte dort drinnen leben", sagte Tilly Maus.

Eckbert Igel nickte: „Ja, sie wohnt unter einem riesigen Farn. Wir müssen nur aufpassen, dass wir uns nicht verlaufen, dann werden wir ihr nicht begegnen." Und Kai Hase schlug vor, doch besser umzukehren. Aber dazu waren die Tiere schon viel zu weit gegangen. Außerdem lag der Trödelweg vor ihnen. Und das war nicht irgendein Trödelweg, sondern der Beste, den man sich vorstellen kann.

Und so trödelten sie los. Tilly Maus trödelte vor allem bei den Walderdbeeren. Sie aß so viele, dass ihr Mäusemund ganz rot vom Saft der süßen Beeren wurde. Dann fanden die drei ein Feld mit Pusteblumen. Und sie pusteten und pusteten, dass es aussah, als schneie es, und hörten erst auf, als sie ganz außer Puste waren.

Tief und immer tiefer gingen sie in den Wald hinein. Sie sprangen über Baumwurzeln und hörten den Waldvögeln zu. Schließlich erreichten sie jenen Teil des Waldes, der auch im Sommer ganz kalt war und der bei den Tieren nur Dunkelwald hieß. Kein Sonnenstrahl drang bis hierher. Und auch der Vogelgesang verstummte.

„Wo sind wir?", fragte Tilly. Aber sie wusste es schon. Sie hatten sich verlaufen.

„Oh nein!", sagte Kai Hase. „Wir haben so getrödelt, dass wir sogar vom Trödelweg abgekommen sind." Das war gefährlich. „Die Kröte!", rief Kai Hase. Die Tiere bekamen eine Gänsehaut. Wohin sie auch blickten, waren sie von riesenhaften Farnen umgeben. Und unter einem dieser großen Farne lebte die böse alte Kröte.

„Wir müssen rückwärts gehen", sagte der Igel. „Vielleicht finden wir so den Rückweg." Sie stolperten rückwärts über Baumwurzeln und wagten nicht zu sprechen. Und plötzlich stand sie da: die hässlichste Kröte, die sie je gesehen hatten. Braun und mit Warzen übersät. Sie war noch hässlicher als in allen Erzählungen.

„Was habt ihr da?", fragte die Kröte und zeigte mit ihren warzigen, hässlichen Krötenfingern auf Tillys Rucksack.

„Proviant", sagte Eckbert Igel mutig.

„Fürs Picknick", sagte Tilly. Und das war das Beste, was sie sagen konnte, denn nun schloss die Kröte die Augen.

„Picknick", sagte sie voller Sehnsucht. „Ich habe seit 170 Jahren kein Picknick mehr gemacht." Es war wirklich eine sehr alte Kröte.

„Willst du mit uns picknicken?", fragte Tilly. Da war die Kröte sehr glücklich. So aßen sie alle gemeinsam Käse und Karotten und Schokolade. Und die Kröte erzählte Geschichten aus ihrem langen Krötenleben. Zum Abschied sagte Tilly: „Du bist gar keine böse Kröte." Das war sie wirk-

lich nicht. „Das liegt daran, dass ich so hässlich bin. Da traut sich niemand, mich genauer anzuschauen und kennen zu lernen", sagte die alte Kröte traurig.

„Aber wir wissen es jetzt", sagte Kai Hase, der gar nicht mehr ängstlich war. „Und wir besuchen dich wieder." Dann führte die Kröte die Tiere zurück zum Trödelweg. Und sie winkte ihnen noch lange mit ihren hässlichen Krötenhänden nach. Und die Tiere beschlossen, von nun an immer zu trödeln. Denn so erlebt man schließlich die schönsten Geschichten.

Die Rose ist traurig

Es war ein schöner Tag im August. Das heißt, so schön war er eigentlich gar nicht. Denn als Tim Kaninchen morgens am Blumenbeet vorbeihoppelte, sah er, dass die Blumen traurig waren. Sie ließen ihre Köpfe hängen, und die Rose weinte sogar ein bisschen.

„Was habt ihr Blumen?", fragte das Kaninchen.

„Läuse", schluchzte die Rose. „Wir haben Läuse, die unsere schönen Blätter aufessen." Tim Kaninchen versuchte, die traurige Rose zu trös-

ten. Da sah er, dass auch die Sonnenblume Tränen in den Augen hatte.

„He, Läuse!", sagte Tim Kaninchen zu den kleinen grünen Krabbeltieren. „Lasst die Rose in Ruhe! Das ist unsere Rose."

Doch die Läuse lachten nur ihr helles Läuselachen. „Leckere Rose", sagten sie und schmatzten munter weiter.

„Und Finger weg von unserer Sonnenblume!", versuchte Tim es noch einmal.

„Schmatz, schmatz, schmatz. Mmm, leckere Sonnenblume, schmatz, schmatz, schmatz", sagten die Läuse.

„Am besten, ich hole den Maulwurf", dachte Tim Kaninchen. „Dem fällt immer etwas ein." Und er lief zu Sven Maulwurfs Tunnel. Doch der Maulwurf hatte auch keine Idee, was zu tun sei.

„Oi, oi, oi", sagte er immer wieder, als er mit Tim Kaninchen zu dem Blumenbeet ging. „Oi, oi, oi." Tim Kaninchen wusste zwar nicht, was das genau heißen sollte. Aber nun machte er sich größte Sorgen. Denn wenn schon dem Maulwurf nichts anderes einfiel, als oi,oi,oi, dann stand die Sache wirklich schlimm.

Als sie sich dem Blumenbeet näherten, hörten sie die Läuse schon: „Mmm, schmatz, schmatz,

Margeriten, lecker. Schmatz, schmatz, Gänseblümchen, happs, lecker." Und so zogen die Läuse von Blume zu Blume, knabberten hier und dort und fraßen sich dick und fett.

„Hört mal, Läuse!", sagte der Maulwurf streng – so streng, dass die kleinen Läuse für einen Moment aufhörten, an den Blumen zu knabbern. Und der Maulwurf sagte dann etwas sehr Cleveres. Er sagte nämlich, dass die Läuse keinen Geschmack hätten.

„Wer alles durcheinander frisst und keine Unterschiede macht, der ist kein Feinschmecker."

Und das traf die Läuse, weil sie sich nämlich für große Feinschmecker hielten. „Natürlich sind wir Feinschmecker. Wir fressen nur das Beste. Nie würden wir Lavendel anrühren. Pfui Teufel!"

Und kaum hatten sie das gesagt, stürzten sie sich wieder auf die Blumen und schmatzten weiter. Der Maulwurf hatte aber jetzt erfahren, was er wissen wollte. Und so wusste er auch, was zu tun war.

Einen ganzen Tag lang arbeiteten er und Tim Kaninchen im Garten. Ihre Felle waren schon voller Blumenerde, als sie endlich fertig waren. Im ganzen Garten hatten sie Lavendel gepflanzt. Neben der Rose und neben der Sonnenblume, zwischen das Gemüse und neben die Petersilie. „Mmm, lila Blüten, lecker", sagten die Läuse und stürzten sich auf die neuen Blumen. Doch als sie hineinbissen, erlebten sie eine böse Überraschung. „Pfui Teufel, das ist ja Lavendel!" Und sie schipften weiter: „Wie das stinkt, da schmecken die anderen Blumen gar nicht mehr! Wir hauen ab." Und tatsächlich verschwanden sie beleidigt aus dem Garten. Die Rose aber bedankte sich und öffnete zwei Blüten: eine für den Maulwurf und eine für Tim Kaninchen. Und der Lavendel blühte und duftete bis in den September hinein, und nie wieder betrat auch nur eine einzige Laus den blühenden Garten.

Die falsche Schlange

Es war ein schöner Tag im September, da fand Tim Kaninchen eine neue Freundin. Das wäre an sich nichts Ungewöhnliches. Doch die neue Freundin war eine Schlange. Und das ist nun doch merkwürdig. Wenn Schlangen nämlich Kaninchen sehen, knurrt ihnen der Magen und sie denken: Ich habe lange nichts gegessen, da kommt mir so ein Kaninchen gerade recht. Sie machen einen Happs und – schwupp – ist das Kaninchen im Magen der Schlange. Was nicht besonders gemütlich für das Kaninchen ist. Wie kommt es also, dass Tim Kaninchen und Sissy Schlange sich trotzdem gern mögen? Das kam ganz einfach so:

Vor einigen Tagen war Tim Kaninchen mit Tilly Maus zu dem großen Feldstein gegangen. Sie hatten ein paar Sonnenstrahlen einfangen wollen, denn es war ja bereits Herbst, und nachts wurde es schon richtig kühl.

„Ein paar warme Sonnenstrahlen werden uns gut tun", hatte Tilly zu Tim gesagt. Doch als sie bei dem großen Feldstein angekommen waren, hatte dort schon jemand gesessen und Tim und Tilly die Sonnenstrahlen direkt vor der Nase weggefangen – und nicht irgendjemand, sondern eine Schlange.

„He, du da!", hatte Tim die Schlange aus sicherer Entfernung gefragt. „Was willst du hier?" Und die Schlange hatte ihnen ihr freundlichstes Lächeln geschenkt.

„Hallo, ihr Tsüßen", hatte sie gelispelt. „Mit euch tspielen will ich. Tsetzt euch doch tssu mir." Das war ja wohl die Höhe.

„Für wie blöd hältst du uns?", hatte Tim gesagt. „Wenn wir näher kommen, frisst du uns doch."

„Euch fretssen? Wieso sollte ich euch denn fretssen?" Und Tilly hatte geantwortet: „Na, weil

du eine Schlange bist. Und Schlangen fressen Mäuse und Kaninchen."

Und da hatte diese unverschämte Schlange gesagt: „Na, da trifft es tsich ja gut, datss ich keine Sslange bin. Weil ich euch sonst fretssen mütsste. Ich mag nämlich nur Gemütsse."

Und Tim hatte zu Tilly gesagt: „Das gibt es gar nicht, dass Schlangen nur Gemüse essen. Was bist du nur für eine falsche Schlange!"

„Das ist richtig", hatte die Schlange geantwortet. „Ich bin keine Sslange, sondern eine Ssleiche."

Und dann hatte sie erklärt, dass eine Schleiche so eine Art Eidechse sei, der vor vielen hundert Jahren die Füße weggehext wurden. „Deshalb sehen Ssleichen wie Sslangen aus."

„Das kann ja jeder behaupten!", hatte Tim gesagt. Und Tilly, die inzwischen etwas mutiger geworden war, hatte noch gerufen: „Und ich bin keine Maus, sondern eine Katze."

Da wurde die Schlange sehr traurig. Denn in dem letzten Garten, in dem sie Freunde gesucht hatte, wollte auch niemand mit ihr spielen. Da waren echte Schlangen gewesen. Und die hatten natürlich sofort erkannt, dass Sissy keine richtige Schlange war.

„Das ist gemein", hatte die Schleiche weinend gesagt. „Die wollen nicht mit mir tspielen, weil ich nicht aussehe wie eine Sslange. Und ihr wollt nicht mit mir tspielen, weil ich aussehe wie eine Sslange. Und am Ende tspielt keiner mit mir." Und dann weinte die Schlange, die keine war, so dicke, traurige Tränen, dass der Feldstein ganz nass wurde. Da hatten Tim und Tilly großes Mitleid mit der Schlangen-Schleiche. Aber sie hatten auch Angst. Was, wenn die Schlange sie eben doch belog?

Und dann hatte Tim das Mutigste getan, was ein Kaninchen tun kann. Er war zu der Schlange gegangen und hatte sie umarmt.

„Alle falschen Schlangen sind bei uns willkommen." So also war das Kaninchen zur Schlange gekommen.

Erntehelfer-Dankfest

Es war ein schöner Tag im Spätsommer. Um genau zu sein, war es im September, da feierten die Tiere im Garten eine Party. Das taten sie jedes Jahr. „Unser Erntedankfest", nannte Sven Maulwurf das immer. Aber dabei war es eher ein Erntehelfer-Dankfest. Denn die Tiere liebten zwar das Obst und das Gemüse und den großen Feldstein in ihrem Garten, das Arbeiten und die Ernte aber mochten sie nicht so sehr.

Deshalb machten sie jedes Jahr ihr großes Herbstfest und luden die Tiere aus allen Gärten der Umgebung ein. Aber bevor die Gäste feiern durften, mussten sie ein wenig bei der Ernte mithelfen. Und so pflückten die Eichhörnchen und die Wiesel unter den Gästen Äpfel, die Mäuse droschen mit ihren Schwänzen die Gerste, die

Spitzmäuse pflückten Brombeeren, und die Hunde passten auf, dass den kleinen Erntehelfern keine Katze in die Quere kam. Und über allen thronte Tilly Maus. Sie saß auf dem großen Feldstein und gab die Kommandos.

Während die anderen Tiere ernteten, bereiteten Eckbert Igel, Tim Kaninchen und Sven Maulwurf die Party vor.

„Sie muss besonders gut werden, sonst helfen die Tiere im nächsten Jahr nicht mehr mit", sagte der Maulwurf. Und Tim Kaninchen rührte noch ein wenig schneller in der Schüssel, in der er den Teig für den Karottenkuchen zubereitete. Eckbert Igel spießte gerade ein paar saftige Zwetschen auf seine Stacheln, als Tilly Maus aufgeregt angerannt kam.

„Unsere Gäste wollen nicht mehr arbeiten", sagte sie. „Die wollen einen Teil der Ernte haben."

Ja hatte man so etwas schon gehört? Tiere, die streiken? So etwas taten doch normalerweise nur die Menschen.

„Nein, auch Tiere", sagte Tilly. „Einfach so. Aus heiterem Himmel wollen sie plötzlich keine Äpfel mehr pflücken." Und die Tiere wunderten sich sehr. Und sie wunderten sich noch mehr, als Sven Maulwurf um die Ecke kam und sagte: „Von wegen aus heiterem Himmel. Tilly hat ihnen gesagt, sie seien zu langsam. Sie sollten schneller arbeiten." Ach Tilly! Da streikten sie Tiere also nicht, weil sie etwas von der Ernte haben wollten, sondern weil die freche Maus sie beleidigt hatte.

„Tilly muss sich entschuldigen", sagte Eckbert Igel. „Sonst haben wir im Winter nichts zu essen und müssen hungern."

Doch Tilly schmollte, verschränkte trotzig ihre Mäusefüßchen und schüttelte den Kopf.

„Nein, nein, nein! Das werde ich ganz bestimmt nicht tun! Nein!", sagte sie. „Sollen die sich doch entschuldigen, dass sie so langsam arbeiten!"

Dass Mäuse sehr stur sein können, ist ja bekannt. Aber Tilly war sicherlich eine der stursten Mäuse. Was sollten die Tiere tun? Wenn Tilly sich nicht entschuldigte, waren alle Erntehelfer böse. Nicht nur, dass sie in diesem Jahr nicht mithelfen würden, sie täten es wahrscheinlich nie mehr. Andererseits konnte man Tilly ja auch nicht zwingen. Und einsehen würde sie schon gar nichts. Die Tiere beschlossen deshalb, Tilly einfach zu ignorieren, und fingen stattdessen mit der Party an. Ohne Tilly. Sie aßen und tranken mit den Erntehelfern, und Tilly saß am Rand und schmollte. Aber irgendwann bekam auch sie Hunger. Doch niemand lud sie ein. Schließlich stellte sie sich auf den großen Feldstein und rief ganz laut: „Ich entschuldige mich." Hunger kann manchmal eben doch größer sein, als die größte Sturheit. Und die Erntehelfer kamen nicht nur am nächsten Tag wieder, sondern auch in den folgenden Jahren.

Ein ganz besonderes Blatt

Es war ein schöner Tag im Oktober. Der Herbst hatte die Blätter längst bemalt. Rot und orangefarben und gelb waren sie nun.

Das war immer die schönste Zeit für Eckbert Igel. Denn er liebte es, durch das Laub zu stöbern. Und er konnte es gar nicht erwarten, bis die Bäume endlich alle Blätter zu Boden geworfen hatten. Nun war es fast so weit.

Allein am Ahornbaum hielt sich ein kleines Blatt mit letzter Kraft an einem Zweig fest. Es war ein besonders schönes, rubinrotes Blatt. Nein, es wollte noch nicht zu Boden schweben. Es wollte so gerne noch ein wenig länger rubinrot in der Nachmittagssonne leuchten. Es wollte im Wind schaukeln. Und es wollte den Regen von sich abtropfen lassen, um danach noch viel schöner auszusehen. Auf dem Boden, da wurde doch nur auf seinesgleichen herumgetrampelt. Und das schöne Rubinrot würde es auch verlieren.

„Du musst jetzt aber gehen", sagte der Baum zum rubinroten Blatt. „Schau mal, alle anderen Blätter sind schon unten. Es wird Zeit für dich." Und dann schüttelte sich der Baum ein wenig. Er wollte das Blatt ermuntern, endlich loszulassen.

„Nein, nein, nein!", sagte das Blatt. Es war ein sehr stures Blatt. „Kann ich denn nicht bis zum Frühling bleiben?" Der Baum wusste sich keinen anderen Rat. Er musste einen Blätterexperten rufen. Jemand musste dem Blatt klar machen,

dass es da einfach nicht hängen bleiben konnte. Der Baum war vom vielen Wachsen im Sommer so müde und wollte endlich ein paar Monate schlafen. Und das ging nicht, solange das Blatt dort hing.

Denn so ein Blatt muss ja irgendetwas essen. Und weil es so hoch hing und nicht jedes Mal zum Essen auf den Boden klettern konnte, musste eben der Baum das Blatt füttern. Und verhungern lassen konnte er das Blatt ja schließlich auch nicht. Also konnte wohl wirklich nur ein richtiger Laubfachmann helfen. Der Baum hatte Glück, denn im Herbst laufen jede Menge Laubfachmänner herum, und Eckbert Igel ist ein besonders Guter von ihnen.

Und so versuchte nun der Igel sein Glück mit dem rubinroten Blatt. Er schmeichelte ihm, dass erst sein Rubinrot so einem Laubhaufen den rechten Anstrich gäbe. Doch das Blatt schüttelte sich nur – was in der Blättersprache ein dreifaches Nein bedeutet.

Dabei war das Blatt nun alt genug, dass es sich in schöne Erde verwandeln könnte. Denn wenn man nur lange genug wartet, wird aus all den Blättern, die im Herbst herunterfallen, Humus. Aber das Blatt wollte kein Humus sein. Es wollte einfach nur weiter herumhängen. Und außerdem hatte es schreckliche Angst, sich zu verletzen. Denn das Blatt war klein und der Weg zum

Boden weit. Der Igel und der Ahornbaum wussten sich schließlich keinen Rat mehr. Wenn das Blatt nun einmal partout da oben bleiben wollte, was konnte man da schon ausrichten? Und so blieb das rubinrote Blatt an seinem Zweig. Es blieb den ganzen Winter dort. Und als es sich im Frühling immer noch festhielt, kam ein Kind vorbei. Es sah das rubinrote Blatt zwischen all den neuen, grünen Blättern, die im Frühjahr wieder wuchsen.

Da pflückte das Kind das rubinrote Blatt ab. Es wollte das Blatt in einem Buch pressen. Denn es hielt das rubinrote Blatt für etwas ganz Besonderes. Und das war es ja auch.

Winterträume

Es war ein schöner Wintertag. Um genau zu sein, war es im Dezember, und Tilly hatte bereits die Nase voll vom Winter. „Immer nur Schnee und Eis und Kälte", sagte sie. „Mir reicht es langsam. Ich wünsche mir den Sommer zurück."

„Tja, Tilly", sagte da Sven, der Maulwurf. „Den kannst du dir so lange zurückwünschen, wie du willst. Aber passieren wird da nichts." Und Tilly zog sich schmollend in die Ecke des Winterhauses zurück. Weil es im Winter so kalt war, wohnten die Tiere gemeinsam im Gartenhäuschen. Das war praktischer, so mussten sie nicht erst durch die Kälte und den Schnee, wenn sie sich mal besuchen wollten, und wärmer war es auch.

„Mir ist langweilig", sagte Eckbert Igel. „Dann lass uns einen Schneemann bauen", meine Tim Hase. Aber dazu hatte niemand Lust.

„Wir könnten etwas spielen", sagte Kai Hase. Und Sven Eichhorn hatte eine wundervolle Idee: „Tilly hat recht. Im Sommer haben wir alle viel mehr Spaß. Wir spielen einfach, es sei Sommer." Und das taten sie. Sie gingen in den Garten. Und versanken im Schnee.

„Nein, das ist kein Schnee", sagte Eckbert Igel. „Ihr müsst nur die Augen schließen und euch vorstellen, dass wir auf Gras gehen."

Und Tilly sagte: „Ja, über eine saftige, grüne Wiese mit ganz vielen weißen und rosafarbenen Gänseblümchen." Die Tiere schlossen die Augen und dann stellten sie sich den Sommer vor. Am Baum hing ein einsames rotes Ahornblatt, das wussten sie. Aber das stimmte ja gar nicht. Da waren doch ganz viele grüne Blätter. Und wenn man ganz genau hinhörte, rauschte nicht sogar der Wind im Laub? Summten dort hinten nicht die Bienen? Pssst! Ganz genau hinhören! Ja, tatsächlich, das waren Bienen.

Oh, das machte Spaß. Ihnen wurde schon ganz warm. Denn natürlich ließen die Tiere in ihrer Vorstellung auch die Sonne scheinen. Kai Hase wollte Tim Kaninchen ärgern und formte aus einer Hand voll Schnee eine Schneekarotte.

„Hier, Tim. Eine Karotte für dich." Und Tim Kaninchen freute sich und biss hinein.

„Köstlich", sagte er. „Süß und knackig. Genau richtig." Und da wurde Kai Hase ganz neidisch

und wollte auch ein Stück von der Schneekarotte. Und als er hineinbiss, schmeckte da gar nichts köstlich. Einen Mund voll Schnee hatte er. Aber das war ganz einfach zu erklären. Tim Kaninchen hatte einfach ein wenig mehr Fantasie als Kai Hase. Und deshalb hatte die Karotte ihm wirklich so gut geschmeckt. Tilly Maus pflückte wunderschöne Eisblumen. Und als sie mit ihrer kleinen spitzen Mausenase daran schnupperte, roch es tatsächlich wie ein Sommerblumenstrauß. Sven Eichhorn fegte mit seinem buschigen Eichhornschwanz den Schnee vom großen Feldstein. Dann setzten sich alle Tiere auf den Stein und fingen

sogar ein paar Sonnenstrahlen ein. Den ganzen Nachmittag spielten die Tiere draußen. Und als sie wieder ins Gartenhäuschen kamen, hatten sie einen wunderschönen Sommertag hinter sich. Und nun war es nur noch halb so schlimm, dass der Winter noch zwei Monate lang in dem Garten bleiben würde, denn nun wussten sie ja, dass sie den Sommer herbeidenken konnten, wenn sie ihn zu sehr vermissten – so oft und so lange sie wollten.

Mit etwas Fantasie kann selbst der langweiligste Wintertag zum Sommertag werden. Man muss nur die Augen schließen.

Die große Pflanzkonferenz

Es war ein schöner Frühlingstag im April. Um genau zu sein, war es der 13. April, denn es war der Tag vor Tilly Maus' Geburtstagsparty; da trafen sich die Tiere im Garten. Aber dieses Mal wollten sie nicht spielen oder auf dem großen Feldstein ihre Bäuche in die Sonne recken. Nein, sie trafen sich unter dem großen Maulbeerbaum in der Mitte des Gartens zur großen Frühjahrspflanzkonferenz.

Die Pflanzen kommen schließlich nicht von selbst in den Garten. Und einem einzigen, sagen wir, Tim, dem blauen Kaninchen, konnte man das Pflanzen natürlich auch nicht überlassen. Diesen Fehler hatten die Tiere schon einmal gemacht. Was war das für eine böse Überraschung, als plötzlich überall im Garten Karotten und Löwenzahn wuchsen! Tim Kaninchen hatte doch tatsächlich nur seine Lieblingsspeisen angebaut – ohne auch nur an einen einzigen seiner Freunde zu denken.

Am Ende des Sommers mochten die Tiere keine Karotten mehr sehen. Sie hatten Karottenmarmelade gegessen und Karottenbrot, Karottenkuchen gebacken und Karottencreme zum Nachtisch zubereitet. Und nur Kai Hase war nicht böse auf Tim Kaninchen. Aber das lag daran, dass Kai Hase auch sehr gerne Karotten aß.

So etwas sollte nicht noch einmal passieren. Und deshalb erklärte Sven Maulwurf die Konferenz für eröffnet.

„Wie wär's mit Karotten?", fragte Tim Kaninchen. „Karotten sind gesund und sehen so hübsch orangefarben aus. Und in dem Karotten-

grün kann man Verstecken spielen." Es ist nun so, dass Tim Kaninchen das jedes Jahr sagte. Und jedes Jahr stimmte ihm Kai Hase zu. Und dann redeten alle durcheinander.

„Der ganze Garten soll ein Weizenfeld werden", rief Tilly, die Maus. „Dann können wir Brot backen." Und Eckbert Igel schüttelte seinen Igelkopf und sagte: „Nein, nein, nein! Wir brauchen Apfelbäume. Denn dann können wir Apfelkuchen essen und Bratäpfel im Winter." Außerdem spendet so ein Apfelbaum im Sommer Schatten.

„Genauso wie Nussbäume", meinte Fred Eichhorn. Denn Nüsse aß er am liebsten.

Nein, sie wurden sich einfach nicht einig. Jeder wollte seine Lieblingsspeise anbauen. Und sie würden sich wahrscheinlich noch immer streiten, wenn da nicht der kluge Sven Maulwurf gewesen wäre.

„Wollen wir denn das ganze Jahr Nüsse essen? Oder Karotten? So ein Apfelkuchen schmeckt doch viel besser, wenn wir ihn mit Nusssplittern bestreuen. Brot brauchen wir jeden Tag. Und denkt nur an die Vitamine in den Karotten."

„Das ist es!", rief Fred Eichhorn. „Dass wir nicht gleich darauf gekommen sind." Und Eckbert Igel, der manchmal etwas langsamer begriff, sagte: „Ja, das ist es. Aber was ist es denn?"

Der Maulwurf erklärte, dass im Garten eben von allem ein bisschen gepflanzt werden müsse. Dann hätte jeder seine Lieblingsspeise, und Abwechslung gäbe es auch. Ja, so wollten sie es machen. Aber etwas hatten die Tiere da doch noch vergessen.

„Was denn?", fragte das blaue Kaninchen. „Den Löwenzahn vielleicht?"

Das war wieder typisch für Tim Kaninchen.

„Nein, die Blumen", sagte Maulwurf. „Wir haben die Blumen vergessen." Blumen?

„Aber die schmecken doch gar nicht", sagte Tilly Maus. Und Sven Maulwurf antwortete, das müssten sie auch gar nicht, weil sie nämlich schön seien und Freude machten.

„Aber du kannst sie doch gar nicht sehen", sagte Fred Eichhorn. Womit er Recht hatte: Maulwürfe sind nämlich blind.

„Aber ich kann sie riechen", sagte der Maulwurf, „und das ist fast genauso schön." Und die anderen Tiere fanden, dass der Maulwurf Recht hatte. Und so wurde dann unter dem Maulbeerbaum beschlossen, was im Sommer im Garten wachsen dufte.

Wer ist das schönste Tier?

Es war ein schöner Tag im Frühling. Um genau zu sein, war es der 14. April. Es war nämlich Tillys Geburtstag. Und wie es mit Geburtstagen im Garten so ist, durfte sich Tilly Maus einen Tag lang etwas von den anderen wünschen.

„Ich wünsche mir, dass ihr heute alle beschließt, dass wir im nächsten Jahr einen Garten voller Karotten haben", hatte sich zum Beispiel Tim Kaninchen zu seinem Geburtstag gewünscht. Und da hatten alle die Augen verdreht. Denn so war das mit dem Wünschen natürlich nicht gemeint. Nein, am Geburtstag durfte sich das Geburtstagskind vom Aufstehen bis zum Schlafengehen wünschen, was es den ganzen Tag lang machen wollte.

Tilly, die sich zur Feier des Tages eine rosafarbene Schleife umgebunden hatte, wusste schon lange, was sie sich wünschen wollte: „Wir machen einen Schönheitswettbewerb", sagte sie. Und die Idee fanden die anderen ziemlich gut. Nur Sissy, die falsche Schlange, und der Maul-

wurf waren nicht so recht begeistert. Aber schließlich war es ja Tillys Tag.

Sven Maulwurf und Sissy, die falsche Schlange, sollten die Schönheitswettbewerb-Richter sein. Sie saßen auf dem großen Feldstein. Tim Kaninchen saß auch dort. Er meinte, es sei zwecklos anzutreten. Oder hat schon mal jemand gehört, dass ein blaues Kaninchen einen Schönheitswettbewerb gewonnen hätte?

Tatatata! Der erste Kandidat trat aus dem Maulbeerbusch. Es war Kai Hase. Aber komisch: Er sah ganz anders aus. Alle vier Pfoten waren weiß. Kai Hase wusste zwar, dass er ein sehr schöner Hase war, aber um wirklich zu gewinnen, hatte er ein bisschen nachhelfen wollen. Und so hatte er seine Pfoten in den Eimer mit der Farbe getaucht, die eigentlich für das Gartenhäuschen bestimmt war. Sven Maulwurf und Sissy, die falsche Schlange, flüsterten sich etwas zu.

Dann kam Fred Eichhorn. Er wusste, dass er gewinnen würde, weil niemand so einen schönen, buschigen Schwanz hatte wie er. Zudem hatte er sich jetzt sogar ein paar Locken hineingedreht. Mit hocherhobenem Eichhörnchenkopf schritt er am Maulwurf und an der falschen Schlange vorbei. Und die beiden flüsterten sich etwas zu.

Danach war Eckbert Igel dran. Und was war das? Er hatte seine Stacheln derart auf Hochglanz poliert, dass sie aussahen wie Sonnenstrahlen. Der Igel war sich sicher: Er war das schönste Tier im Garten. Wieder schrieben der Maulwurf und die falsche Schlange etwas auf ihre Zettel.

Schließlich trat Tilly Maus auf. Mit ihrer rosa Schleife sah sie wirklich sehr süß aus. Aber reichte das? Also spazierte sie an Sven Maulwurf und an Sissy Schlange vorbei, und als sie direkt neben ihnen war, flüsterte sie: „Ich wünsche mir zu gewinnen. Es ist schließlich mein Geburtstag." Dann stellten sich alle Tiere noch einmal vor dem großen Feldstein auf. Sie sahen sich nicht an. Sie waren ja Konkurrenten. Wer hatte denn nun gewonnen? Wer auch immer es war, die anderen würden böse auf ihn sein. Das schönste Tier im Garten? Pah.

Schließlich sagte die falsche Schlange: „Nach langen Beratungen haben wir beschlossen: Die Maus ist das schönste Tier im Garten, weil sie Geburtstag hat."

Und für den Rest des Abends waren die anderen Tiere alle ein bisschen böse auf die Maus. Weil es doch so ungerecht war! Tilly Maus aber beschloss, sich nie wieder einen Schönheitswettbewerb zum Geburtstag zu wünschen.

Tilly Maus zieht aus

Es war ein schöner Frühlingstag. Um genau zu sein, war es Ende April, da beschloss Tilly, die Maus, den Garten zu verlassen. Das fiel ihr nicht leicht, weil es ja auch bedeutete, dass sie ihre Freunde verlassen musste, aber ihr blieb keine andere Wahl. Denn die Katze hatte sich vervielfacht. Aus einer einzigen Katze waren über Nacht fünf geworden. Zugegeben, vier waren sehr klein. Aber sie hatten richtige Katzenpfoten und an diesen Katzenpfoten richtige Katzenkrallen. Das war schlimm, denn einer Katze konnte man als Maus zur Not noch entkommen, aber fünfen? Das war ausgeschlossen.

Tim Kaninchen war besonders traurig, dass Tilly nun wegzog, aber auch die anderen hatten Tränen in den Augen, als Tilly Maus aus dem Garten fortging. Und alle standen an der Garten-

pforte und winkten. Sie winkten Tilly nach, bis sie um die Ecke bog.

„Ich hoffe, die Katze weiß, was sie da angerichtet hat", sagte Tim Kaninchen zornig. Und die anderen nickten nur traurig.

Auch Tilly war zum Weinen zumute. Sie war auf dem Weg in den Mäusegarten. Der hieß eigentlich gar nicht so, aber Tilly nannte ihn so, weil es dort sehr, sehr viele Mäuse gab. Das lag an Olaf, dem Hirtenhund. Der war zwar schon sehr alt, aber bei Katzen hatte er einen sehr schlechten Ruf. Dort würde Tilly ohne Gefahr leben können. Aber ach! Sie würde ihre Freunde vermissen. Sie vermisste sie ja jetzt schon, dabei war sie erst seit ein paar Minuten unterwegs.

Der neue Garten war nicht besonders weit von dem alten entfernt, aber um dorthin zu

gelangen, musste man einen kleinen Bach über-
queren. Normalerweise musste sich Tilly nur auf
ein großes Blatt setzen, und dann konnte sie
damit ans andere Ufer segeln. Doch die Früh-
jahrsstürme hatten so viel Regen gebracht, dass
der Bach zu einem kleinen Fluss angeschwollen
war. Hinüberzusegeln war jetzt viel gefährlicher
geworden. Das Blatt schaukelte in den Wellen hin
und her, und Tilly wurde pitschnass – so spritzte
das Waser über ihr Blatt hinweg.

Als Tilly schließlich durchnässt in dem Garten
ankam, stand dort ein Empfangskomitee aus
dreißig Mäusen.

„Herzlich willkommen, Tilly!", rief eine braun-
weiß gefleckte Maus, eine entfernte Cousine von
Tilly. Und Tilly wäre nicht Tilly, wenn sie in diesen Minuten ihren Kummer über die zurückge-
lassenen Freunde nicht auf der Stelle vergessen
hätte. Zur Feier von Tillys Ankunft gab es einen
großen Käse. Was war das für ein Lärm, als dreißig Mäuse durcheinander redeten! Eine einzige
Tilly kann ja schon sehr anstrengend sein. Aber
dreißig davon? Oje!

Und so vergingen die Wochen. Die Tiere im
Garten vermissten Tilly sehr. Die kleinen Katzen
wurden immer größer und man hatte das Gefühl,
dass es bald keine Stelle im Garten mehr gab, wo
die Tiere sicher waren. Nachts schliefen sie gemeinsam unter dem großen Maulbeerbaum. Das
war der einzige Platz im Garten, wo die Katzen

nicht hinkamen – weil auch der Maulbeerbaum keine Katzen mochte und seine Zweige immer blitzschnell zu einem Gitter schloss, wenn sich eine Katze näherte.

„Die Katzen nerven", sagte Eckbert Igel. „So kann es nicht weitergehen." Und die anderen stimmten ihm zu. Aber was sollten sie schon ausrichten gegen fünf Katzen?

„Wir müssen uns ganz, ganz fest wünschen, dass die Katzen verschwinden", sagte Tim Kaninchen. Und dann wünschten sich die Tiere ganz fest, dass die Katzen verschwänden.

Am anderen Morgen waren die Katzen bis auf die eine Große tatsächlich verschwunden. Frühmorgens waren Familien gekommen und hatten die Kleinen abgeholt. Haustiere wollten sie aus diesen wilden Bestien machen. Aber das war noch nicht die beste Nachricht. Denn das Schönste war, dass Tilly zurückkommen konnte. Gleich morgen wollten sie sie holen.

Ein Traum von einer Katze

Es war ein schöner Tag im Frühling. Um genau zu sein, war es im Mai, da hatte Kai Hase einen wirklich schlechten Tag. Das war der Tag, an dem er die Katze traf. Schon lange hatte er Angst vor diesem Tag gehabt. „Angsthase" hatten die anderen ihn deshalb genannt. Dabei wusste er, dass auch sie wirklich große Angst vor der Katze hatten.

An diesem schönen Maitag also hatte es sich Kai Hase gerade in dem weichen Komposthaufen gemütlich gemacht. Er träumte tief und fest zwischen lauter großen hellgrünen Salatblättern, als eine Pfote in seinem Schlafzimmer auftauchte. Mit Krallen lang wie Igelstacheln und gebogen wie kleine Dolche. Langsam tastend kam die Pfote immer näher und näher.

„Komm schon, Hase", sagte eine sehr sanfte Stimme. Die Katze hatte ihn gefunden.

Kai Hase wusste, dass er nur zwei Möglichkeiten hatte: Entweder blieb er ganz ruhig sitzen und reizte die Katze nicht. Vielleicht würde sie dann die Lust an der Jagd verlieren. Das war gefährlich. Oder er würde versuchen, ganz schnell zum Maulbeerbaum zu laufen. Das aber war noch gefährlicher, denn so eine Katze ist ja ziemlich schnell – schneller jedenfalls als ein Hase, der vor Angst zittert.

Vielleicht konnte er mit ihr reden? Ja, das müsste er probieren. Kai Hase wühlte sich aus seinen Salatblättern. Da stand sie. Noch nie hatte er sie aus der Nähe gesehen. Ihre grünen Augen fixierten den Hasen. Die weißen Schnauzbarthaare standen von ihrem Gesicht ab wie Sonnenstrahlen. Und sie lächelte ihn an. Mit dem schwarzen Fell, den weißen Lätzchen und den weißen Pfoten sah sie eigentlich sehr vornehm aus. Aber das täuschte.

„Da haben wir ja das Bürschchen", sagte die Katze und tätschelte mit der Pfote auf Kai Hases Kopf herum. „Aber wo sind denn deine Freunde? Ich glaube, du bräuchtest jetzt deine Freunde."

Und Kai Hase sagte zitternd: „F-F-F-Freunde? i-i-ich w-w-weiß nicht." Die Katze bewegte elegant ihre weiße Pfote. „Sehr, sehr schade", sagte sie. Denn so ein Hase war ja für den Anfang ganz nett, gerne hätte sie aber auch noch Tilly Maus gefressen und zum Nachtisch vielleicht Fred Eichhorn. „Vielleicht hast du ja keine Freunde. Denn wenn du welche hättest, würden sie dir doch jetzt helfen. Meinst du nicht?"

Ja, wo blieben nur seine Freunde? Warum half ihm keiner? Kai Hase wusste es nicht. Seine Freunde saßen unter dem Maulbeerbaum. Aber keiner von ihnen traute sich, dem Hasen zu helfen, denn dann würde die Katze ja sie beide fressen.

„Der arme Hase", schluchzte Fred Eichhorn. „Ich mochte ihn so gerne." Tim Kaninchen sagte: „Ich würde alle meine Karotten hergeben und die vom nächsten Jahr. Wenn die Katze ihn nur in Ruhe ließe. Naja, die Hälfte meiner Karotten." Und Tilly Maus fragte, wo man denn nun einen neuen, ebenso netten Hasen herbekäme.

„Na, das sind ja tolle Freunde", sagte die Katze. „Dann macht es ja wohl auch nichts, wenn ich dich jetzt fresse."

Doch dann kamen seine Freunde. Alle kamen sie. Und Tilly Maus war plötzlich so groß wie ein Löwe. Und die Katze machte einen großen Katzenbuckel und suchte das Weite. Erschöpft schloss Kai Hase die Augen.

„Wach auf, Kai!", rief jemand. „Du träumst nur schlecht." Kai Hase schlug die Augen auf. Da standen sie alle vor seinem Salatblattbett: Fred Eichhorn, Tilly Maus, Eckbert Igel und Tim Kaninchen. „Wisst ihr was?", fragte Kai Hase, „Ich habe zwar schlecht geträumt. Aber ich habe keine Angst mehr vor der Katze."

Tixus
der kleine Teufel

Bato

Luzifers Urteil

In der Satansschule war die Hölle los. Die kleinen Teufel rissen sich an den Haaren, klauten einander die Hefte und warfen sie johlend ins Kaminfeuer. Einige von ihnen bargen die brennenden Hefte aus den Flammen, um schnell noch etwas abzuschreiben.

Nur Tixus saß still auf seinem Platz und schrieb auf, was seine Lehrerin Flammina über die richtige Temperatur von Schlaföfen sagte. Da riss sein Erzfeind Cubbu ihm das Heft weg.

„Tixus ist ein Streber!", rief er und rannte weg. Tixus sah ihm wütend nach. Flammina beugte sich über ihn. Rauchwolken stiegen aus ihrer Nase.

„Das lässt du dir gefallen, Tixus? Wieso versetzt du Cubbu nicht einen Hieb mit dem Feuerhaken oder schubst ihn in den Kamin?" Sie packte Tixus am Ohr und zog ihn hinter sich her. „Ich habe bislang wirklich viel Geduld mit dir gehabt, aber jetzt ist Schluss! Wie soll jemals ein richtiger Teufel aus dir werden, kannst du mir das sagen?"

Tixus war viel zu eingeschüchtert, um zu antworten. Und er hätte auch keine Antwort gewusst. Denn so sehr er sich auch anstrengte, böse und gemein zu sein – er schaffte es einfach nicht.

Den Weg zum Büro des Schuldirektors kannte Tixus besser, als ihm lieb war. Doch diesmal lief Flammina daran vorbei. Wo wollte sie nur mit ihm hin? Im Laufen rempelte er einen vorbeieilenden Putzteufel an.

„Entschuldigung!", murmelte Tixus.

Der Putzteufel sah ihn entgeistert an. „Du entschuldigst dich?", kreischte er. „Das ist ja wohl das Letzte! Sind wir hier vielleicht im Himmel?" Schließlich hielt Flammina vor einer Höhle und klopfte an die Tür. Sie hatte Tixus schon hindurchgeschoben, bevor ihm aufging, wo er war.

Der riesige schwarze Teufel hinter dem Schreibtisch aus Blutbuche hob den Kopf. Luzifer persönlich, der oberste aller Teufel! Tixus' Knie wurden weich.

„Tixus!" Luzifers Stimme war wie Donner und Blitz gleichzeitig. Seine rot glühenden Augen musterten Tixus eindringlich. „Stimmt es, was ich über dich höre?" Tixus schluckte. „Du weigerst dich also, in der Schule abzuschreiben?", donnerte Luzifer. „Und du hast den Höllenhund Zerberus dazu gebracht, nach Stöckchen zu jagen?" Er schlug krachend auf den Tisch.

„Und dann hast du deiner Schwester suchen geholfen, als sie ihren Feuersalamander verloren hatte?"

„Sie war so traurig", flüsterte Tixus und duckte sich in Erwartung eines Wutausbruchs. Doch Luzifer schüttelte nur den Kopf.

„Dann bleibt mir nichts anderes übrig." Er seufzte. „Ich werde dir deine Hörner wegnehmen und dich auf die Erde schicken müssen. Und du wirst nicht zurückkehren, bis du etwas wirklich Böses getan hast!"

„Aber …", rief Tixus. Auf der Erde war es eiskalt, und er kannte dort niemanden!

„Du widersprichst mir?", donnerte Luzifer. „Na, dann besteht ja vielleicht doch noch Hoffnung für dich. Und jetzt: Geh! Du hast vier Wochen Zeit."

Tixus stand vor dem Höllenausgang und betrachtete traurig das Stück Satansbraten, das seine Mutter ihm eingepackt hatte. Zerberus ließ alle drei Köpfe hängen, als Tixus ihm zum Abschied das drahtige Fell streichelte.

„Ich bin bald zurück", sagte er. Aber würde er es wirklich schaffen, seine Hörner wiederzubekommen und nach Hause zurückzukehren? Langsam machte Tixus sich auf den Weg. Er würde sein Bestes – nein, sein Schlimmstes tun!

Tixus und Anna

Der kleine Teufel Tixus wachte zitternd vor Kälte auf. War der Schlafofen ausgegangen? Doch als er sich in der fremden Höhle umsah, fiel ihm alles wieder ein. Er war jetzt ja auf der Erde! Und Luzifer hatte ihm klar gemacht, dass er nicht in die Hölle zurückkehren durfte, bis er etwas wirklich Böses getan hatte. Tixus zog sich sein feuerfestes, aber viel zu dünnes Hemd enger um die Schultern und stand auf.

Draußen schien die Sonne, aber die Luft hatte trotzdem nur höchstens achtundzwanzig Grad, schätzte Tixus. Schlotternd machte er sich auf den Weg durch das Tal, das vor ihm lag. Er würde sich jetzt sofort einen Menschen suchen und ihm etwas Gemeines antun. Dann musste Luzifer ihn wieder nach Hause lassen!

Tixus ging durch die Wiesen, bis er zu einem Hügel kam. Hier musste es doch irgendwo Menschen geben! Er kraxelte einen Hang hoch, und da sah er sie: Ein kleines Mädchen mit blonden Locken und einem bunten Ranzen schlenderte singend den schmalen Weg entlang. Tixus duckte sich und hielt den Atem an. Er würde warten, bis sie direkt vor ihm war. Und dann würde er sie den Hang hinunterschubsen – aber ganz vorsichtig, damit sie sich nicht zu sehr weh tat. Tixus saß ganz still. Er fror erbärmlich. Dann war das Mädchen vor ihm.

Tixus sprang auf den Weg und baute sich vor ihr auf. Doch die Kleine wich nicht etwa ängstlich zurück, sondern machte sogar einen Schritt auf ihn zu!

„Du Armer!", sagte sie, „ist dir sehr kalt?"

Tixus hielt verdutzt inne. Er spürte, wie seine Zähne klapperten. Das Mädchen zog eine Jacke aus dem Ranzen und legte sie ihm um.

„Da … da … danke", sagte Tixus zitternd.

„Ich heiße Anna", sagte das Mädchen.

„Ich bin Tixus", sagte Tixus. Eigentlich sollte er sie jetzt diesen Hang hinunterschubsen. Aber Anna war so nett zu ihm …

Dann passierte alles rasend schnell. Anna machte einen Schritt zur Seite, als sie ihren Ranzen aufsetzen wollte. Ihr Fuß glitt im feuchten Gras ab. Mit einem Schrei rutschte sie über den Rand des Abhangs. Tixus überlegte keine Sekunde. Er hechtete nach vorne, bekam Annas Hand gerade noch zu fassen und zog sie hoch.

„Das war knapp!" Anna klopfte sich den Sand aus ihrem Kleid. „Danke, Tixus!"

„Gern geschehen", stotterte Tixus und sah sich verstohlen um. Hoffentlich hatte ihn kein Bote der Hölle beobachtet! Einen Menschen zu retten, das war für einen Teufel völlig unverzeihlich.

„Hast du gerade etwas Besonderes vor?", fragte ihn Anna.

„Na ja", sagte Tixus. Er konnte ihr ja schlecht erzählen, dass er auf der Suche nach jemandem war, dem er etwas antun konnte. Anna hakte sich bei ihm unter.

„Dann musst du unbedingt mit mir nach Hause kommen. Wenn meine Mutter hört, dass du mich gerettet hast, wird sie bestimmt ein ganz tolles Frühstück für uns machen. Und jetzt erzähl mal: Woher kommst du, und was machst du hier in unserem Tal?"

Tixus ließ sich von ihr mitziehen. Ein gutes Frühstück konnte ja nicht schaden. Dann war er gestärkt für den nächsten Versuch, etwas Böses zu tun. Und diesmal würde es klappen!

Das Waschmonster

Der kleine Teufel Tixus war nun schon drei Tage auf der Erde. Und noch immer hatte er nichts Gemeines angestellt, damit Luzifer ihn wieder in der Hölle aufnahm!

Zumindest aber hatte er einen Ort, an dem er wohnen konnte. Nachdem er Anna gerettet hatte, ließ ihre Mutter ihn im Gästezimmer schlafen. Sie hatte sich nicht einmal daran gestört, dass Tixus ein Teufel war, sondern nur gesagt: „Ich dachte, Teufel hätten Hörner."

„Luzifer hat sie mir weggenommen", sagte Tixus traurig.

„Aha", sagte Annas Mutter, und mehr wurde über dieses Thema nicht gesprochen.

Auf einem seiner Streifzüge durchs Haus entdeckte Tixus auf einem Schreibtisch ein Glas mit Tinte. Nachdenklich betrachtete er es. In diesem Moment kam Annas Mutter ins Zimmer.

„Ah, hier steckst du! Ich will gerade waschen, gib mir doch mal dein Hemd. Du kannst solange ein T-Shirt von Anna anziehen." Als sie gegangen war, fiel Tixus' Blick wieder auf die Tinte. Jetzt wusste er, was er zu tun hatte. Je weiter Tixus die Kellertreppe hinunterschlich, desto lauter wurde

145

es. Er bog um eine Ecke und stand vor einem kreischenden weißen Monster! Vorsichtig trat Tixus näher. Das war doch sein Hemd, das da im Monstermagen herumgeschleudert wurde! Die Menschen wuschen ihre Wäsche, indem sie sie einem Monster zu fressen gaben?

Aber wie bekam Tixus nun die Tinte in den Monsterbauch, um die Wäsche zu ruinieren? Da, eine Klappe!

„Du traust dich ja doch nicht!" Tixus fuhr herum. An der Tür lehnte sein alter Feind Cubbu und tippte sich grüßend an die Hörner.

„Du spionierst mir nach!"

„Schütte einfach die Tinte in die Wäsche, dann kannst du sofort mit mir zurückkommen." Cubbu grinste gehässig. „Aber das bringst du nicht übers Herz, nicht wahr? Wo diese Menschen doch so nett zu dir sind ..."

Tixus hob die Tinte. Diesem Widerling würde er es zeigen! Seine Hand begann zu zittern.

„Igitt!!", schrie Cubbu.

Tixus ließ die Tinte sinken und drehte sich um. Cubbu war auf einen Wäschekorb gesprungen und schrie laut: „Tu doch was!"

Da spürte Tixus, wie etwas über seine Füße lief. O Luzifer, Wasser! Das Einzige, wovor auch der fieseste Teufel Angst hat! Immer mehr Wasser spuckte das Monster. Gleich würden Tixus' Füße anfangen zu schmelzen! Er musste das Monster töten, das war seine einzige Chance.

Er sprang auf den Kasten und zerrte an einer Schnur, bis er sie aus der Wand gerissen hatte. Das Monster hörte auf, sich zu bewegen. Aber das Wasser floss weiter. Da entdeckte Tixus einen Knopf an der Wand, direkt über einem Schlauch. Verzweifelt drehte er daran, und endlich versiegte das Wasser.

„Was ist denn hier los?"

Tixus sah hoch, aber Cubbu war verschwunden. Dafür stand Annas Mutter vor ihm.

„Da ... da war plötzlich überall Wasser", stammelte Tixus. Annas Mutter lächelte. „Und du hast den Hahn abgedreht? Gut gemacht. Na, dann wollen wir dich armen Teufel erst mal abtrocknen."

Tixus wusste nicht, ob er lachen oder weinen sollte. Sicher, das Wasser hatte er überlebt. Aber er hatte schon wieder etwas Gutes getan! Wenn er so weitermachte, würde Luzifer ihn nie wieder in die Hölle lassen. Morgen, dachte Tixus. Morgen werde ich es schaffen. Er hob die Arme, damit Annas Mutter ihn besser abrubbeln konnte.

Die schreckliche Frau Brechwurz

Tixus, der kleine Teufel, war auf der Suche nach einer Untat, die er begehen konnte. Nur so konnte er erreichen, dass Luzifer ihn wieder in die Hölle zurückkehren ließ. Aber irgendwie kam bei allem, was er unternahm, etwas Gutes heraus. Und Tixus musste sich eingestehen, dass er Anna und ihre Mutter, bei denen er zurzeit wohnte, viel zu gern hatte, um ihnen etwas anzutun.

Hatte sein Erzfeind Cubbu Recht? War Tixus vielleicht gar kein richtiger Teufel?

„Unsinn!", sagte er sich. Auch wenn er dieser Familie keinen bösen Streich spielen konnte, so gab es doch noch genug andere Menschen auf der Welt. Und die Gelegenheit kam wenige Stunden später.

„Ich habe mir gestern zehn Eier von unserer Nachbarin Frau Brechwurz geliehen", sagte Annas Mutter. „Es wäre nett, wenn du sie ihr wiederbringen würdest." Tixus wollte natürlich nicht nett sein, aber er machte sich trotzdem auf den Weg. Vielleicht konnte er ja bei den Nachbarn etwas anstellen. Wenn sie bloß nicht zu freundlich zu ihm waren …

Darüber hätte Tixus sich keine Sorgen machen müssen. Kaum hatte er geklingelt, riss eine hagere Frau mit bösen Augen die Tür auf.

„Kann man in seinem eigenen Haus nicht mal in Ruhe fernsehen?", herrschte sie ihn an.

Frau Brechwurz erinnerte Tixus an seine Lehrerin Flammina. Nur dass dieser Frau hier keine Rauchwölkchen aus der Nase stiegen.

„Ich wollte nur die Eier zurückgeben", sagte Tixus. Aber Frau Brechwurz war schon ins Wohnzimmer geeilt und hatte sich aufs Sofa fallen

lassen. Sie starrte gebannt auf den Fernseher. Tixus wusste, was ein Fernseher war. Annas Familie besaß auch so einen Wunderkasten.

Ein müder Mann schlurfte ins Wohnzimmer und nahm Tixus die Eier ab.

„Danke, mein Junge!", murmelte er. „Sie ist nicht immer so. Nur wenn sie fernsieht." Er seufzte und ging in die Küche. Kurz darauf hörte Tixus ein Klatschen, dann fluchte Herr Brechwurz.

„Was hast du wieder angestellt?", keifte seine Frau und rannte in die Küche. Das war die Gelegenheit, auf die Tixus gewartet hatte. Blitzschnell schnappte er sich die Fernbedienung und rannte aus dem Haus. Geschafft!

Auf dem Rückweg entdeckte Tixus hinter einem Strauch einen Teufelsschwanz. Er grinste. Sein Erzfeind Cubbu. Sollte er Luzifer ruhig erzählen, was Tixus getan hatte! Nach diesem Diebstahl war Tixus schneller wieder in der Hölle, als Cubbu „Dreimalverflixterhöllenschlund" sagen konnte.

Am nächsten Morgen beim Frühstück sagte Anna: „Du bist heute so fröhlich! Hast du es endlich geschafft, etwas Böses anzustellen?" Tixus nickte und grinste.

Annas Mutter kam aus dem Garten herein. „Das glaubt ihr nie", sagte sie lachend. „Ich habe eben Frau und Herrn Brechwurz einträchtig spazieren gehen sehen. Frau Brechwurz hat mich sogar freundlich gegrüßt. Könnt ihr euch das vorstellen?"

Tixus und Anna schüttelten die Köpfe.

„Herr Brechwurz hat mir erzählt", fuhr Annas Mutter fort, „dass gestern ihre Fernbedienung verschwunden ist. Tja, und dadurch hatten sie endlich mal wieder Zeit, sich zu unterhalten. Jetzt sind sie ein Herz und eine Seele." Sie lächelte.

Tixus aber kamen fast die Tränen. Er hatte schon wieder versagt! Würde er seine kuschelig warme Hölle denn niemals wiedersehen?

Tixus in der Schule

Seit Luzifer den kleinen Teufel Tixus auf die Erde verbannt hatte, war nun schon eine Woche vergangen. Nur noch drei Wochen blieben ihm, um etwas wirklich Böses zu tun.

Er saß mit Anna und ihrer Mutter beim Frühstück, als Anna sagte: „Warum kommst du nicht mal mit mir in die Schule? Das bringt dich auf andere Gedanken."

„Eine gute Idee", sagte Annas Mutter. Und damit war es beschlossen.

In Annas Klasse war es fast so laut wie in der Satansschule. Doch alle verstummten, als der Lehrer den Raum betrat. Er zog ein Buch aus seiner Tasche und begann mit gelangweilter Stimme vorzulesen. Tixus überlegte, was die kleinen Teufel in der Satansschule so alles anstellten. Dann beugte er sich zu dem Mädchen am Nebentisch und zog sie an den Haaren. „Aua!", schrie sie. Der Lehrer blickte auf. „Tixus hat ...", begann das Mädchen, doch dann verstummte sie. Eine Wespe schwirrte von ihrem Kopf weg. Das Mädchen lächelte Tixus an. „Ich dachte erst ... Danke, dass du die Wespe verscheucht hast." Der Lehrer nickte anerkennend.

Tixus stöhnte leise. Hatte sich denn alles gegen ihn verschworen? Aber er gab nicht auf. In der Pause blieb er in der Klasse, wischte alles ab, was der Lehrer mühsam an die Tafel geschrieben hatte, und versteckte dessen Bücher. Wenn das nicht richtig gemein war! Vor dem Fenster entdeckte er seinen Feind Cubbu, der sich verbissen Notizen machte. Siegessicher grinste Tixus ihm zu.

Als der Lehrer zurückkam, sah er erstaunt auf die blitzblanke Tafel. „Wer war das?"

„Ich, ich!", Tixus hüpfte fast von seinem Stuhl.

„Oh. Nun, danke, Tixus, dass du die Tafel gewischt hast. Die anderen können sich ein Beispiel an dir nehmen." Tixus blieb der Mund offen stehen. Der Lehrer sah sich suchend um.

„Wo sind denn meine Bücher?"

Tixus beugte sich zu Anna. „Bücher verstecken, das ist fast so schlimm wie Diebstahl", flüsterte er. „Luzifer wird bestimmt stolz auf mich sein."

„Bestimmt", sagte Anna.

Der Lehrer setzte sich auf sein Pult. „Na, dann muss es eben ohne Buch gehen."

Am Ende der Stunde meldete sich ein Mädchen: „Das war eine richtig tolle Stunde. So gefällt mir der Unterricht viel besser, als wenn Sie nur vorlesen." – „Genau!" – „Das sollten wir jetzt immer so machen!", riefen alle durcheinander.

Der Lehrer lächelte. „Ich gebe zu, mir hat es auch Spaß gemacht. Ein Glück, dass meine Bücher verschwunden sind, nicht wahr?"

Auf dem Heimweg musste Anna Tixus trösten.

„Egal, was ich auch anstelle, es wird am Ende immer etwas Gutes daraus", jammerte Tixus. „Vielleicht bin ich ja wirklich gar kein richtiger Teufel, und meine Eltern haben mich im Himmelswaisenhaus adoptiert! Das behauptet Cubbu immer." Anna nahm seine Hand.

„Unsinn! Wenn du ein Engel bist, will ich Frau Brechwurz heißen."

Tixus kicherte, wurde aber gleich wieder ernst. „Aber was soll ich tun?", rief er. „Wenn mir nicht bald etwas Böses gelingt ..." Er konnte nicht weitersprechen. Der Gedanke, seine Familie und Freunde niemals wiederzusehen, zerriss ihm das Herz. Anna blieb stehen.

„Du hast noch viel Zeit. Und ich ...", sie zögerte kurz, „ich werde dir helfen." Da fasste Tixus neuen Mut. Mit Annas Hilfe würde er es ganz sicher schaffen!

Die Nacht der Kühe

Anna und ihre Mutter schliefen fest. Aber der kleine Teufel Tixus lag wach. Ihm war wie immer kalt, trotz der vier Wolldecken. Aber viel schlimmer war: Er hatte nicht einmal mehr zwei Wochen, um etwas wirklich Teuflisches anzustellen. Wenn er das nicht schaffte, würde Luzifer ihn für immer aus der Hölle verbannen!

Tixus stand auf und sah aus dem Fenster auf die mondbeschienene Kuhweide gegenüber. Die Kühe waren jetzt natürlich alle im Stall ... Plötzlich hatte er eine Idee.

Er zog sich hastig an, rannte hinaus zur Weide, öffnete das Tor im Zaun – und stand kurz darauf außer Atem im Stall von Bauer Heumann. Zwanzig Kühe starrte ihn an. Einige muhten vorwurfsvoll.

„Ganz ruhig", sagte Tixus. „Was haltet ihr davon, einen Ausflug zu machen?" Wenn sie erst einmal durch das Dorf liefen und alles niedertrampelten, dann würde sogar Luzifer einsehen müssen, dass Tixus teuflisch genug für die Hölle war! Er begann die erste Kuh loszubinden. Sie muhte unentwegt.

„Nun lauf schon!", feuerte Tixus sie an. Aber sie trat nur unruhig auf der Stelle und muhte lauter. Tixus betrachtete sie näher. Offenbar war etwas nicht in Ordnung mit ihr. Ihr Bauch war geschwollen und ...

Das Licht im Stall ging an. Bauer Heumann stürzte herein und lief direkt auf die Kuh zu, neben der Tixus stand. „Elsa!", rief er, „ist es so weit?" Elsa muhte. Der Bauer betastete ihren dicken Bauch. Erst dann bemerkte er Tixus.

„Junge, was machst du denn hier?" Tixus öffnete den Mund, aber der Bauer winkte ab. „Ist ja egal – jedenfalls gut, dass du da bist! Elsa wird gleich ihr Kälbchen bekommen, da kann ich zwei zusätzliche Hände gut gebrauchen."

Eine Stunde später war Tixus von Kopf bis Fuß voller Dreck und ließ sich erschöpft ins Stroh fallen. Bauer Heumann setzte sich neben Tixus. Stumm sahen sie zu, wie die Kuh Elsa ihr neugeborenes Kälbchen ableckte.

„Danke", sagte der Bauer, „dass du mir so tüchtig geholfen hast! Ist das Kalb nicht niedlich?"

„Es bekommt sicher mal schöne Hörner", erwiderte Tixus und fuhr sich über den Kopf – dorthin, wo eigentlich seine eigenen Hörner sitzen sollten. Aber die hatte Luzifer ihm ja weggenommen.

Als Tixus wieder im Bett lag, fühlte er sich richtig gut. Sicher, er hatte es wieder einmal nicht geschafft, eine Bosheit zu begehen. Aber er war trotzdem froh, dass er bei der Geburt des Kälbchens hatte helfen können. Und morgen war ja auch noch ein Tag. Tixus kuschelte sich fest in seine vier Wolldecken und schlief zufrieden ein.

Der Teufel im Gebüsch

„Wie wäre es mit Wasserbomben?", sagte Anna.

Der kleine Teufel Tixus schüttelte sich voller Abscheu.

„Mit Wasser will ich nichts zu tun haben." Tixus saß mit seiner Menschenfreundin Anna im Garten. Sie überlegten fieberhaft, was Tixus Böses anstellen könnte. Denn nur, wenn ihm in den nächsten sechs Tagen eine teuflische Untat gelang, würde Luzifer ihn wieder in die Hölle lassen. Vor lauter angestrengtem Nachdenken stiegen Tixus kleine Rauchwölkchen aus der Nase.

Anna lachte. „Das sieht ganz schön unheimlich aus."

Tixus und Anna sahen sich an. „Das ist es!", riefen sie gleichzeitig. Kurz darauf hatten sie den richtigen Ort für Tixus' böse Tat gefunden: ein dichtes Brombeergestrüpp am Rande der Hauptstraße des Dorfes.

„Alles Gute ... nein, alles Böse!", sagte Anna lächelnd, bevor sie ihn allein ließ.

Tixus versuchte sich in teuflische Stimmung zu versetzen. Das war gar nicht so schwer, als er hinter einem Baum seinen Erzfeind Cubbu entdeckte. Der lauerte wohl darauf, Luzifer über Tixus' neuen Fehlschlag berichten zu können. Der würde sich wundern!

Tixus' Augen begannen rot zu glühen. Sein Teufelsschwanz zuckte hin und her. Aus seinen Nasenlöchern stiegen schwarze Rauchwolken. Er war bereit.

Als Erstes kam ein alter Mann vorbeigehastet. Tixus sprang knurrend aus dem Gebüsch.

155

„Hallo, Tixus!", sagte der Mann. Tixus erkannte Annas Nachbarn, Herrn Brechwurz. „Geht es dir nicht gut? Du solltest nicht so viel in die Sonne gehen, Junge!" Er eilte weiter.

Tixus starrte ihm nach. Na gut, Herr Brechwurz kannte ihn schon. Aber der Nächste würde sicher vor Schreck umfallen! Tixus versteckte sich wieder im Gestrüpp.

Eine Stunde später war der kleine Teufel der Verzweiflung nahe.

Eine junge Frau hatte angesichts der Rauchwolken aus seiner Nase erbost gerufen: „In deinem Alter sollte man aber nicht rauchen, junger Mann!" Ein Mädchen hatte ihn neugierig gefragt, ob er mit seinem schönen Teufelsschwanz auch Fliegen verjagen konnte. Und eine Gruppe Jugendlicher hatte vermutet, dass er zu einem Rockkonzert unterwegs war, und ihn für seine tolle Verkleidung gelobt. Niedergeschlagen beschloss Tixus, für diesen Tag aufzugeben.

In Gedanken versunken trat er aus dem Gebüsch – und lief direkt in eine dicke Frau hinein. Sie schrie wie am Spieß und sprang zwei Meter zur Seite.

Tixus frohlockte. Er hatte es geschafft! Zufrieden drehte er sich zu Cubbu um, der ihn immer noch beobachtete.

In diesem Moment krachte etwas direkt vor Tixus auf die Straße. Die Frau hörte auf zu schreien und starrte mit Tixus auf den riesigen Kastanienast zwischen ihnen. Dann kam sie zu Tixus herüber.

„Junge, du hast mich vielleicht erschreckt! Aber wenn du nicht gewesen wärst ..." Sie blickte auf den Ast, der genau dort lag, wo sie wenige Sekunden zuvor noch gegangen war. „Danke!" Sie umarmte den verdutzten Teufel und bestand darauf, ihn auf eine Limo einzuladen.

„Ich schaffe es nie", sagte Tixus am Abend zu Anna. Und obwohl sie ihm versprach, dass sie zusammen einen neuen Plan finden würden, konnte er lange nicht einschlafen. Er sah seine Familie vor sich, wie sie bittere Tränen um ihn weinte, die in der Höllenhitze zischend verdampften.

Ein Teufel regelt den Verkehr

Der kleine Teufel Tixus hatte nur noch einen Tag Zeit, um eine böse Tat zu vollbringen. Dann würde er zu Luzifer gebracht werden und müsste beweisen, dass er ein richtiger Teufel war. Ansonsten – Tixus mochte gar nicht daran denken. Wenn Luzifer ihn aus der Hölle verstieß, aus seiner warmen Heimat, wo seine Familie und seine Freunde waren ...

Anna, bei deren Familie er zurzeit wohnte, arbeitete ebenso fieberhaft an einem Plan wie Tixus selbst. Aber nachdem er die dicke Frau gerettet hatte, war es noch schwerer geworden: Alle im Ort kannten ihn jetzt, und jeder grüßte ihn freundlich. Das würde Luzifer überhaupt nicht gefallen ...

Tixus ging langsam durchs Dorf. Was immer er anstellen wollte, er musste es in der Nacht tun.

Dann fror er zwar noch erbärmlicher als sonst, aber wenigstens war er ungestört.

Überall standen Straßenschilder. Anna hatte ihm erklärt, dass dadurch die gefährlichen Fahrzeuge der Menschen, die Autos, in Schach gehalten wurden. Ohne die Schilder gäbe es – ein Chaos! Tixus war mit einem Mal ganz aufgeregt.

In der Nacht schlich der kleine Teufel aus dem Haus und ging ins Dorf. Alles lag verlassen, die Menschen schliefen. Schnell fand Tixus die Straße, die am Tag am meisten befahren war und auf der die meisten Schilder standen. Eine Menge Arbeit lag vor ihm, aber Tixus freute sich darauf. Er packte das erste Schild und zog es mit teuflischer Kraft aus dem Boden.

„Du wirst staunen", grinste Tixus am nächsten Morgen, als er mit Anna ins Dorf ging.

158

Schon bevor sie die Hauptstraße erreicht hatten, stießen sie auf die ersten Autos. Sie standen kreuz und quer auf der Straße, und aufgeregte Menschen riefen durcheinander: „Seit wann ist das hier denn eine Spielstraße?" – „Ich muss zur Arbeit, lassen Sie mich durch!" Ein Verkehrspolizist versuchte die Gemüter zu beruhigen. „Ich kann mir das auch nicht erklären", sagte er verwirrt. „Aber solange hier das Schild ‚Spielstraße' steht, dürfen Sie nicht durchfahren."

Anna drückte Tixus' Hand, als sie sich einen Weg durch die wütende Menge bahnten. „Das hast du toll gemacht!", flüsterte sie. Doch kurz darauf blieben beide wie angewurzelt stehen. Die ehemalige Hauptstraße des Ortes hatte sich in einen riesigen Spielplatz verwandelt. Alle Kinder des Dorfes schienen sich hier eingefunden zu haben. Sie fuhren auf Skateboards herum, hatten Hüpfkästchen aufs Pflaster gemalt und spielten Fangen. „Ist das nicht toll?", sagte eine junge Frau, die plötzlich neben Tixus und Anna stand. „Seit Jahren schon kämpfen wir Eltern darum, dass unsere Hauptstraße für unsere Kinder sicherer wird. Und jetzt ist es endlich so weit!"

Tixus betrachtete die spielenden Kinder und ihre lachenden Eltern, und das Herz rutschte ihm in die Hose. Morgen musste er Luzifer über seine bösen Taten berichten. Und soeben hatte er seine letzte Chance vertan.

Das Höllengericht

Der wichtigste Tag im Leben des kleinen Teufels Tixus war gekommen. Voller Sorge machte er sich an den Abstieg in die Hölle, wo er Luzifer heute Rede und Antwort stehen musste.

Vier Wochen lang hatte Tixus bei Anna und ihrer Mutter gelebt, und jeden Tag hatte er versucht, eine böse Tat zu vollbringen. Doch egal, was er auch anstellte, immer war am Ende etwas Gutes daraus geworden. Tixus konnte nur hoffen, dass Luzifer seine Bemühungen anerkannte. Er mochte gar nicht daran denken, was sonst passieren würde: Für immer würde der Höllenfürst ihn aus der Hölle verbannen, und Tixus würde seine Familie und seine Freunde niemals wiedersehen!

Am Hölleneingang wurde Tixus vom dreiköpfigen Höllenhund Zerberus mit einem Schwanzwedeln begrüßt. Tixus tätschelte ihm das Fell. „Wünsch' mir Glück."

Wie aus dem Nichts stand plötzlich sein Erzfeind Cubbu vor ihm. „Das wird dir jetzt auch nichts mehr nützen", sagte er hämisch. „Und jetzt komm endlich. Luzifer lässt man nicht warten!"

„Tixus, Tixus!" Luzifer schritt donnernd durch sein finsteres Büro. Bei jedem Schritt stiegen Flammen aus dem Boden. „Was muss ich da über dich hören?"

„Ich habe mir wirklich Mühe gegeben", sagte Tixus. Luzifer blieb vor ihm stehen und schnaubte.

„Dann erzähl mal, was du Böses getan hast." Tixus hatte lange mit Anna geübt. So ratterte er jetzt alles flüssig herunter: „Ich wollte Tinte in die Waschmaschine schütten, ich habe eine Fernbedienung gestohlen und die Bücher des Lehrers versteckt, ich wollte die Kühe nachts durchs Dorf trampeln lassen, ich habe Leute erschreckt und alle Verkehrsschilder umgestellt."

„Aber", sagte Luzifer, „was ist bei all dem herausgekommen?" Er winkte Cubbu herbei, und der begann aus seinem Notizbuch vorzulesen.

„Ein Kind vorm Absturz gerettet. Eine Überschwemmung verhindert. Ein Ehepaar wieder zusammengebracht. Den Unterricht spannender gemacht. Bei der Geburt eines Kälbchens geholfen. Eine Frau vor einem herunterfallenden Ast gerettet. Die Hauptstraße sicherer gemacht."

Luzifer sah Tixus lange an und zuckte mit den mächtigen Schultern. „Ich verlange doch wirklich nicht viel", sagte er. „Ein kleiner Diebstahl, der dem Bestohlenen wirklich weh tut. Oder bring ein Kind zum Weinen, das würde mir schon reichen!"

Tixus stand mit gesenktem Kopf da.

„Also gut." Luzifer stieß eine Rauchwolke aus der Nase und ließ sich in seinen schwarzen Stuhl sinken. „Ich gebe dir eine letzte Chance. In zwei Tagen, am Freitag, dem 13., deinem Geburtstag, wirst du wieder hier erscheinen und eine böse Tat vorweisen können. Andernfalls ..." Luzifer sprach den Satz nicht zu Ende. Aber Tixus wusste auch so, was das bedeutete.

Cubbu brachte ihn zum Höllenausgang zurück. „Dann zieh dich schon mal warm an", kicherte er. „Schließlich wirst du jetzt für immer auf der kalten Erde leben müssen."

Tixus baute sich vor ihm auf. Seine Augen glühten so zornig, dass Cubbu erschrocken zurückwich. „Eher friert die Hölle zu!", schrie Tixus. Dann rannte er hinauf an die Erdoberfläche, ohne sich noch einmal umzusehen.

Ein teuflisches Geschenk

Am Freitag, dem 13., saß der kleine Teufel Tixus mit Anna und ihrer Mutter am Küchentisch. Heute Nacht würde er Luzifer berichten müssen, ob er eine schlimme Tat vollbracht hatte oder nicht. Andernfalls durfte er nie wieder nach Hause in die Hölle! Einen schrecklicheren Geburtstag hatte Tixus noch nie erlebt.

„Nimm doch ein Stück Kuchen!", sagte Anna. Tixus starrte auf die Geburtstagstorte, die Annas Mutter für ihn gebacken hatte. Diese Menschen waren so lieb zu ihm. Aber wenn er sich vorstellte, dass er für immer bei ihnen bleiben sollte ... Er vermisste seine Familie so sehr!

Später hockte er mit seiner Menschenfreundin Anna am Gartenteich. „Uns muss einfach etwas einfallen!", sagte Anna. Aber Tixus hatte den Mut verloren. Vier Wochen lang hatte er sich bemüht, und was war dabei herausgekommen? Nichts als gute Taten, die einem Engel alle Ehre gemacht hätten!

Am Abend, als alle schliefen, machte Tixus sich auf. Er schlich in Annas Zimmer, nahm ihre Lieblingspuppe Miranda an sich und verließ das Haus. Er blickte sich nicht mehr um. Sonst hätte er gesehen, dass Anna am Fenster stand und ihm mit Tränen in den Augen nachsah.

„Nun, Tixus." Luzifers Augen sprühten Funken. „Ich hoffe, du hast etwas wirklich Böses zu berichten." Tixus streckte Luzifer Annas Puppe entgegen.

„Das ist Annas Lieblingspuppe", sagte er leise. „Ich habe sie gestohlen. Und ich habe mich aus dem Haus fortgeschlichen, ohne mich zu verabschieden!" Luzifer lächelte.

„Du meinst, du hast deine beste Freundin bestohlen? Und dann hast du dich nicht einmal verabschiedet von den Menschen, die dich so freundlich bei sich aufgenommen haben?" Tixus nickte. Luzifer sah ihn durchdringend an.

„Das hätte ich dir nicht zugetraut. Nun, dann kann ich nur sagen: Herzlich willkommen zu Hause, und hier hast du deine Hörner zurück! – Aber sieh zu, dass du dich in Zukunft wie ein richtiger Teufel benimmst, ja?"

Er hielt Tixus seine Pranke hin. Tixus schlug ein. Und dann rannte er, so schnell er konnte, nach Hause, wo seine Familie auf ihn wartete.

Zwei Stunden später lag Tixus in seinem warmen Bett. Endlich wieder zu Hause! Doch seine Gedanken waren bei Anna.

„Ich habe ein Geschenk zum Geburtstag für dich", hatte sie am Gartenteich gesagt. „Ich werde dir helfen, nach Hause zu kommen."

Dann hatte sie ihm von ihrem Plan erzählt: Tixus sollte ihre Puppe nehmen und sie ohne ein Wort des Abschieds verlassen. Tixus hatte sich zuerst geweigert. Denn wenn er auch ein Teufel war, so wollte er auf keinen Fall, dass seine Freundin für ihn so etwas Böses tat, wie ihm bei einem Betrug an Luzifer persönlich zu helfen! Doch Anna hatte darauf bestanden. „Aber du musst mir versprechen, dass du mich hin und wieder besuchen kommst", hatte sie gesagt.

„Natürlich", hatte Tixus geantwortet, und sie hatten sich ein letztes Mal umarmt.

Luzifer lag in seinem feurigen Bett und lächelte. Ihm, dem obersten aller Teufel, blieb selbstver-

ständlich nichts verborgen. Deshalb wusste er auch genau darüber Bescheid, was Tixus und Anna ausgeheckt hatten.

Der Höllenfürst drehte sich auf die andere Seite und schloss die roten Augen.

„Respekt, Tixus", dachte er. „Du hast dir deine Rückkehr in die Hölle wirklich verdient. Wer Luzifer selbst übers Ohr zu hauen versucht, der ist ganz sicher ein richtiger Teufel!"

Frank
das Faultier

Sandra Garbers

Frank, das Faultier

Als Frank, das Faultier, geboren wurde, dauerte das nicht länger als ein Tropenschauer. Und das war schon merkwürdig. Denn bei Faultieren passiert alles in Zeitlupe. Wenn überhaupt etwas passiert. Und die besten unter den Faultieren bewegen sich so langsam, dass man gar nicht bemerkt, dass sie sich überhaupt jemals bewegen.

So wie Franks Vater. Die anderen hatten ihn vor Jahren zum Oberfaultier gewählt. Damals hatte er vier Tage gebraucht, um auf einen Baum zu klettern. Und das war selbst unter Faultieren rekordverdächtig.

Seitdem hatte er sich eigentlich gar nicht mehr bewegt. Außer bei Franks Geburt. Da hatte er nämlich ganz, ganz langsam die linke Augenbraue hochgezogen. So enttäuscht war er darüber gewesen, dass sein Sohn so unfaultiermäßig schnell auf die Welt gekommen war.

In letzter Zeit zog Mario, das Oberfaultier, seine linke Augenbraue immer häufiger nach oben. Er zog sie nach oben, wenn sein Sohn sprach, wenn er trank, wenn er spielte, wenn er atmete. Alles viel zu schnell. Alles eines Sohnes des obersten Oberfaultiers unwürdig. Auch Franks Tanten und Onkel, die allesamt zum Faulsten gehörten, was der Regenwald je hervorgebracht hatte, nörgelten ständig an Frank herum.

„Kannst du nicht langsamer klettern?", fragten sie, wenn Frank übermütig in das Baumhaus turnte. Aber das sagten sie immer so langsam, dass Frank schon längst wieder am Boden war, wenn seine Onkel und Tanten ihren Satz beendet hatten.

Nein, alles, was Frank tat, verstieß gegen die Faultierehre. Und er wäre wohl längst aus dem Baumhaus verstoßen worden, wäre da nicht seine Mutter gewesen. Sie liebte ihren Sohn so sehr, dass sie ihm alle Schnelligkeit verzieh. Und sie beschützte ihn vor den bissigen Kommentaren der Verwandten. Natürlich hatte auch sie gehofft, dass ihr Sohn nur recht faul werden würde. Aber was sollte sie tun? Sie konnte Frank ja nicht im Baumhaus festbinden.

Ein paarmal hatte Frank versucht, mit den anderen Faultierkindern zu spielen. Aber das war ihm sehr schnell langweilig geworden. Wenn er ihnen einen Ball zuwarf, konnte es Tage dauern, bis sie ihn zurückwarfen. Und wenn er mit ihnen verstecken spielte, musste er immer bis 10 000 zählen, weil es so lange dauerte, bis die faulen Faultierkinder sich endlich versteckt hatten.

Aber zum Glück hatte Frank bei seinen Streifzügen durch den Regenwald andere Freunde kennen gelernt.

Jimmy, den kleinen Jaguar, zum Beispiel. Wenn Frank mit Jimmy spielte, fühlte er sich wie ein richtiges Faultier. So schnell war Jimmy.

Und dann war da noch Manolo, das Weißbüscheläffchen. Es wohnte im Baumhaus nebenan.

Sein bester Freund aber war Juan, die Gürtelmulle. Juan war erst vor kurzem aus der Pampa in den Regenwald gezogen. Er musste noch viel lernen über das Gesetz des Dschungels.

Wenn Frank abends im Baumhaus von seinen Freunden erzählte, wachte sein Vater kurz auf und zog seine Oberfaultier-Augenbraue hoch.

„Was für einen merkwürdigen Sohn habe ich da nur", dachte er. Und dann schlief er wieder ein. Franks Mutter, die das beobachtet hatte, strich ihrem Sohn über den Kopf.

„Du bist eine Laune der Natur", sagte sie. „Etwas ganz Besonderes. Vergiss das nie!" Und Frank schaute sie liebevoll an. „Nein, Mama, das werde ich nicht."

Faultier-Unterricht

Alle seine Freunde gingen schon in die Urwaldschule. Sie hatten bereits das Alphabet gelernt und rechnen konnten sie sogar auch ein bisschen. Nur Frank, das Faultier, war noch nie beim Unterricht gewesen. Überhaupt war noch nie ein einziges Faultier jemals in der Schule gewesen. Denn ein Faultierleben erforderte nur eines: Langsamkeit. Und dafür musste man nun wirklich nicht in die Schule gehen. Frank wollte aber so gerne neben seinen Freunden auf der Schulbank sitzen. Er wollte lernen. Er wollte ein Zeugnis bekommen, in dem schwarz auf weiß stand, dass auch ein schnelles Faultier ein gutes Faultier sein kann.

Als Frank im Baumhaus zum ersten Mal den Vorschlag machte, war sein Vater, das Oberfaultier, ausnahmsweise wach. Doch kaum hatte Frank das Wort Schule ausgesprochen, zog sein Vater die linke Augenbraue sehr, sehr hoch.

„Schule, Schule, wenn ich das schon höre", sagte er. „Glaubst du denn, damit allein sei es getan?" Und Frank nickte.

„O nein!", sagte sein Vater. „Nachmittags musst du dann Schularbeiten machen. Und wann willst du noch Zeit zum Faulenzen haben? Wann, mein Sohn?"

Frank, das Faultier, konnte darauf nichts sagen. Er wusste ja, dass sein Vater, das Oberfaultier, Recht hatte. Aber er wollte nicht aufgeben. Dazu war die Sache einfach zu wichtig.

„Ich könnte die Schularbeiten ganz schnell machen", schlug er vor. „Dann hätte ich nachmittags noch genügend Zeit zum Faulenzen." Doch er ahnte, dass er seinen Vater schon wieder maßlos enttäuscht hatte. Seinen Vater, der es schon als junges Faultier an Faulheit mit allen Großen aufgenommen hatte.

„Was soll bloß aus dir werden, mein Junge?", sagte der Vater noch sorgenvoll, bevor er wieder einschlief.

Das fragte Frank sich auch. Doch er wusste, wenn er schon kein besonders faules Faultier sein konnte, dann wollte er doch wenigstens ein besonders schlaues Faultier werden. Und vielleicht würde er in der Schule ja auch lernen, warum die Natur so launisch war und so leichtfertig Faultiere hervorbrachte, die gar nicht faul waren. Und vegetarische Piranhas. Und Gürtelmullen, die den Regenwald liebten, obwohl sie doch in die Pampa gehörten. Launen der Natur eben.

Später am Abend saß er mit Jimmy, dem Jaguar, und Juan, der Gürtelmulle, am Ufer des Flusses.

„Wir bringen dir bei zu buchstabieren", schlug Juan, die Gürtelmulle, vor.

„Ja", sagte Jimmy, „mit lauter Launen der Natur." Und dann fingen sie an:

„A wie Ameisenbär, B wie Bananenfledermaus, C wie Chinchilla-Ratte, D wie Dreizehenfaultier, E wie Erdferkel, F wie Flederhund, G wie Großes Nacktschwanz-Gürteltier, H wie Hottentotten-Graumull …" Die beiden Freunde machten weiter und weiter, bis sie schließlich bei Z wie Zweizehenfaultier ankamen. Und so lernte Frank, das Faultier, an diesem Abend nicht nur das

Alphabet, sondern auch noch, dass es sehr viele merkwürdige Tiere auf der Welt gab. Tiere, von denen er noch nie etwas gehört hatte. Und bestimmt gab es auch irgendwo eines, dass viel zu langsam war, oder zu groß oder zu klein oder zu dick oder zu dünn.

„Ja", meinte Juan, „oder zu rot."

Und Jimmy sagte: „Oder einen Jaguar ganz ohne Flecken." Ja, solche Tiere gab es bestimmt irgendwo. Aber was machte es schon, eine Laune der Natur zu sein, solange man solche Freunde wie Juan oder Jimmy hatte?

Das Oberfaultier hat einen Vogel

Einmal hatte Frank seinen Vater in Schwierigkeiten gebracht. Eigentlich geriet Mario, das Oberfaultier, nie in Schwierigkeiten, weil er sich ja nicht bewegte, aber wer einen Sohn wie Frank hatte, musste sich gar nicht bewegen, um Schwierigkeiten zu bekommen.

Es war nach einem heftigen Tropengewitter. Der Regenwald dampfte noch. Es war heiß, und bevor die Regentropfen von den Blättern rinnen konnten, verdampften sie in der Tropenhitze. Man muss sich das ein bisschen so vorstellen, wie wenn man zu lange im warmen Badezimmer geduscht hat. Und dann ist alles voller Nebeldampf, und die Spiegel sind ganz beschlagen. So sah es jetzt im Regenwald aus. Nur dass es da natürlich keine Spiegel gab.

Kaum hatte der Regen aufgehört, war Frank, das Faultier, aus dem Baumhaus geklettert und hatte seinen Freund Manolo, das Weißbüscheläffchen, abgeholt.

Sie wollten an den Fluss, weil der nach einem Regenschauer immer besonders wild vor sich hingurgelte und viel Treibholz mit sich trug und manchmal auch richtiges Spielzeug. Denn viele, viele Kilometer flussaufwärts gab es eine Spielzeugfabrik. So waren sie auch an ihre Fangnetze gekommen, die sie jetzt dabeihatten.

Als sie nun an dem erdbraunen Fluss standen und nach neuem Spielzeug Ausschau hielten, schwamm auf einmal ein großes weißes Ei vorbei. Manolo erwischte es mit seinem Fangnetz und holte es an Land. Es war noch ganz warm.

„Das arme Ei!", sagte Frank, das Faultier. „Jetzt wird es gar nicht ausgebrütet."

Und Manolo sagte: „Dann brüten es eben wir aus." Aber das war kein so guter Einfall, denn man wusste ja nicht, wie lange es dauerte, so ein großes Ei auszubrüten. Am Ende waren es Wochen, die sie auf dem Ei verbringen mussten. Und wer sollte in diesen Wochen dann mit Jimmy, dem Jaguar, spielen? Nein, es ging nicht.

Und dann fiel Frank ein, dass sein Vater ja eigentlich nicht viel zu tun hatte. Der lag ja sowieso immer nur auf dem Sofa und schlief.

„Der merkt es gar nicht, wenn er nebenbei ein Ei ausbrütet", sagte Frank. Und dann nahmen sie das große Ei ganz vorsichtig und trugen es zum Baumhaus.

Franks Vater schlief. Er schnarchte so laut, dass das ganze Baumhaus bei jedem Atemzug wackelte. Vorsichtig schoben Frank und Manolo das große Ei unter das Oberfaultier. Franks Vater zog nur einmal im Schlaf die linke Braue nach oben, dann schnarchte er weiter.

„Ich bin so gespannt, was da ausschlüpft", sagte Frank, das Faultier, zu Manolo.

„Hoffentlich ist es kein Krokodilei", meinte Manolo. „Stell dir vor, ihr hättet plötzlich ein Krokodil im Baumhaus!" Aber das wollte Frank sich lieber nicht vorstellen.

Sie mussten nicht lange warten. Nur eine Woche nachdem sie es gefunden hatten, pochte in dem Ei jemand an die Schale.

„Bitte lass es kein Krokodil sein", sagte Frank und drückte ganz heftig seine drei Zehen.

Zuerst sahen sie nur einen riesigen, gebogenen Schnabel. Und dann kam ein kleiner grauer Vogel hinterher. Da haben wir noch einmal Glück gehabt, dachte Frank. Aber das dachte er nicht lange, denn das Vöglein mit dem großen Schnabel blickte sich suchend um. Und dann sah es Franks Vater an.

„Mama", sagte es. Und noch einmal: „Mama". Und dann kuschelte es sich an das Oberfaultier heran. Weil Franks Vater das Vöglein ausgebrütet hatte, dachte es nun, er sei seine Mutter. Frank und Manolo aber meinten, dass es besser sei zu verschwinden. Sie wollten lieber nicht dabei sein, wenn der Vater aufwachte und merkte, dass er einen Vogel hatte.

172

Faulheit ist lebenswichtig

Einmal versuchte Frank, das Faultier, wirklich faul zu sein. Er schlief ganz lange aus. Dabei hatte ihn schon frühmorgens ein Sonnenstrahl in der Nase gekitzelt. Aber Frank öffnete die Augen nur einen Spalt weit und tat einfach so, als würde er weiterschlafen. Und als seine Mutter ihn irgendwann gegen Mittag weckte, sagte sie, was für ein braves Faultier er doch sei, weil er ja gar nicht aus dem Bett käme. Da war Frank richtig stolz. Aber das Schwierigste lag ja noch vor ihm: ein ganzer Tag des Nichtstuns. Es war ein so schöner Tag. Was hätte man an diesem Tag nicht alles unternehmen können!

Gleich nach dem Aufstehen hatte Juan, die Gürtelmulle, unter dem Baum gestanden: „He, Frank, du Faultier. Was machst du?" Und Frank hatte vom Baumhaus heruntergerufen: „Nichts!" Und dann hatte die Gürtelmulle gefragt, ob sie denn nicht gemeinsam zum Fluss gehen sollten, um Pit, dem Piranha, ein paar Blätter vorbeizubringen.

Aber das ging ja nicht. Ein wenig später war Jimmy, der Jaguar, vorbeigekommen. Er hatte seine Krallen unten am Baum geschärft und hochgerufen: „Frank, was hältst du von einem Ausflug?" Und Frank, das Faultier, hatte nur wieder heruntergerufen: „Nichts!"

Aber Jaguare geben ja nicht so leicht auf. „Was machst du denn so Wichtiges, dass du keine Zeit für mich hast?" Und Frank hatte wieder geant-

173

wortet: „Nichts." Und das war wirklich schwer, denn wie gerne wäre er mit der Gürtelmulle oder dem Jaguar um die Bäume gezogen.

Franks Großvater Pepe hatte alles mit angesehen. Er wusste, wie schwer es Frank, dem Faultier, fiel, nichts zu tun, und deshalb beschloss er, Frank ein paar Geschichten aus seinem langen Faultierleben zu erzählen. Denn Pepe, das Faultier, hatte eine Menge erlebt.

Jahrelang hatte er in einem Spielzeuggeschäft in Costa Rica auf einem Regal gestanden. Jeder hatte ihn für ein Stofftier gehalten, weil er sich ja nicht bewegte. Bis irgendwann ein junger Verkäufer gesehen hatte, dass Pepe ein echtes Faultier war. Der Verkäufer hatte dann dafür gesorgt, dass er ganz schnell zurück in den Regenwald gebracht wurde. Von dieser Zeit spricht Pepe sehr gern, denn es war ein so faules Leben auf dem Regal. Und ein paar Brocken Spanisch hatte er dort auch gelernt. So sagte er zum Beispiel immer: „Mañana, mañana." Das hieß „Morgen" und bedeutete in der Faultiersprache so viel wie: „Nur keine Eile!" Frank hörte die Geschichten von Großvater Pepe gern. Aber noch lieber wäre

er mit seinen Freunden im Wald herumgelaufen.

Das merkte Großvater Pepe natürlich und deshalb sagte er: „Du bist eigentlich noch viel zu jung, aber ich werde dir jetzt das große Faultiergeheimnis erzählen." Und dann erzählte er, dass die Faultiere so viele Feinde im Wald hätten. Und dass ihre Langsamkeit ihnen das Leben gerettet hätte. Weil eben auch ihre Feinde die Faultiere für Stofftiere hielten. „Aber ein schnelles Faultier lebt gefährlich."

„Feinde?", fragte Frank. Er hatte keine Ahnung, wen der Großvater meinen könnte.

„Ja", sagte Großvater Pepe. „Den Jaguar zum Beispiel. Der wäre unser Feind, wenn wir nur etwas schneller wären." Doch mit ihrer Langsamkeit beleidigten Faultiere den Jagdinstinkt von Jaguaren zutiefst. Ein faules Faultier zu fangen war für einen Jaguar so, als würde er eine Beere vom Baum pflücken. Der Jaguar aber will jagen. Deshalb heißt er ja Jag-uar. Sonst könnte man ihn ja auch einfach Uar nennen.

„Ich hoffe sehr, dass Jimmy ein Uar ist!", sagte Frank, das Faultier. Und er beschloss, ihn gleich morgen zu fragen.

Der Regenbogenvogel

Wie gut, dass Mario, das Oberfaultier, so viel schlief. So ärgerte er sich nicht allzu oft, dass Frank ihn das Vögelchen mit dem großen Schnabel hatte ausbrüten lassen. Und zuerst wollte das Vögelchen ja selbst sehr viel schlafen. Doch je mehr Zeit verging, desto munterer wurde es. Franks Tanten, die das Vögelchen sehr niedlich fanden, meinten, der Kleine müsse nun endlich einen Namen bekommen. Der Familienname des Findelkindes stand natürlich fest: Faultier. Aber wie sollte es mit Vornamen heißen? Man musste ja auch noch erkennen können, dass der Kleine trotz seines Nachnamens kein Faultier war.

„Michi Faultier", schlug eine Tante vor.

„Michi Faultier. Alle möglichen Faultiere heißen Michi", sagte eine andere Tante und schlug

„Schnabel Faultier" vor. Und dann fand Frank den perfekten Namen für das Vögelchen mit dem großen Schnabel.

„Vogel Faultier soll es heißen", sagte er. Und alle fanden, dass dies wohl der beste Name sei. Jedenfalls konnte man sofort erkennen, dass es sich bei dem Vogel nicht um ein normales Faultier handelte. Und so hatte nun auch der zweite Sonderling im Baumhaus einen Namen.

Vogel Faultier wuchs recht schnell. So schnell, dass Mario, das Oberfaultier, jedes Mal erschrak, wenn er aufwachte, und sein Ziehsohn schon wieder ein paar Zentimeter größer geworden war. Und jedes Mal, wenn das Oberfaultier die Augen aufschlug, sagte Vogel Faultier weiter zärtlich „Mama". Und dann pikste er Mario mit sei-

nem großen Schnabel in den Bauch, damit der aufstand und Vogel Faultier die Welt zeigte.

„Fliegen", sagte Vogel Faultier dann immer, denn viel mehr als „Mama" und „fliegen" konnte er noch nicht sagen. Manchmal sagte er auch: „Mama fliegen." Und dann rief Mario, das Oberfaultier, nach Frank. Denn der war schließlich an allem schuld.

„Nimm Vogel Faultier von meinem Bauch, und flieg du mit ihm", sagte er zu Frank. „Du hast ihn schließlich angeschleppt. Ich und fliegen! Eine Zumutung ist das!" Aber fliegen konnte Frank, das Faultier, natürlich auch nicht.

Eines Morgens sah es aus, als sei Vogel Faultier krank. Etwas schimmerte sehr blau zwischen seinen kleinen grauen Federn. Und alle im Baumhaus machten sich große Sorgen, denn irgendwie hatten sie Vogel Faultier inzwischen doch sehr lieb gewonnen. Sie gaben ihm Rizinusöl. Doch es half nichts. Am nächsten Morgen war es nur

schlimmer geworden. Jetzt hatte er auch noch etwas Gelbes. Oh, es musste schlimm um Vogel Faultier stehen, denn auch sein Schnabel wurde sonnengelb!

Mario, das Oberfaultier, weckte alle anderen Faultiere. Was sehr selten vorkam.

„Wir müssen etwas tun. Vogel Faultier muss zum Arzt", sagte er. Doch wenn eines der Faultiere mit dem kranken Vogel Faultier zum Arzt gegangen wäre, hätte es ja Tage gedauert. Und zum ersten Mal war es sehr praktisch, dass Frank ein so schnelles Faultier war.

Frank trug Vogel Faultier auf seinem Rücken zum roten Brüllaffen, der als bester Medizinmann weit und breit galt. Und wie brüllte Olli, der rote Brüllaffe, vor Lachen, als Frank mit dem Vogel vor ihm stand.

„Du machst Witze!", brüllte Olli der rote Brüllaffe. „Der und krank? Ich kann dir sagen, wie die Krankheit deines Vogels heißt. Sie heißt Riesen-Tukan." Frank, das Faultier, verstand ihn immer noch nicht. „Na, ihm wächst sein schönes buntes Federkleid. Dein Vogel ist ein Riesen-Tukan."

Vogel Faultier lernt fliegen

Juan, die Gürtelmulle, lebte eigentlich in der Pampa. Die Pampa ist das Gegenteil von Stadt und außerdem ziemlich weit weg. Denn wenn man die Erwachsenen fragte, wo ein gewisser Jemand lebte, und dieser Jemand lebte nicht in einer Stadt oder zumindest in der Nähe, so sagten die Erwachsenen immer: „Der wohnt irgendwo in der Pampa." Es musste in der Pampa nur so wimmeln vor Menschen und Tieren. Vielleicht war Juan, die Gürtelmulle, deshalb so froh, dass er nun im Regenwald sein durfte. Er liebte die täglichen Regenschauer, weil seine Gürtel danach immer besonders schön glänzten. In der Pampa waren sie immer ganz verstaubt gewesen.

Juan wohnte bei seinen Verwandten, den Neun-Binden-Gürteltieren. Nur langsam wurde es im Haus der Neun-Binden-Gürteltiere sehr eng. Das lag daran, dass die Neun-Binden-Gürtel-

tiere eigentlich Vier-Kinder-Gürteltiere heißen müssten. Denn wenn die Gürteltiere Nachwuchs bekamen, dann immer vierfach. Doppelte Zwillinge. Und eines sah aus wie das andere. Man konnte sie einfach nicht auseinander halten, und das versuchte auch niemand. Deshalb hießen Gürtelmulles vier Cousins alle Carlos. Und Gürtelmulles vier Cousinen hörten sämtlich auf den Namen Maria. Und rief man zum Beispiel „Maria!", dann fragten vier identische Gürteltiere gleichzeitig: „Was ist?"

Das war sehr lustig, aber langsam wurde es eng im Gürteltierhaus. Gerade hatte die Neun-Binden-Gürteltiermutter vier neue kleine Veras zur Welt gebracht. Und deshalb bot Frank, das Faultier, der Gürtelmulle an, doch auch ins Faultierhaus zu ziehen. Vogel Faultier würde sich über einen Spielkameraden freuen, und die anderen

schliefen sowieso die ganze Zeit. So zog also auch noch Juan, die Gürtelmulle, ins Baumhaus ein.

Die anderen Faultiere merkten ein paar Tage lang gar nicht, dass noch ein Sonderling eingezogen war. Und als sie aufwachten, dachten sie: „Ach wenn schon. Ein Sonderling mehr oder weniger. Ist ja auch egal." Das ist das Schöne an richtigen Faultieren. Sie regen sich selten auf.

Und Vogel Faultier war, wie Frank vorausgesagt hatte, begeistert von dem neuen Mitbewohner. Und das erwies sich als wahrer Segen. Denn Vogel Faultier wollte zwar seit Wochen fliegen lernen, traute sich aber nicht. Zum Heruntertragen war er inzwischen viel zu schwer geworden.

„Du musst einfach aus dem Baumhaus springen und die Flügel bewegen", pflegte Frank ihm zu sagen. Doch dann schüttelte Vogel Faultier so energisch den Kopf, dass er mit seinem riesigen Schnabel Frank Faultier fast umwarf. „Nein!" Gürtelmulle, der durch die vier Marias und die

vier Carlos sehr viel über Kindererziehung gelernt hatte, wusste einen Trick.

„Ich kann verstehen, dass du dich nicht traust, Vogel Faultier", sagte er. „Aber du kannst es. Du bist ein Vogel, und du hast so große Flügel." Und dann schlug er vor, sich zum Zeichen des Vertrauens auf Vogel Faultiers Rücken zu setzen, um ihm beim Fliegen zu helfen.

Vogel Faultier dachte kurz nach, aber ihm fiel nicht ein, wann die Gürtelmulle einmal richtig leichtsinnige Dinge gemacht haben könnte.

So kletterte Juan auf Vogel Faultiers Rücken. Und so gingen sie beide langsam zur Baumhaustür. Vogel Faultier zögerte – und zögerte noch ein wenig länger. Und dann sprang er. Einen Moment lang sah es aus, als würden Vogel Faultier und Gürtelmulle einfach zu Boden stürzen. Doch dann begann Vogel Faultier mit seinen großen Schwingen zu schlagen, und sie flogen. Ja, und wie sie flogen!

Gefahr für den Urwaldriesen

So ein Leben im Regenwald kann schon ziemlich schön sein. Nicht nur, dass hier die allergrößten Bäume wachsen, es scheint auch das ganze Jahr die Sonne. Und weil das natürlich sehr warm ist, gibt es einmal am Tag eine warme Dusche. Den Bäumen gefällt das so gut, dass sie versuchen, bis in den Himmel zu wachsen. Naja, vielleicht nicht ganz in den Himmel, aber doch sehr, sehr hoch. Höher als vier große Birken übereinander. Deshalb heißen sie auch Urwaldriesen.

Eines Morgens kamen die Menschen mit Motorsägen in den Wald. Sie wollten einen besonders schönen Urwaldriesen fällen. Das allein wäre schon schlimm genug gewesen, aber es handelte sich auch noch um den Urwaldriesen, der ganz in der Nähe des Faultierbaums wuchs. Und wenn der umfiel, würde er direkt auf das Faultierhaus fallen.

Frank und Vogel Faultier waren morgens von dem ohrenbetäubenden Lärm geweckt worden. Die Motorsäge! Sie sägte am Urwaldriesen.

„Wir müssen die anderen retten, Vogel Faultier!", sagte Frank. „Schnell, wir haben nicht viel Zeit!" Es ist natürlich zwecklos, Tiere zu wecken, die nicht einmal vom Lärm einer Motorsäge wach werden. Und selbst wenn es Frank und Vogel Faultier gelungen wäre – die anderen Faultiere waren viel zu langsam, um sich selbst zu retten.

181

Die Motorsäge fraß sich immer tiefer in den Stamm des Urwaldriesen. Es gab nur eine Möglichkeit, die Faultiere zu retten: Frank und Vogel Faultier mussten sie den Baum hinuntertragen. Jeden einzelnen.

„Oh, Vogel Faultier, wie sollen wir das nur schaffen?", fragte Frank verzweifelt. Aber nicht einmal zum Verzweifeln reichte die Zeit. Also nahm Frank das erste Faultier auf den Rücken. Es war Großvater Pepe. So groß und schwer war der, dass Frank gar nicht mehr unter ihm zu sehen war. Dafür konnte man ihn hören. Er stöhnte und ächzte. Schritt für Schritt balancierte er den schlafenden Großvater den Baum hinunter. Immer wieder rutschten seine Krallen an der glatten Rinde des Baumes ab. Vogel Faultier flog nebenher.

„Los doch, schneller!", rief er Frank zu. Aber um ehrlich zu sein: Eine echte Hilfe war der Riesen-Tukan nicht gerade. Unten angekommen, ließ Frank den schlafenden Großvater von seinem Rücken auf den Boden gleiten. Dann kletterte er wieder hoch.

Unermüdlich trug Frank ein Faultier nach dem anderen auf den Boden: den Vater, die Mutter, die Tanten, die Onkel und seine Cousins und Cousinen. Der Schweiß tropfte aus seinem Faultierfell, er konnte kaum atmen vor Anstrengung. Der Rücken schmerzte wie noch nie, und er hatte das Gefühl, dass seine Arme immer länger wurden. Aber er schaffte es.

Inzwischen hatte Vogel Faultier den Roten Brüllaffen geholt, den Einzigen im Regenwald, der noch lauter war als eine Motorsäge. Der Rote

Brüllaffe brüllte den schlafenden Faultieren so lange ins Ohr, bis sie endlich wach wurden. Gerade noch rechtzeitig wurden sie wach. Und als alle in Sicherheit waren, fiel der Urwaldriese.

Er hatte das Baumhaus nur gestreift. Jetzt fehlte eine Wand. Aber das konnte man ja reparieren. Wichtiger war, dass alle Faultiere lebten.

An diesem Abend fiel Frank erschöpft in einen langen, langen Schlaf. Und er schlief immer noch, als seine Mutter ihn Tage später weckte.

„Dein Vater möchte dir etwas sagen", sagte sie zärtlich. Frank blinzelte seinen Vater müde, aber erwartungsvoll an. „Hmhm", räusperte der sich und noch einmal „Hmhm." Und dann sagte er etwas so Schönes, dass es Frank vorkam, als fielen Geburtstag und Weihnachten auf einen einzigen Tag, so sehr freute er sich.

„Wir sind alle sehr stolz auf dich!", sagte Mario, das Oberfaultier.

„Du hast die ganze Faultierfamilie gerettet. Und zur Belohnung darfst du in die Schule gehen." Kaum hatte das Oberfaultier das gesagt, schlief Frank wieder ein. Aber diesmal lächelte er im Schlaf.

Das langsame, schnelle Faultier

Eigentlich hatte Frank immer gedacht, er sei ziemlich schnell. Und das hatte ihm ja auch nicht immer gefallen. Aber jetzt, da er in die Schule ging, merkte er, wie langsam er in Wirklichkeit war. Im Vergleich zu einem richtigen Faultier ist ja alles schnell, aber selbst ein schnelles Faultier ist immer noch langsamer als die anderen Tiere. Und auch wenn die Lehrerin, Frau Tatjana Tapir, schon einmal ungeduldig wurde, es half doch nichts. Das machte Frank nicht schneller.

Zum ersten Mal in seinem Leben fühlte Frank sich wie ein richtiges Faultier. Wenn die anderen in der Schule im Alphabet schon L-Wörter lernten, hielt Frank sich noch immer bei den D-Wörtern auf. Und bei Wettrennen war er fast immer der Letzte. Er kam nur hin und wieder schon als

Vorletzter ins Ziel. Das lag dann aber daran, dass Manolo Weißbüscheläffchen so viel Unsinn machte, Rollen vorwärts und rückwärts und seitwärts, und einfach so sehr trödelte, dass selbst Frank Faultier ihn überholen konnte.

Auch bei den Hausaufgaben brauchte das schnelle Faultier länger als die anderen Tiere. Aber das lag nicht daran, dass Frank vielleicht dümmer war oder Dinge nicht so rasch kapierte. Nein, es lag zum einen an Vogel Faultier, der mit seinem Schnabel nur zu gern die Hefte von Frank zerfetzte. Zum anderen lag es aber daran, dass Frank eben ein Faultier war. Aber auch wenn es lange dauerte, bis die Dinge in Franks Kopf ankamen – was einmal drin war, vergaß er niemals mehr.

Manchmal, wenn Frank seine Mathematikaufgaben ganz besonders langsam löste, kam es vor, dass die Lehrerin vor seinem Tisch stehen blieb, eine Augenbraue hochzog und sagte:

„Du bist sehr langsam. Was soll bloß einmal aus dir werden?" Und dann knuffte Jimmy Jaguar seinen Freund, das Faultier, in die Seite, und die beiden blinzelten sich zu. Frank hatte so lange gehört, dass er ein zu schnelles Faultier war, dass es ihn nicht sonderlich störte, wenn man ihm nun sagte, dass er ein zu langsames Tier sei. Was sollte er auch tun? Er konnte es schließlich nicht allen recht machen.

Was war es für eine Freude für seine Eltern, als Frank sein erstes Zeugnis bekam! „Frank Faultier könnte manchmal etwas fleißiger sein." Schwarz auf weiß stand es da geschrieben. Und Franks Vater sagte: „Wir sind stolz auf dich, mein Sohn!"

Aber das sagte er sowieso immer seit der Sache mit dem Urwaldriesen.

Frank Faultiers Lieblingfach war Erdkunde. Er lernte, dass es Länder gab, in denen die Sonne nicht immer schien. Und besonders faszinierte ihn die Vorstellung, dass es auf der oberen Hälfte der Erde im Norden Orte gab, an denen im Sommer die Sonne schien und im Winter Schnee fiel. Oh, er wünschte sich so sehr, dass er eines Tages dort sein könnte! Er würde sich mit Jimmy Jaguar im Schnee balgen und mit Manolo Weißbüscheläffchen einen Schneemann bauen. Juan, die Gürtelmulle, würde sicher nicht mitkommen. Juan fühlte sich so wohl im Regenwald, dass er ihn nicht einmal für einen Haufen Schnee verlassen würde. Frank aber wusste, dass er eines Tages auf die andere Seite der Erde reisen würde. Und da hatte er verdammt Recht.

Der Zauberer im Regenwald

Im Regenwald gab es einen Zauberer. Es war der Rote Brüllaffe. Er lebte in einer Hütte nahe beim Fluss, wo er die schönsten Orchideen züchtete. Und die Tiere hatten alle ein wenig Angst vor ihm. Das hinderte sie aber nicht daran, den Roten Brüllaffen aufzusuchen, wenn ihnen etwas fehlte. Die Jaguare kamen zu ihm, wenn sie sich beim Krallenschärfen am Baum einen Splitter in die weichen Sohlen getrieben hatten. Der Rote Brüllaffe entfernte den Splitter. Oder wenn sich bei den Gürteltieren ein Stückchen Panzer löste, zauberte der Rote Brüllaffe es wieder fest. Und wenn ein Ameisenbär unter verstopftem Rüssel litt – ein Besuch beim Roten Brüllaffen, und der Rüssel war wieder frei. Warum also sollte der Rote Brüllaffe aus einem schnellen Faultier nicht ein langsames machen können?

Und so machte Frank, das Faultier, sich eines Morgens mit Manolo, dem Weißbüscheläffchen, Juan, der Gürtelmulle, und Jimmy, dem Jaguar, auf den Weg zum Roten Brüllaffen. In einem Glas trugen sie Pit, den vegetarischen Piranha. Vielleicht konnte der Rote Brüllaffe ja auch ihm helfen, damit die anderen, die Fleisch fressenden Piranhas, ihn nicht mehr neckten.

Der Rote Brüllaffe streichelte gerade seine Orchideen. Seit Jahren war er damit beschäftigt, die schönsten Orchideen miteinander zu kreuzen, denn er wollte sie schönste Orchidee der Welt züchten. Und wenn er es geschafft hätte, sollte sie seinen Namen tragen: Orchidea Brüllaffensis. Rot sollte sie natürlich auch sein. Der Rote Brüllaffe schätzte es gar nicht, gestört zu werden, wenn er gerade Orchideen züchtete.

„Was wollt ihr Sonderlinge von mir?", brüllte er die Freunde so laut an, dass Pit, der Piranha, vor Schreck fast aus seinem Glas gehüpft wäre.

„Wir möchten normal werden", sagte Frank, das Faultier.

„Was ist schon normal?", fragte der Rote Brüllaffe die Freunde. Und als die ratlos mit den Schultern zuckten, kam er aus seinem Orchideenfeld.

„Kommt mit!", brüllte er. Und diesmal zuckten die Freunde nicht zusammen, denn inzwischen hatten sie sich an die Lautstärke des Roten Brüllaffen gewöhnt. Aber ein bisschen Angst hatten sie vor diesem komischen Kerl trotzdem. Doch sie folgten ihm. Bis vor ein kleines Gewächshaus. Ein Gewächshaus im Regenwald, wo doch sowieso das ganze Jahr über alle Pflanzen aufs Üppigste wuchsen? Das war merkwürdig.

„Das ist ein umgekehrtes Gewächshaus", brüllte der Rote Brüllaffe. Und dann traten sie durch die Glastür in das umgekehrte Gewächshaus. Wie kühl es hier ist, dachte Manolo, das Weißbüscheläffchen. Und Juan, die Gürtelmulle, bekam sogar eine Gänsehaut auf seinem Panzer, und dem Jaguar froren fast die Barthaare ein.

„Natürlich ist es hier kühl", brüllte der Rote Brüllaffe. „Ich züchte hier nordeuropäische Walderdbeeren. Denkt ihr vielleicht, die würden im Regenwald wachsen?" Nein, das dachten die Freunde nicht. Sie sahen ein, dass man, um nordeuropäische Walderdbeeren im Regenwald zu

züchten, natürlich ein umgekehrtes Gewächshaus brauchte.

„Nennt ihr das vielleicht normal?", brüllte der Rote Brüllaffe. Nein, das taten die Tiere nicht. „Man braucht Sonderlinge. Sonst bliebe immer alles, wie es ist", brüllte der Rote Brüllaffe. „Denn die Welt ändert sich beständig." Und deshalb müssten sich auch die Tiere beständig ändern.

„Was, wenn es kein Fleisch zu fressen gibt?", brüllte er den vegetarischen Piranha an. „Da hast du doch gute Karten." Und der Piranha nickte.

„Und wenn die Faultiere in Gefahr geraten und flüchten müssen?" brüllte er Frank, das Faultier, an. „Meinst du nicht, dass es da sehr praktisch wäre ein schnelles Faultier zu sein?" Und Frank nickte.

„So, nun geht, ihr Sonderlinge. Ich muss doch meine Orchidee züchten", brüllte der Brüllaffe zum Abschied, und Jimmy, der Jaguar, sagte: „Wie macht der Rote Brüllaffe das nur, dass er einem jedes Mal helfen kann? Er ist eben doch ein Zauberer."

Freunde fressen

Frank, das Faultier, war fest davon überzeugt, dass sein Freund Jimmy, der Jaguar, in Wirklichkeit ein Uar war. Ein Jaguar also, der nicht jagte. Aber war Jimmy das wirklich?

Als Jimmy, der Uar, eines Abends nach Hause kam, wartete bereits sein Vater, James der Dritte, auf ihn. „Mein Sohn, ich muss mit dir reden. Es geht nicht an, dass du jeden Tag mit deiner Beute spielst und sie am Ende nicht frisst."

Jimmy erschrak sehr. Warum zum Teufel sollte er seine Freunde auch fressen? Da sprach sein Vater weiter: „Wir sind Jaguare, Jimmy. Gefährliche Raubtiere. Wir schleichen durchs Schilf und jagen. Wir sind schnell und stark. Du aber wirfst ein schlechtes Licht auf uns. Die Tiere im Regenwald reden bereits über uns, und sie lachen über dich."

Jimmy war es ziemlich egal, wer im Regenwald über ihn lachte. Er fraß doch seine besten

Freunde nicht. Doch sein Vater ließ nicht locker: „Jimmy, morgen machst du Beute!", sagte James der Dritte streng. „Ob du das schnelle Faultier oder diesen komischen Affen anbringst, oder ob du mit der Gürtelmulle anfängst, ist mir gleich. Aber wage es nicht, ohne Beute nach Hause zu kommen.!"

In dieser Nacht tat Jimmy kein Auge zu. Was sollte er bloß machen? Und er dachte an seinen Freund Frank, das Faultier. An die liebe Gürtelmulle und das freche Weißkopfäffchen. Und dann weinte er verzweifelt bis in den Morgen.

Er kam sich wie ein Verräter vor, als er die Freunde am anderen Tag traf. Denn er konnte ihnen doch nicht sagen, was er heute tun musste. Man stelle sich das vor: „Liebe Gürtelmulle. Ich hoffe, du hattest bis jetzt ein schönes Leben, denn heute Abend muss ich dich vor den Augen meines Vaters fressen." Und wie enttäuscht wäre Frank,

das Faultier, wenn er erführe, dass Jimmy eben doch kein Uar war, sondern ein ganz gewöhnlicher Jaguar. Würde Frank ihm jemals wieder vertrauen?

Und je länger Jimmy, der Uar, darüber nachdachte, desto klarer wurde ihm, dass er es nicht tun konnte. Freunde sind nun einmal keine Beute. Und dann sagte er es doch: „Ich soll euch fressen. Damit im Regenwald niemand mehr über mich lacht. Und weil ich doch ein Jaguar bin." Und weil die anderen ihn so erschrocken anblickten, fügte er noch schnell hinzu: „Aber ich will euch natürlich nicht fressen. Ich habe gar keinen Appetit auf euch." Tja, aber was sollten sie tun?

„Ich könnte deinem Vater das Leben retten, und dann ist er mir ewig dankbar und sieht uns nicht mehr als Beute an", sagte die Gürtelmulle. Das war ein guter Einfall, leider hatte er einen Haken. James der Dritte befand sich nicht in Lebensgefahr und würde es wohl auch in absehbarer Zeit nicht sein.

„Mein Vater redet mit ihm", sagte Frank, das Faultier. „So viel Zeit haben wir nicht", sagte Jimmy.

Und dann hatten sie eine Idee, die wohl alle Kinder überall auf der Welt in einer solchen Situation gehabt hätten: Sie wollten weglaufen. Und während sie noch überlegten, wohin sie wohl laufen könnten, sahen sie im Schilf einen braungelbgefleckten Schwanz auftauchen.

„Mein Vater kommt!", rief Jimmy, und seine Freunde begannen vor Angst zu zittern. Nun gab es keinen Ausweg mehr. James der Dritte würde Jimmy zwingen, seine Freunde zu fressen. Frank, das Faultier, dachte traurig, dass er sich nicht einmal von seiner Mutter hatte verabschieden können. Der Schwanz kam immer näher, und dann tauchte auch der Rest des Tiers aus dem Schilf auf.

„Mama!", sagte Jimmy erleichtert. Und die Jaguar-Mutter sagte, sie habe eben erst gehört, was Jimmys Vater von ihm verlangt habe. Jimmy solle sich keine Sorgen machen – sein Vater würde nie wieder etwas Derartiges von ihm verlangen.

Eines hatten die Tiere nämlich vergessen: James der Dritte mochte wohl der König des Regenwalds sein, aber er sollte sich eben nicht mit der Königin anlegen!

Mäusedetektiv
Jonathan Jones

Luise Wiese

Lola in Gefahr

„Beim großen Emmentaler, das ist aber merkwürdig", brummelte der berühmte Mäusedetektiv in seine Schnurrhaare. „Lola Gorgonzola ist immer pünktlich. Wenn sie nicht zur Detektivschule kommt, dann stimmt etwas nicht. Vielleicht ist sie krank. Ich werde mal nachsehen, wo meine zuverlässige Assistentin steckt."

Jonathan Jones erhob sich seufzend aus dem Ohrensessel in seiner gemütlichen Wohnung hinter der Holzvertäfelung im Wohnzimmer der Familie Williams und eilte zu den Gorgonzolas, die mit ihren neun Kindern hinter der Speisekammer zu Hause waren.

„Meine Kleine hat sich direkt nach dem Frühstück zu dir aufgemacht, Jonathan", gab Mutter Gorgonzola Auskunft. „Es wird ihr doch nichts passiert sein!"

„Sei unbesorgt, meine Liebe", beruhigte Jonathan Jones Lolas Mutter, „ich mache mich sofort auf den Weg, um sie zu suchen, gewiss hat sie unterwegs eine Freundin getroffen."

„Ich komme mit", rief Martha Gorgonzola, Lolas kleine Schwester. „Dann kann ich Mama Bescheid sagen, wenn wir sie gefunden haben!"

„Wichtigste Regel", wandte sich der Mäusedetektiv an die kleine Martha, sobald sich die Haustür geschlossen hatte, „erst mal sehen, was El Grande macht." Der gefräßige rote Kater der Williams war der ständige Schrecken der Mäusegemeinschaft, die das Williams'sche Haus und deren Garten besiedelte.

Sie fanden El Grande weder in der Küche noch im Esszimmer, wo er üblicherweise war.

„Merkwürdig, merkwürdig", murmelte Jonathan. „Das riecht nach Ärger." Martha trippelte vorsichtig hinter ihm her, als er das Haus Zimmer für Zimmer absuchte. „Immer auf Deckung achten, Kleine", belehrte er Martha, „Gefahren lauern überall."

Plötzlich sahen sie drei schreckliche Dinge auf einmal: El Grande, ein Menschenkind und einen Käfig. Und das Schlimmste war, dass das Menschenkind die heftig strampelnde Lola am Schwanz festhielt und gerade in den Käfig auf dem Tisch steckte.

„Nein, du fetter Kater", hörten Jonathan und Martha das Kind sagen, „diese süße Maus gehört mir. Nimm deine Pfoten weg, du kriegst sie nicht." Rums, schloss sich die Käfigtür, und Lola saß in der Falle. „Warte, kleine Maus, ich bring dir etwas Leckeres zu fressen", sagte das Kind und verschwand aus dem Zimmer, gefolgt vom ärgerlich maunzenden El Grande.

Jonathan schwitzte: „Wir müssen jetzt schnell handeln. Geh zur Tür und pass auf. Wenn jemand kommt, pfeifst du und rennst dann weg, klar?", befahl Jonathan der vor Angst fast ohnmächtigen Martha. Aus seinem Einsatzrucksack zog er blitzschnell eine Trillerpfeife für Martha und ein Seil mit einem Enterhaken aus umgebogenen Büroklammern.

„Lola, wir befreien dich!", rief er von unten und warf den Enterhaken so, dass er sich im Käfig einhakte. Geschickt kletterte er rasch hinauf, als er schon einen leisen Pfiff aus seiner Trillerpfeife hörte.

„Bring dich in Sicherheit, Martha", rief er und an Lola gewandt: „Halt dich an mir fest, sobald ich den Käfig aufhabe." Ein abgebrochener Löffelstiel aus seinem Rucksack diente ihm als Brecheisen und gerade als er die Tür aufgestemmt hatte, sah er das Kind, gefolgt von El Grande, auf den Käfig zukommen.

„Zur Rückseite des Tisches, Lola", rief er. Beide rannten um den Käfig herum und sprangen in einem gewagten Satz vom Tisch und verschwan-

den hinter der Wandvertäfelung, bevor der dicke Kater und das Kind überhaupt verstanden, dass ihre Gefangene weg war.

„Komisch", hörten Lola, Jonathan und Martha in ihrem sicheren Versteck das Kind sagen. „Wenn ich nicht wüsste, dass Mäuse so etwas nicht können, würde ich vermuten, die Maus hat sich abgeseilt. Hier hängt ein Faden mit einer Büroklammer. Das war bestimmt mein Bruder. Robert, gib mir meine Maus zurück!"

Der Umzug

„Lola, ich hoffe du hast einen guten Grund, mich beim Nachdenken zu stören", brummte der berühmte Mäusedetektiv streng.

„Ich wusste gar nicht, Sir Jonathan, dass Erwachsene beim Nachdenken laut schnarchen", entgegnete das Mäusemädchen grinsend und fuhr fort. „Jenny und Max schicken mich. Sie brauchen Ihre Hilfe bei einem Problem. Es geht um den Neubau im hohen Baum."

„Oh, oh, das klingt gar nicht gut", sagte Jonathan und machte sich mit seiner Detektiv-Assistentin auf den Weg zum Nest der netten Amselfamilie, die ihn um Hilfe gebeten hatte.

Sie fanden Jenny, Max und die Kinder bedrückt in ihrem Nest in der großen Hecke. Über ihnen warf eine riesige Eiche ihren Schatten.

„Es ist, wie wir befürchtet haben", sagte Jenny und wies mit dem Schnabel nach oben. „Die Elstern haben ihren neu gebauten Horst gestern bezogen. Und was das für uns und die Kinder bedeutet, muss ich dir nicht erzählen."

„Die Kleinen leben jetzt in höchster Gefahr, und wie sollen wir unsere zukünftige Brut vor den Nesträubern in der Eiche schützen? Ich fürchte, wir werden wegziehen müssen aus dem Williams-Garten, denn hier ist kein Nistplatz mehr frei", seufzte Max.

„Jonathan, es ist doch unser zuhause, weißt du denn keinen Rat?", klagte Jenny und schaute Jonathan hoffnungsvoll an.

„Ich muss darüber nachdenken. Elstern sind keine leichten Gegner. Bleibt erst mal bei den Kindern. Lola kann euch Würmer besorgen, solange ich nicht zurück bin", befahl Jonathan Jones ernst, ohne sich um den angeekelten Blick von Lola zu kümmern. Im Weggehen hörte sie ihn sagen: „Da will ich doch mal ein bisschen spionieren." Als er am Fuß der Eiche angekommen war, murmelte er: „Ich müsste mal wieder mehr Sport treiben."

Nicht ganz so flink wie früher machte er sich an den steilen Aufstieg zum Horst der Elstern. Er hatte Glück, die Bewohner waren zu Hause, und, oben angekommen, konnte er ihre Unterhaltung gut verstehen. „Schatz, es ist ein herrliches Plätzchen. Der Blick ist wunderschön, das Nahrungsangebot an Eiern und Jungvögeln reichlich." Jonathan schauderte.

„Der Makler-Specht hat aber nichts von dem unerträglichen Lärm gesagt", nörgelte der Elster-Mann. „Wenn ich das gewusst hätte, hätte ich den Neubau im Smith-Garten bevorzugt."

„Aber dafür war es etwas preiswerter, Liebling, und sie singen ja vorwiegend in den Morgenstunden", beschwichtigte die Elster-Frau.

Jonathan ging ein Licht auf: Der „unerträgliche Lärm" war das Singen der Amseln. Natürlich, Elstern waren dafür bekannt, unmusikalische Banausen zu sein!

„Das ist die Lösung", murmelte er und flitzte auf schnellstem Wege zu Jenny und Max. „Ihr braucht Verstärkung. Lola, saus los und hol Wilma, Kurt, Lizzy und Charles." Als schließlich alle Amseln des Williams-Garten in der Hecke versammelt waren, erläuterte Jonathan seine geniale Idee: „Wir machen einen Schichtplan. Je zwei von

euch singen sich zwei Stunden lang an. Die anderen versorgen in der Zeit deren Jungvögel mit. Dann sind die nächsten zwei dran mit Singen und so weiter. Wenn ihr das ein paar Tage durchhaltet, ziehen die Elstern vielleicht doch noch in den Smith-Garten um. Macht ihr mit?"

„Ja klar!", jubilierten die Amseln und begannen sofort mit dem Singen.

Als Jonathan nach zwei Tagen mal wieder seinen Lauschposten nahe des Elsterhorstes bezog, hörte er die Elstern streiten: „Ich habe dir gleich gesagt, der Williams-Garten ist nichts für uns.

Aber die gnädige Frau wollte ja unbedingt die schönste Aussicht. Jetzt zahlen wir doppelt. Aber mir ist alles egal, ich will hier nur weg. Ein Glück, dass das Haus im Smith-Garten noch frei ist."

Und so hatten die Amseln gewonnen, die Elstern zogen aus, und es kehrte wieder Ruhe ein im Williams-Garten.

„Schade", sagte Mr. Williams zu seiner Frau, „dass du auf Geschäftsreise warst. Die Amseln haben von morgens bis abends gesungen in den letzten Tagen. Seit du wieder da bist, haben sie aufgehört, komisch, oder?"

Wo ist Max?

„Sir! Sir! Wachen Sie doch auf", drang eine fiepsige Stimme an das Ohr von Jonathan Jones. Wer, beim großen Emmentaler, wagte es, ihn, den berühmtesten aller Mäusedetektive, den das Williams-Haus jemals gesehen hatte, bei seinem heiligen Mittagsschläfchen zu stören?

„Sir Jonathan, bitte, Sie müssen aufwachen. Jenny schickt mich."

„Jenny?" Das bedeutet nichts Gutes, dachte Jonathan und wurde schlagartig wach. Jenny, eine äußerst nette Amseldame und Mutter von drei Wochen alten Zwillingen, gehörte nicht zu denen, die nach ihm riefen, wenn es nicht wirklich brannte.

„Was ist passiert, Lola?" Aber Lola Gorgonzola war so aufgeregt und außer Atem, dass sie kein klares Wort rausbrachte. „Lola, ganz ruhig, erinnere dich an die Regeln für Katastrophen-

meldungen, die wir gestern in der Detektivschule besprochen haben.

„Ja Sir, die Weh-Weh-Weh-Gokek-Regel, natürlich, Sir Jonathan", fiepste Lola immer noch ganz atemlos.

„Wer, wo, was, großer oder kleiner Einsatzkoffer?", fragte Jonathan Jones, und Lola gab sich alle Mühe, ruhig zu antworten:

„Wer: Jenny und ihre Kinder. Wo? Am Nest, Holunderstrauch, Ecke Rhododendronhecke. Was? Gefahr! Jennys Mann Max ist seit gestern Abend verschwunden und das gerade jetzt, wo der entsetzliche El Grande zurück im Revier ist. Jenny kann die Kleinen nicht allein lassen, um nach Max zu suchen. Aber sie ist schrecklich besorgt, dass Max etwas zugestoßen ist."

„Und Lola, was meinst du, welchen Einsatzkoffer werden wir brauchen?"

„Bei so einem schweren Fall, Sir, den großen natürlich", fiepste Lola.

„Natürlich nicht, du Dummerchen", erwiderte Jonathan und griff nach einem kleinen Rucksack direkt neben seinem Bett. „Erst müssen wir Max suchen, da ist uns der große Koffer doch nur im Weg. Lupe, Notizblock und unser klarer Mäuseverstand reichen dafür aus. Jetzt aber los!"

In großer Eile verließen der Mäusedetektiv und seine Assistentin den gemütlichen Wohnraum hinter der Wandvertäfelung im Wohnzimmer der Williams.

„Wir gehen den schnellsten Weg durch die Küche und den Wintergarten", bestimmte Jona-than ohne auf den ängstlichen Blick von Lola Gorgonzola zu achten. Die Küche war der gefähr-lichste Raum im ganzen Haus, weil hier der Fressnapf von Kater El Grande stand. Und der war nach einer kurzen Krankheit gerade wieder zur Höchstform aufgelaufen. Es bestand aber kei-ne Gefahr: Die Küche war leer, und die beiden Mäuse rannten quer durch den Raum zum Win-tergarten mit seinen spiegelnden Scheiben.

„Nanu", dachte Jonathan, „die Williams müs-sen nach Monaten mal wieder die Fenster geputzt haben, so wie das blinkt und blitzt."

In diesem Moment drang ein schwaches, ver-zweifeltes Piepen an sein Ohr. Er hob die Hand und bedeutete Lola, ihm zu folgen. Vorsichtig lauschend näherten sie sich dem Durchschlupfloch zum Garten und traten blinzelnd nach draußen. Das jämmerliche Piepen wurde lauter. Beherzt bog Jonathan ein hohes Büschel Gras zur Seite. Dahinter lag Max, der Amselmann, zu schwach, um noch laut um Hilfe zu rufen.

„Oh, Max, was ist denn nur passiert?", jammerte Lola.

„Pscht, nicht sprechen, Max, keine Kraft vergeuden", winkte Jonathan ab. „Wir bringen dich zu Dr. Schweizer." Und zu Lola gewandt fügte er hinzu: „Sonnenklar, oder sollte ich lieber sagen scheibenklar, was passiert ist: Auf Futtersuche ist Max gestern gegen eine der frisch geputzten Scheiben geflogen, die ja sonst vor lauter Dreck immer gut zu sehen waren. Dabei hat er sich einen Flügel gebrochen und ist ohnmächtig geworden." Jonathan fühlte Max den Puls. „Er war zu schwach, um laut nach Hilfe zu rufen. Gut, dass ihn El Grande nicht gefunden hat." „Renn zu Dr. Schweizer, Lola, er soll mit der Baumrindentrage kommen."

So kam es, dass Max, der Amselmann, gerettet werden konnte. Im Baumkrankenhaus von Dr. Schweizer erholte er sich rasch, sein Flügel heilte schnell, und er konnte bald zu seiner glücklichen Familie zurückkehren.

Madam Cheddars Schachspiel

„Beruhigen Sie sich doch", sagte Jonathan Jones und führte die korpulente Mäusedame zu dem bequemsten Sessel seiner gemütlichen Wohnung, die ihm gleichzeitig als Detektivbüro diente.

„Was kann ich für Sie tun, meine liebe Madam Cheddar?"

„Sie müssen mein Schachspiel finden, Sir Jonathan. Es ist das Schachspiel meines Ur-Ur-Großvaters und der wertvollste Familienbesitz. Seit heute Vormittag ist es verschwunden."

„Verschwunden, Madame?", fragte Jonathan.

„Es wurde gestohlen", antwortete Adelaide Cheddar mit bebender Stimme. „Bei mir wurde

eingebrochen! Als ich heute Früh mein Heim verließ, befand sich das Schachspiel wie immer auf dem Beistelltisch. Mittags kam ich nach Hause und merkte schon vor der Haustür, dass etwas nicht stimmte: Alle Fensterläden zum Eingang hin lagen zersplittert vor dem Haus."

Jonathan hakte nach: „Sie haben feste Fensterläden aus Baumrinde, nicht wahr?"

„Oh, ja, solide Handwerksarbeit, nicht diese moderne Pfuscherei aus Blattwerk."

„Und als sie in die Wohnung kamen, war ausschließlich das Schachspiel verschwunden?" Madam Cheddar nickte. „Am besten schauen wir uns den Tatort einmal an", sagte Jonathan und griff nach seinem kleinen Einsatzrucksack, aus dem der Griff einer großen Lupe hervorragte.

„Das sieht ja schlimm aus!", sagte Jonathan, als sie vor dem kleinen Gartenhaus standen. Draußen vor den drei Fensterlöchern neben dem Eingang lagen die zersplitterten Läden.

„Ich hatte die Läden wegen der Sonne geschlossen, bevor ich das Haus verließ", unterbrach Madame Cheddar Jonathans Betrachtungen. Im Haus war keinerlei Unordnung zu erkennen. Jonathan untersuchte den Fußboden unter

den Fensterlöchern mit seiner Lupe: nichts, kein Krümelchen, kein Fußabdruck.

„Meine Liebe", wandte er sich charmant an Madame Cheddar, „der Einbrecher hat keinerlei Spuren hinterlassen. Ist Ihr Schachspiel denn gut versichert, für den Fall, dass wir den Täter nicht dingfest machen können?"

„Selbstverständlich. Mein seliger Mann hat eine hohe Versicherung abgeschlossen, aber darum geht es mir nicht. An dem Spiel hängen so viele Erinnerungen."

„Madame Cheddar, Sie lügen", änderte Jonathan plötzlich den Tonfall. „Sie selbst haben das Schachspiel verschwinden lassen, um die Versicherungsprämie zu kassieren."

„Unverschämtheit", schrie Madame Cheddar, „wie können Sie es wagen, so etwas zu behaupten?"

„Weil Sie Fehler gemacht haben", fuhr Jonathan ungerührt fort: „Warum sollte ein Einbrecher gleich drei Fensterläden durchbrechen, um in die Wohnung zu gelangen? Er braucht nur eine Öffnung, um möglichst schnell hineinzuschlüpfen. Sie dachten wohl, drei seien effektvoller."

„Das beweist gar nichts, Sie Möchtegern-Detektiv!", fauchte Madame Cheddar.

„Ihr zweiter Fehler", fuhr Jonathan fort, „war es, die Fensterläden von innen nach außen zu durchbrechen, um einen Einbruch vorzutäuschen. Wenn jemand von außen durch Blattrindenläden eindringt, liegt ein Großteil der Splitter innen, nicht außen, Madame Cheddar. Aus Ihrem kleinen Versicherungsbetrug wird nichts. Sie sollten jetzt lieber nicht mehr weiterlügen", sagte er abschließend und eilte nach Hause, gerade rechtzeitig zu seinem geliebten Mittagsschläfchen.

El Grande hat Jagdglück

„Lilli", schluchzte Lola Gorgonzola, „er hat Lilli." Jonathan Jones sprang von seinem Sessel auf.

„Er" konnte nur El Grande sein, der verfressene, dicke Kater der Familie Williams, in deren Haus nicht nur die 11-köpfige Mäusefamilie Gorgonzola hinter der Wandvertäfelung lebte, sondern eben auch Jonathan Jones, der berühmte Mäusedetektiv. Jones legte Lola seine Pfoten auf die Schultern.

„Du musst jetzt versuchen, die Ruhe zu bewahren. Wo hast du El Grande zuletzt mit deiner kleinen Schwester gesehen, und wie ging es ihr zu dem Zeitpunkt?"

„Er trug sie gerade zu seinem Fressplatz in der Küche. Ich glaube, Lilli war …", ein dicker Schluchzer hinderte Lola am Weitersprechen. „Ich glaube, sie war ohnmächtig." Jonathan Jones griff nach einem von zwei Rucksäcken:

„Großes Einsatzgepäck und Eile sind geboten. Lola, du rennst nach Hause und schickst mir deine Eltern als Unterstützung. Bleib du dort und pass auf die Kleinen auf."

Ohne die üblichen Schleichwege rannte Jonathan Jones auf direktem Weg zur Küche, obwohl das sehr gefährlich war. Aber jetzt war wirklich Eile geboten.

„Ich muss mir einen Überblick verschaffen, ohne dass El Grande davon Wind bekommt", dachte Jonathan. „Natürlich, die Kabel!" Rund um den Küchentürrahmen war eine Elektroleitung mit kleinen Nägeln festgemacht. Zur Not waren die durchaus als Leitern zu gebrauchen. Gesagt, getan, schon stand der Mäusedetektiv oben und blickte entsetzt auf die Szene in der Küche. Vor seinem voll gefüllten Fressnapf lag zufrieden der Kater, eine Pfote lässig auf die klei-

ne Lilli gelegt, die sich nicht rührte. Voller Verzweiflung wollte Jonathan sich gerade an den Abstieg machen, da sah er, wie die winzige Schwanzspitze von Lilli sich ein klein bisschen bewegte.

„Sie lebt", seufzte er erleichtert, und sofort begann sein Mäusedetektiv-Verstand wie eine gut geölte Maschine zu funktionieren. El Grande schien sich offensichtlich noch nicht entschieden

zu haben, ob er Lilli als Vorspeise vor seinem Katzenfutter oder als Nachtisch verputzen wollte. Aber er könnte sich jede Sekunde für die Vorspeise entscheiden und dann wäre es zu spät.

Blitzschnell holte Jonathan Jones eine merkwürdige Dose mit einem Gummiball als Pumpvorrichtung aus seinem Rucksack. Mit der Dose in der Hand sprang er mit einem lauten Schrei vom Türrahmen direkt vor die Nase des verdutz-

ten Katers. Bevor der wusste, wie ihm geschah, drückte Jonathan auf den Gummiball und eine Pfefferwolke setzte den Kater schachmatt. Leider war auch Jonathan selbst halb betäubt – von der kleinen Lilli ganz zu schweigen. Gerade als er kraftlos versuchte, Lilli unter der Pfote vorzuziehen, hörte Jonathan die tiefe Stimme von Vater Gorgonzola: „Verpass ihm noch eins mit dem Pfefferspray, Jonathan, er wacht auf. Wir kümmern uns um Lilli!" Mit letzter Kraft drückte der Mäusedetektiv direkt vor El Grandes Nase auf den Gummiball. Dann wurde er bewusstlos. Als

er aufwachte, lag er bei Gorgonzolas auf dem Sofa, umringt von vielen neugierigen Mäusekindern. Glücklich bemerkte er Lilli unter ihnen und schloss wieder die Augen. Bevor er wieder einschlief, hörte er noch Mutter Gorgonzolas sanfte Stimme:

„Du hast Lilli gerettet, Jonathan. Aber du hast ein bisschen zu viel von deinem Pfefferspray abbekommen. Der Arzt sagt, du musst jetzt vor allem schlafen. Es wird dich aber freuen zu hören, dass es dem dicken Kater auch nicht viel besser geht als dir."

Wer klaut die Hamstervorräte?

„Beim großen Emmentaler! Walter, das sieht ja schrecklich aus", japste das Mäusemädchen Lola Gorgonzola und griff nach der Hand ihres Freundes Walter, dem Hamster. Die beiden standen in der großen Vorratskammer der Familie Hamster. Ein zufällig vorbeikommender Fremder hätte beim besten Willen nicht sehen können, was in dieser säuberlich aufgeräumten Kammer so schrecklich war, aber Walter sträubten sich vor Entsetzen die Barthaare.

„Schon wieder, Lola! Jetzt sind schon das dritte Mal die ganzen Eichelvorräte verschwunden. So kommen wir Hamster nicht über den Winter, denn es gibt kaum noch etwas einzusammeln."

„Ihr müsst Jonathan holen, Walter, nur der große Mäusedetektiv kann euch noch helfen."

„Was gibt es denn so Dringendes, Lola?", fragte Jonathan Jones freundlich, als die beiden wenig

später aufgeregt in seinem behaglichen Wohnzimmer hinter der Wandvertäfelung standen.

„Das ist mein Freund Walter, Sir, und Walters Familie hat ein großes Problem. Es geht um Leben und Tod."

„Dreimal alle Eicheln gestohlen, das ist wirklich eine schlimme Sache", sagte Jonathan ernst, als Walter mit seiner Erzählung fertig war. „Wer, glaubst du, Walter, konnte dreimal in eure Vorratskammer eindringen?"

„Ehrlich gesagt, Sir, ist es ganz einfach, dort hineinzukommen. Wie Sie wissen, schlafen wir meist tagsüber, und in dieser Zeit ist die Kammer unbewacht. Vielleicht will uns der verfressene Kater eins auswischen, weil er von seinem Frauchen auf Diät gesetzt worden ist."

„Seit wann fressen Katzen Eicheln?", warf Jonathan kopfschüttelnd ein.

Da rief Lola ganz aufgeregt:

„Es muss jemand sein, der auch Eicheln mag und auch Vorräte anlegt, sonst hätte er ja nicht so eine große Menge gebraucht."

„Gut kombiniert", lobte Jonathan, „und wer fällt euch da so ein?"

„Familie Eichhorn, die Eichelhäher und der Siebenschläfer Gert, Sir", zählte Lola auf.

„Genau! Und zwei von denen werden wir jetzt einen kleinen Besuch abstatten", meinte Jonathan und ging zur Tür.

„Wieso nur zweien?", fragte Lola. „Ganz einfach, weil Siebenschläfer Gert wie die Hamsterfamilie tagsüber schläft und erst nachts loszieht."

Zuerst kam die Gruppe am Kobel der Eichhörnchenfamilie vorbei. Neugierig versammelte sich Familie Eichhorn.

„In die Vorratskammer von Walters Familie ist mehrmals eingebrochen worden. Und jedes Mal sind die Wintervorräte gestohlen worden", beginnt Jonathan die Befragung.

„Wie schrecklich!", empörte sich Mutter Eichhorn. „Wie sollen die Armen denn ohne Eicheln über den Winter kommen?"

„Früher herrschte noch Anstand im Williams-Garten", schimpfte Vater Eichhorn. „Aber seit die Eichelhäher sich angesiedelt haben, kann auch ein anständiges Eichhörnchen nicht mehr in Ruhe und Frieden leben. Dreifacher Raub, das ist wirklich skandalös!"

„Ich weiß, das Leben im Williams-Garten ist härter geworden in letzter Zeit, aber ich hätte nicht gedacht, dass ihr als anständige Eichhörnchen kriminell werden würdet, um euch die Wintervorräte zu sichern", unterbrach Jonathan scharf. „Walter und Lola, sucht aus den Vorräten der Eichhörnchen die gestohlenen Eicheln aus und transportiert sie zurück zu Walters Familie."

„Was, zur faulen Nuss, erlaubst du dir, Jonathan", fauchte Mutter Eichhorn, aber Jonathan blieb gelassen. „Ihr habt euch selbst verraten. Ich hatte nicht erwähnt, was gestohlen worden ist, du wusstest aber, dass es Eicheln waren. Und du, Fred Eichhorn, konntest ja wohl kaum wissen, dass dreimal eingebrochen wurde, wenn du es nicht selbst getan hast."

Jonathan warf einen Blick in die Eichhörnchen-Vorratskammer: „Eure Vorräte könnten ja zwei Familien über den Winter bringen. Ich schlage vor, ihr gebt als Wiedergutmachung noch einen Teil Eurer Nüsse an Walters Familie ab."

So kam es, dass mit Jonathans Hilfe doch alle Bewohner des Williams-Garten gut über den Winter kamen.

Das Alibi

Edamer-Edes bürgerlicher Name lautete zwar Eduart von Eichblatt, aber keine Maus im Williams-Haus nannte ihn so. Aus gutem Grund. Der Mäuserich hatte eine Schwäche für Käse aus Holland und tat fast alles, um an diese Delikatesse heranzukommen. Mehrfach hatte ihn Jonathan Jones, der große Mäusedetektiv, deshalb schon festnehmen müssen. Edamer-Ede schreckte beim Besorgen seiner Leib- und Magenspeise nämlich keinesfalls vor fremder Mäuse Speisekammern zurück.

Jetzt lag wieder ein Fall von Käsediebstahl vor, wie Emily Gorgonzola Jonathan Jones soeben berichtete. Sie saß aufgeregt auf der Kante des Sofas in Jonathans gemütlicher Wohnung hinter der Wohnzimmer-Holzvertäfelung im Haus der Familie Williams, und ihre Stimme war noch fiepsiger als sonst:

„Jonathan, du weißt, ich würde niemanden einfach so beschuldigen, aber gestern um ungefähr 10 vor 6 Uhr ging ich in die Speisekammer, um Käse und Körner fürs Abendessen zu holen.

Da war der Käse verschwunden. Ein herrliches Stück Edamer. George hatte es vorgestern unter Einsatz seines Lebens unter dem Esstisch der Williams aufgesammelt. Die Kinder hatten sich schon den ganzen Tag auf den Käse zum Abendbrot gefreut – und jetzt war er weg. Kurz vorher war er noch da. Das weiß ich, weil ich schon mal in der Kammer war, um etwas zu holen.

Da bin ich blitzschnell zum Ausgang gerannt, um den Dieb zu erwischen. Und tatsächlich, da schlendert Edamer-Ede mit einer riesigen Tüte in der Pfote den Gang entlang. ‚He, Ede', habe ich gerufen, ‚gib mir meinen Käse zurück', aber Ede hat nur gelacht und ist winkend weggegangen. Bitte hilf uns, Jonathan, sonst wird Ede immer dreister."

„Und du bist sicher, dass sonst niemand im Gang war?", fragte Jonathan, der Mäusedetektiv, und erhob sich.

„Ganz sicher, Jonathan. Auch die Kinder können den Käse nicht stibitzt haben, da sie auf der anderen Seite gespielt haben."

„Gut Emily, ich fühle Edamer-Ede mal ein bisschen auf den Zahn, aber versprich dir nicht zu viel davon. Du hast ihn ja nicht auf frischer Tat ertappt, und dann ist die Beweislage schwierig."

Jonathan, der Mäusedetektiv, traf Ede in seiner Stammkneipe „Zum ranzigen Käseeck", wo er mit seinem Kumpel Bodo bei einem Wasser mit Schuss saß.

„Jonathan, was führt Sie zu mir? Kann ja nichts Gutes sein, was Bodo?", begrüßte Ede den Detektiv. Jonathan seufzte und setzte sich dazu.

„Bei der überschwänglichen Begrüßung kann ich ja gleich zur Sache kommen, Ede. Emily Gorgonzola ist gestern Abend ein großes Stück Eda-mer aus der Kammer gestohlen worden. Du weißt nicht zufällig was davon?"

„Nein, Herr Detektiv, da muss ich Sie enttäuschen, ich weiß von nichts, was Bodo?"

Jonathan ließ nicht locker: „Du bist aber am Tatort gesehen worden, Ede."

„Kann nicht sein, Sir, um 6 Uhr saß ich hier mit Bodo bei einem kühlen Drink."

„So so, und du kannst das natürlich bestätigen Bodo?"

„Selbstverständlich, Sir", nickte Bodo.

„Ede, du besorgst den Gorgonzolas sofort eine Entschädigung für den geraubten Käse, oder ich rufe die große Mäuseversammlung ein, die über

die Strafen bei schweren Wiederholungsverbrechen gegen Mitglieder der Mäusegesellschaft bestimmt. Du weißt, dass dir dann die Ausweisung aus dem Williams-Haus droht", sagte Jonathan ernst.

„Aber ich habe ein Alibi, Sir Jonathan, eure Mäuseversammlung kann mir gar nichts", entgegnete Ede siegessicher.

„Kein Alibi, Ede", sagte Jonathan leise und wies mit der Pfote auf die Tafel neben der Theke. Dorthin hatte der Wirt mit Kreide geschrieben:

Achtung Stammgäste!

Vorübergehend erst ab 7 Uhr geöffnet.

„Da geht es hin, dein tolles Alibi", sagte Jonathan zu dem verdutzten Ede. „Ich habe den Wirt beim Reingehen gefragt, seit wann die neuen Öffnungszeiten gelten. Und sie gelten schon seit einer Woche. Davon mal abgesehen", sagte er, während er sich erhob, „woher weißt du eigentlich, dass 6 Uhr die Tatzeit war? Ich hatte nur erwähnt, dass der Käse abends gestohlen wurde."

Im Rausgehen wandte er sich noch einmal an Ede: „Weißt du, Ede, ich an deiner Stelle würde nach Holland umziehen, da kannst du dich durch ganze Edamer-Berge durchfuttern!"

Die große Flut

Jonathan Jones, der große Mäusedetektiv, lag bis zur Nase zugedeckt auf seinem Sofa. Dr. Schweizer verabschiedete sich gerade von ihm: „Und Jonathan, wenn ich Bettruhe sage, dann meine ich das auch so. Du bist ernsthaft krank. Also keine unnötigen Aktivitäten."

„Ja, ja", brummelte Jonathan und war schon wieder eingeschlafen. Deshalb glaubte er zunächst zu träumen, dass er die fiepsige Stimme seiner Assistentin Lola Gorgonzola hörte:

„Wachen Sie auf Sir! Großer Alarm ist ausgerufen. Eine Flutwelle kommt vom Bad auf die anderen Zimmer zu. Alle Mäuse müssen aus den Wohnungen hinter der Holzvertäfelung raus und in den Garten. Sir! Bitte, wachen Sie auf!"

„Was sagst du?" – Langsam dämmerte Jonathan, dass dies kein Fiebertraum, sondern die Wirklichkeit war.

„Wir haben großen Katastrophenalarm!", rief das Mäusemädchen und half Jonathan vom Sofa hoch. Im Rausgehen griff der Detektiv noch nach seinem großen Einsatzrucksack. Auf dem Gang trafen sie jede Menge rennender und kreischender Mäuse, alle auf dem Weg zum Garten.

„Das Wasser kommt!", riefen sie. „Bringt euch in Sicherheit!" Dem kranken Jonathan fiel das

Rennen schwer, trotzdem versuchte er noch unterwegs genaue Informationen zu bekommen:

„Wisst ihr, was genau los ist?", fragte er Lola. „Ja, ein Spähtrupp hat alles herausgefunden. Vater Williams hat sich ein Bad einlaufen lassen und es dann vergessen. Jetzt läuft das Wasser über den Rand der Wanne und hat schon den Flur erreicht."

Jonathan Jones blieb stehen und rief: „Wir müssen den Stöpsel rausziehen, damit unsere Wohnungen verschont bleiben." Er wandte sich um, aber er war zu schwach, um den Plan selbst auszuführen. Er konnte sich ja kaum auf den Pfoten halten. Zudem war er kein guter Schwimmer. Verzweifelt zuckte er mit der Schwanzspitze und schloss sich den Fliehenden an. Im Garten war ein Flüchtlingslager hinter dem Komposthaufen entstanden.

„Rüdiger! Das ist die Lösung!", rief Jonathan plötzlich, als er die junge Ratte an der Gartenmauer entdeckte. Er winkte Rüdiger zu sich heran und erklärte ihm den Grund der Aufregung. „Was wir jetzt brauchen, ist ein geschickter Schwimmer. Jemanden wie dich. Ich weiß, du trainierst seit Monaten täglich im Verein „Gartenstarker Rettungsschwimmer". Heute ist der Ernstfall gekommen. Meine Mäusefreunde hier suchen ihr Heil zurecht in der Flucht, wir sind zu klein. Aber du bist stark genug, durchs Wasser zu schwimmen und den Stöpsel aus der Wanne zu ziehen." Rüdiger wollte sofort losstürmen. „Halt, du nimmst mich natürlich auf deinen Rücken, ich lasse dich doch nicht allein bei diesem gefährlichen Einsatz!" Jonathan krallte sich im Nackenhaar der Ratte fest, ehe irgendwer protestieren konnte, und schon ging es los.

212

Am Anfang des Flures floss erst wenig Wasser gemächlich in Richtung Wohnzimmer. Rüdiger musste noch nicht schwimmen. Dennoch keuchte er schwer beim Rennen gegen den Strom. Aber das Wasser wurde immer höher, und schließlich, kurz vorm Bad, verlor Rüdiger den Boden unter den Füßen. Zum Glück hatte Vater Williams die Badezimmertür aufgelassen, registrierte Jonathan.

„Aufs Telefonschränkchen und von dort einen Weitsprung aufs Waschbecken", rief er Rüdiger zu, der sofort das Schränkchen erklomm. Knapp gelang ihm der Sprung zum Becken. Hier musste Jonathan zurückbleiben, denn nun gab es nur einen Weg: Rüdiger Ratte musste den Sprung in die randvolle Wanne wagen, zum Stöpsel hinabtauchen und ihn herausziehen. Jonathan beobachtete die tapfere Ratte vom Waschbeckenrand aus. Mehrfach musste Rüdiger tauchen, bis es

ihm gelang, den Stöpsel zu ziehen. Doch dann geriet er in den Strudel des schnell abfließenden Wassers und schaffte es nicht mehr aufzutauchen. Geistesgegenwärtig holte Jonathan das lange Seil aus seinem Einsatzrucksack und befestigte das eine Ende am Wasserhahn. Das andere Ende warf er Rüdiger zu, der es ergriff und sich zum Beckenrand ziehen konnte.

Völlig erschöpft schliefen beide hinter einem Stapel Handtücher ein. Sie erwachten, als sie die Stimmen der Williams hörten:

„Meine Güte, John, wie kannst du so vergesslich sein. Gott sei Dank ist das Wasser noch nicht bis ins Wohnzimmer gelaufen. Aber ich kann einfach nicht verstehen, wie sich der Stöpsel selbst wieder rausgezogen hat!" Zufrieden grinsten sich die Ratte und der Mäusedetektiv an und traten auf Schleichwegen den Rückzug an.

Rüdiger Ratte unter Verdacht

„Jetzt geht endlich zur Seite und lasst mich durch, ich bin im Einsatz!", rief Jonathan Jones wütend und schob energisch mehrere schaulustige Mäuse und Igel zur Seite. Eine kleine Schar neugieriger Spatzen hüpfte von selbst aus dem Weg, und gab dem berühmten Mäusedetektiv so den Blick auf eine Gruppe aufgebrachter Mäuse und Igel frei, die eine junge Ratte umzingelt hatten. Das Gekreische war ohrenbetäubend. Jonathan hob die Pfote und sprach einen Igel direkt an:

„Was ist hier los, Kasimir? Warum haltet ihr Rüdiger Ratte fest?" Schlagartig wurde es still und man hörte kurze Zeit nur Rüdiger Rattes leises Schluchzen. „Die Ratte hat schon wieder die Hängematte aus dem Igelkindergarten geklaut. Jetzt ist Schluss! Die Ratte muss gehen. Wir dulden sie nicht mehr hier."

„Jetzt mal Schritt für Schritt", unterbrach Jonathan den Redeschwall des aufgebrachten Igels, „du meinst die große Schaukelmatte aus geflochtenem Blattwerk auf dem Igelspielplatz, ist das richtig?"

„Ja, genau, die hat der Schuft doch letztes Jahr schon mal geklaut, um damit ein Segel für sein Borkenboot zu bauen. Du hast ihn doch damals selbst überführt, Jonathan. Der Fall ist sonnenklar. Die Ratte muss weg."

„Hast du die Schaukelmatte genommen, Rüdiger?", wandte sich der Mäusedetektiv streng an die Ratte.

„Nein, hab ich nicht", antwortete Rüdiger trotzig. „Ich wars letztes Jahr und ich habs ja auch zugegeben, aber diesmal hab ich die Matte nicht genommen."

„Wann ist die Matte denn weggekommen, Kasimir?"

„Vorgestern haben wir sie zum letzten Mal gesehen. Gestern bei dem Sturm war ja kein Igel draußen. Deshalb ist es erst heute morgen aufgefallen, dass die Schaukelmatte weg ist. Aber was tut das zur Sache? Wann sie geklaut wurde, ist ja egal, Hauptsache, wir wissen, wer es war." Zustimmendes Gemurmel und vereinzelter Applaus waren zu hören, den Jonathan scharf unterbrach:

„Warum seid ihr euch denn da so sicher. Ihr scheint keine Beweise zu haben, außer das Rüdiger schon einmal so etwas getan hat. Habt ihr den Tatort untersucht?"

„Nein", gab Kasimir schon kleinlauter zu.

„Dann wollen wir das mal nachholen", sagte Jonathan mit Nachdruck und holte im Gehen eine große Lupe aus seinem Einsatzrucksack.

An der Stelle angekommen, wo normalerweise die schöne Matte zwischen zwei Pfosten hin- und herschwang, betrachtete er mit der Lupe jedes Fleckchen Boden, ohne eine Spur zu entdecken. Das war aber auch schwierig, da der Sturm der letzten Nacht Äste, Zweige und Laub durch die Gegend gewirbelt und so alle Spuren verwischt hatte.

„Hab ich's mir doch gedacht", hörten die umstehenden Tiere den gewieften Mäusedetektiv schließlich sagen, als der gerade das lose baumelnde Reststück Seil betrachtete, an dem die Matte aufgehängt war. „Komm mal bitte her", winkte Jonathan Jones den Igelsprecher zu sich heran. „Siehst du das Stück Seil hier?"

„Klar sehe ich das. Da hat die Ratte es abgenagt, das sieht doch jeder."

„Eben nicht", antwortete Jones. „Wenn du genau hinschaust, siehst du, dass dieses Seil abgerissen und nicht abgenagt ist. Rattenzähne trennen sauber durch, hier ist das Ende aber ausgefranst. Was schließt du daraus?"

„Na, dann muss er das Seil wohl abgerissen haben", entgegnete Kasimir ungehalten „wie er es gemacht hat, ist doch wirklich egal, Jonathan."

„Du bist nicht offen für alle Möglichkeiten, Kasimir! Dir fällt nur Rüdiger als Täter ein, weil du ihm nicht wirklich verziehen hast. Dabei hat er seine Tat bereut und, wie du weißt, gebüßt. Er hat doch, wie abgesprochen, beim Laubzusammentragen für die Igelüberwinterungsplätze geholfen, nicht wahr?"

„Ja, das hat er", musste Kasimir einräumen, „aber du siehst doch …"

„Ich sehe nichts, was auf Rüdiger hindeutet", unterbrach Jonathan erneut. „Ich möchte wetten, die Matte ist vom gestrigen Sturm losgerissen und durch die Luft irgendwohin gewirbelt worden. Schickt Suchtrupps aus, und ihr werdet sie finden. Eine Gruppe Igel, eine Schar Spatzen und Mäuse sollten reichen. Ich bleibe solange bei Rüdiger."

Es dauerte nicht mal eine Stunde, da kehrte der Igelsuchtrupp zerknirscht mit der Schaukelmatte zurück. „Die Spatzen haben sie hoch oben in der Eberesche gefunden. Es war tatsächlich der Sturm", berichtete Kasimir. Jonathan guckte den Igelsprecher auffordernd an.

„Rüdiger", fuhr Kasimir daraufhin zögernd fort und wandte sich an die erleichterte Ratte, „es tut uns Leid. Wir haben dich beschuldigt, ohne wirklich nachgedacht zu haben. Entschuldigung, das war wirklich unfreundlich von uns."

„O. k.", strahlte Rüdiger Ratte. „Entschuldigung angenommen. Und danke Sir Jonathan, dass Sie mir aus dem Schlamassel geholfen haben."

Die große Gefahr

„Beim großen Emmentaler, das darf ja wohl nicht wahr sein!", fluchte der berühmte Mäusedetektiv. „Wenn man den verfressenen Kater einmal braucht, dann ist er nicht da, sondern mit Herrchen und Frauchen in die Sommerferien gefahren." Seine Assistentin Lola Gorgonzola, die Jonathan Jones die schlechte Nachricht überbracht hatte, dass ein Mauswiesel dabei war, sich im Garten einzunisten, sah ihn erstaunt aus ihren schwarzen Mäuseaugen an:

„Was hat denn der Kater mit dem Mauswiesel zu tun?" Jonathan erklärte ihr, dass Katzen für Mauswiesel genauso gefährlich sind, wie eben diese Mauswiesel für Mäuse, Vögel und andere kleine Tiere.

„Deshalb wäre es gut, wenn der lästige Kater jetzt hier wäre und dem Mauswiesel zeigen würde, dass der Williams-Garten sein Revier ist. Aber wir können nicht warten, bis El Grande in drei Wochen aus dem Urlaub zurückkommt. Bis dahin hätte das Wiesel schon einige unserer Freunde auf dem Gewissen. Wir müssen handeln. Und zwar sofort."

Entschlossen rief Jonathan zur Mittagsstunde die große Versammlung aller Tiere ein. Alle, auch die Tiere, die normalerweise tagsüber schliefen,

wurden zusammengetrommelt und versammelten sich hinter dem Komposthaufen. Noch bevor die Sonne unterging, hatte der große Rat beschlossen, noch heute Nacht zu handeln und das Mauswiesel schon bei seiner ersten nächtlichen Pirsch durch den großen Garten zu überraschen.

Als sich die Dämmerung über den Garten senkte, hatten die Amseln, Spatzen und Finken, die Igel, Hamster Walter und seine Familie, Rüdiger Ratte und natürlich die große Mäusegemeinschaft ihre Positionen bezogen. Lange blieb alles still. Aber dann ertönte leise der vereinbarte Pfiff von Amsel Jenny. Die Jagd hatte begonnen.

Lautlos schlich das Mauswiesel durch die dunkle Nacht und erkundete den Garten. Es witterte Mäuse und folgte dieser verlockenden Spur. Am Fuß der Eberesche wurde der Geruch immer

deutlicher. Verwirrt schaute das Mauswiesel nach oben. „Mäuse wohnen doch nicht auf Bäumen", dachte es, aber der Geruch kam eindeutig von oben. In diesem Moment sprang eine große Schar mutiger Mäuse mit lautem Gekreische von einem niedrigen Ast direkt auf das Wiesel zu. Die Bungee-Seile aus dünnen Weidenästen waren Jonathans Idee gewesen und bewährten sich prima.

Erschrocken floh das Wiesel auf die große Hecke zu. Es wollte sich verkriechen und in Ruhe verstehen, was eben passiert war. Aber gerade als es in der Hecke verschwinden wollte, versperrte ihm ein langer, stacheliger Wall überraschend den Weg. Die Igel hatten eine Kette gebildet. Das Wiesel zuckte zurück. Jetzt wollte es nur noch in seinen Unterschlupf zurück. Geschickt rannte es über Stock und Stein. Sein Weg wurde genau von den Vögeln verfolgt. Aber sein Unterschlupf hatte sich verändert. Fleißige Mäuse hatten in der Zwischenzeit das Dach weggetragen.

Verblüfft schaute das Wiesel sich um. In diesem Garten ging es doch nicht mit rechten Dingen zu. An diesem Punkt seiner Überlegungen trafen das Wiesel eine Eichel am Schwanz und eine am Rücken. Walter Hamster und Rüdiger Ratte schauten zufrieden auf ihre Schleudern und legten die nächste Eichel ein. Aber das war gar nicht mehr nötig, denn das Mauswiesel machte sich schon über die Gartenmauer davon. „In diesen Garten setze ich keine Pfote mehr", murmelte es zu sich und verschwand in der Nacht.

In diesem Moment brach im Williams-Garten ein unbeschreiblicher Jubel los. Mäuse tanzten mit Hamstern und Igeln, und die Vögel sangen alle im Chor. Ein größeres Fest hatte es im Williams-Garten nicht mehr gegeben, seit Rüdiger Ratte die große Flut besiegt hatte.

„Wo ist eigentlich unser verschlafener Gert?", fragte Jonathan gerade Emily Gorgonzola, als sie eine Stimme hörten:

„Wann geht's denn endlich los? Zeigt mir das Wiesel, damit ich ihm eins auf die Nase geben kann!" Fröhliches Lachen begrüßte Gert, den Siebenschläfer, der verlegen in die Runde blinzelte: „Ihr habt doch nicht ohne mich angefangen?"

Selina
die Wassernixe

Doris Jäckle

Die Reise zum großen See

In einem kleinen Teich, gleich hinter der Biegung des Flusses, da ist Selina zu Hause. Selina ist eine kleine Wassernixe. Eines Morgens, als Selina aufwachte, war sie ganz aufgeregt. Es war der erste Ferientag, und Selina hatte eine große Reise vor sich. Sie durfte die Ferien bei ihrem Onkel Tang, dem Wassermann, verbringen. Herr Tang, der Wassermann, lebte in einem großen See am anderen Ende des Flusses.

Der Weg war viel zu weit für die kleine Nixe. Deshalb wartete Selina ungeduldig auf Frau Blau, die Bachforelle. Frau Blau hatte versprochen, die kleine Nixe zu dem großen See zu bringen. Als Frau Blau endlich kam, schnappte Selina ihr Reiseköfferchen. Rasch kletterte sie auf den Rücken der Forelle. Sie konnte es kaum erwarten bis die Reise losging.

„Ich bin fertig!", rief die kleine Nixe.

„Gut!", sagte Frau Blau, „Dann halt dich gut an mir fest." Und schon schwamm die Forelle mit der kleinen Nixe auf dem Rücken davon. Sie schwammen hinaus in den Fluss. Selina hatte noch nie ihren kleinen Teich verlassen. So groß hatte sie sich den Fluss nicht vorgestellt. Bald kamen ein paar neugierige Fische herbei. Manche Fische begleiteten Frau Blau und Selina ein Stück. Und so wurde es Selina auf der Reise nicht langweilig.

Manchmal, wenn Frau Blau den Kopf aus dem Wasser streckte, konnte Selina sogar über das Ufer schauen. Da sah sie Wiesen mit bunten Blumen und sie konnte sich nicht satt sehen an der großen weiten Welt.

„Reisen ist schön!", jubelte die kleine Nixe auf dem Rücken der Forelle.

Die beiden hatten schon einen weiten Weg hinter sich, als Frau Blau in einen kleinen Bach abbog.

„Wir sind bald da!", rief Frau Blau, die Forelle, und begann etwas schneller zu schwimmen. Doch plötzlich hielt sie so rasch an, dass die kleine Nixe beinahe von ihrem Rücken gepurzelt wäre.

„Was ist denn los?", fragte Selina überrascht. Direkt vor ihnen versperrte eine Wand aus Zweigen und dicken Ästen den Weg im Bach.

„Das war doch bestimmt wieder dieser Biber!", schimpfte Frau Blau.

In diesem Moment blickte die kleine Nixe Selina in ein riesiges Maul mit großen spitzen Zähnen. Sie erschrak so sehr, dass sie schnell die Augen schloss. Vielleicht träumte sie ja nur? Vorsichtig machte sie die Augen wieder auf. Aber die spitzen Zähne waren immer noch da. Und das große Maul grinste sie an.

„Du brauchst keine Angst zu haben, Selina. Das ist nur der Herr Wildbolz, der Biber", sagte Frau Blau.

Dann schaute die Forelle den Biber böse an. „Und du Tagedieb machst sofort dieses Hindernis, deinen Biberdamm, da weg", schimpfte sie. „Wir wollen zum großen See."

Herr Wildbolz, der Biber, lachte. Dabei blitzten noch mehr spitze Zähne in seinem großen Maul.

„Erst will ich sehen, was in dem Köfferchen der kleinen Nixe ist. Vielleicht kann ich ja etwas davon brauchen?"

„Das ist mein Koffer!", protestierte Selina. „Lass bloß deine Pfoten weg." Eigentlich hatte Selina Angst vor dem großen braunen Biber. Aber das wollte sie ihm nicht zeigen. Herr Wildbolz aber lachte nur wieder und griff nach Selinas Köfferchen. Blitzschnell wich Frau Blau aus und schwamm ein wenig zurück.

„Festhalten!", rief sie der kleinen Nixe auf ihrem Rücken zu. Dann nahm sie Anlauf, wurde immer schneller und sprang mit einem Satz in die Höhe. Sie sprang über den Biberdamm hinweg. Auf der anderen Seite des Dammes landete sie wieder im Wasser. Herr Wildbolz, der Biber, schaute verdutzt den beiden nach und ärgerte sich.

Frau Blau aber schwamm zufrieden mit Selina weiter zum großen See. Es war eine wirklich lange Reise und die kleine Nixe wurde müde.

„Da vorn ist der See", sagte Frau Blau. „Wir sind gleich da." Aber Selina waren schon die Augen zugefallen. Sie lag auf dem Rücken der Forelle und schlief. Und während Frau Blau sie sicher zu dem See brachte, träumte die kleine Nixe von Abenteuern mit neuen Freunden, die im großen See auf sie warteten.

Ankunft im großen See

„Sie kommt! Sie kommt! Selina, die kleine Nixe, kommt!" Aufgeregt schlug die Ente Ernestine mit den Flügeln und platschte im Sturzflug ins Wasser.

„He! … Kannst du nicht aufpassen?", quakte Oskar, der Frosch. Ernestine hatte den Frosch mit ihren großen Watschelfüßen beinahe von seinem großen Seerosenblatt heruntergeschmissen.

„Entschuldige, Oskar. Aber ich habe es eilig." Ernestine, die Ente, holte tief Luft und tauchte bis auf den Grund des Sees. Dort wohnt Herr Tang, der Wassermann, in einem prächtigen Wasserschloss.

„Selina kommt!", rief Ernestine. Herr Tang lief schnell vor das Tor seines Schlosses. Er freute sich auf den Besuch von Selina. Es war das erste Mal, dass die kleine Nixe ihn in seinem See besuchte.

Inzwischen war die kleine Nixe Selina in dem großen See angekommen. Sie saß noch immer auf dem Rücken von Frau Blau, der Bachforelle und schlief. Frau Blau hatte die kleine Nixe den ganzen Weg der Reise auf dem Rücken getragen.

„Hallo, Selina", rief sie der kleinen Nixe zu, „wach auf, wir sind da!" Die kleine Nixe rieb sich verschlafen die Augen. Als Selina das prächtige Schloss sah, glaubte sie noch zu träumen. So ein schönes Schloss gab es zu Hause in ihrem Teich nicht. Sie machte die Augen fest zu und dann wieder auf. Nein, sie träumte nicht. Vor dem Tor stand ihr Onkel, der Wassermann. Mit beiden Händen winkte er ihnen zu.

„Willkommen in unserem See!", rief Herr Tang, der Wassermann. Selina konnte es kaum erwarten, ihren Onkel Tang zu begrüßen. Sie wollte nicht warten, bis Frau Blau, die Forelle, vor dem Schlosstor stehen blieb. Ungeduldig rutschte sie von ihrem Rücken herunter und landete direkt auf Oskar, dem Frosch.

„Aua!", rief der Frosch und machte einen Sprung zur Seite. Er rieb sich sein Hinterteil, und die Ente Ernestine musste heftig lachen.

„Tut mir Leid", sagte die kleine Nixe, „ich wollte dir nicht wehtun."

„Tut nicht weh!", quakte Oskar, der Frosch. „Aber Ernestine soll aufhören, mich auszulachen."

„Schon gut", sagte die Ente und hielt sich grinsend den Schnabel zu.

„Kommt mit ins Schloss!", sagte Herr Tang. „Ich lade euch alle zu einem Imbiss ein. Wir wollen Selinas Ankunft feiern." Oskar, Ernestine und Frau Blau nahmen die Einladung gerne an. Nach dem Essen verabschiedete sich Frau Blau, die

Forelle. Am Ende der Ferien würde sie die kleine Nixe wieder abholen. Auch für die Ente und den Frosch wurde es Zeit, wieder an die Oberfläche des Sees zu schwimmen.

Herr Tang zeigte der kleinen Nixe ihr Zimmer, damit sie sich von der Reise ausruhen konnte. Selina legte sich auf das blaue Himmelbett. Sie betrachtete das hübsche Zimmer mit den goldfarbenen Vorhängen am Fenster.

Plötzlich sah sie am Fenster einen riesigen Fischkopf, der zu ihr ins Zimmer schaute.

„Wer bist du denn?", fragte Selina erstaunt.

„Man nennt mich ‚Herr Zack'", sagte der Fisch. „Und du bist sicher die Nixe Selina, die ihre Ferien hier verbringen will."

„Woher weißt du das?", fragte Selina. „Neuigkeiten sprechen sich im See schnell herum", sagte

Herr Zack. „Ich bin übrigens ein Hecht und der schnellste Fisch im See."

„Na und? Ich bin die schnellste Nixe zu Hause in meinem Teich!", rief Selina.

„Dann lass uns doch um die Wette schwimmen!", sagte der Hecht und grinste böse. Selina sprang aus dem Bett. Sie schwamm durch das Fenster und hinter dem Hecht her. Sie schwammen zwischen Felsen hindurch und an dunklen Höhlen vorbei. Herr Zack schwamm immer schneller. Plötzlich verschwand er im dichten Schilfgras. Die kleine Nixe rief nach dem Hecht. Aber der ließ sich nicht mehr blicken. Selina schwamm hin und her und suchte nach dem

Weg zurück ins Schloss. Aber sie verirrte sich immer mehr. Erschöpft setzte sie sich auf eine große Muschel und war ganz traurig.

„Was machst du denn da?", quakte eine bekannte Stimme neben ihr. Selina blickte neben sich. Da saß Oskar. Vor Freude fiel Selina dem Frosch um den Hals und küsste ihn. Oskar wurde ganz verlegen und bekam einen roten Kopf.

„Ich bin auch noch da!", schnatterte die Ente Ernestine. Der Frosch und die Ente brachten die kleine Nixe wohlbehalten zurück ins Schloss. Jetzt war Selina sehr müde. Und beim Einschlafen dachte sie glücklich an ihre neuen Freunde Oskar und Ernestine.

Selina und die Hexe Muschelkalk

Es war noch früh am Morgen. Die meisten Fische schliefen noch. Nur Selina, die kleine Nixe, war schon wach. Sie hüpfte munter durch das Schloss, das tief unten im großen See lag. Es war ihr erster Ferientag in dem See bei ihrem Onkel, dem Wassermann. Vielleicht würde er heute mit ihr durch den großen See schwimmen. Herr Tang, der Wassermann, aber hatte keine Zeit.

„Geschäfte", sagte Herr Tang, „wichtige Geschäfte. Aber morgen vielleicht."

So machte sich die kleine Nixe allein auf den Weg. Der See war viel größer als ihr kleiner Teich zu Hause. Hinter einem Stein schaute ein Goldfisch hervor. Er rieb sich den Schlaf aus den Augen. Als er die kleine Nixe sah, schwamm er davon. Selina schwamm hinter ihm her, bis sie zu einer dunklen Höhle kam. Vor der Höhle lagen unzählige Muscheln. Die Muscheln hüteten in ihrem Inneren kostbare Perlen. Sie sperrten gerade ihre Mäuler auf und ließen sich vom Wasser ihre Perlen putzen. Selina stellte sich vor, wie eine Halskette aus solch prächtigen Muschelperlen an ihrem Hals aussehen würde.

Neugierig schwamm sie in die Höhle und blieb staunend vor einer riesigen Muschel stehen. Die Muschel war so riesig, dass die kleine Nixe nicht über sie hinwegsehen konnte. Aber leider konnte sie auch nicht hineinsehen, denn die Muschel war geschlossen. Zu gerne hätte sie gewusst, ob in der Riesenmuschel auch eine riesige Perle ist.

Plötzlich bewegte sich die Muschel. Sie öffnete sogar ihr Maul ein wenig. Aufgeregt hielt sich die kleine Nixe am Muschelmaul fest und schaute hinein. Doch statt einer Perle sah sie zwei blitzende grüne Augen. Vor Schreck ließ sie das Muschelmaul los und fiel auf den Boden. „Aua!", rief die kleine Nixe.

„Das hast du nun davon!", hörte sie eine schadenfrohe Stimme aus dem Inneren der Muschel krächzen. „Man schaut nicht neugierig in fremde Wohnungen."

„Entschuldigung!", rief Selina. „Ich wusste nicht, dass man in einer Muschel wohnen kann."

„Siehst du doch!", rief die Stimme aus der Muschel.

„Und wer bist du?", fragte die kleine Nixe. Da schaute ein verschlafenes Gesicht mit zotteligen Haaren aus der Muschel heraus.

„Ich bin eine Wasserhexe und heiße Muschelkalk", sagte das Gesicht.

„Ich heiße Selina", stellte sich die kleine Nixe freundlich vor.

„Weiß ich doch", sagte die Hexe Muschelkalk. „Du bist hier in Ferien bei Herrn Tang, dem Wassermann. So was spricht sich in unserem See schnell herum." Die Hexe klappte die Muschel ganz auf und stieg heraus. Sie hatte ein blaues Kleid mit vielen kleinen Sternen darauf an. Auf dem Kopf trug sie einen verbeulten grünen Hut.

„Wenn du eine Hexe bist, dann kannst du bestimmt zaubern, oder?", fragte Selina.

„Klar kann ich zaubern", sagte die Hexe. Und weil sie gerade gut gelaunt war, holte sie ihren bunten Zauberstab aus der Muschel. Sie hielt den Zauberstab vor den Mund und sprach leise einen

Zauberspruch. Selina sperrte ihre Ohren auf, soweit sie konnte. Aber sie konnte nicht verstehen, was die Hexe ihrem Zauberstab zuflüsterte. Die Hexe wirbelte den Zauberstab dreimal im Kreis herum. Dann zog sie eine rosafarbene Perle aus ihrem Ärmel. Stolz hielt sie die Perle vor die Nase der kleinen Nixe. „So eine hübsche Perle", sagte Selina entzückt.

„Möchtest du sie haben?", säuselte die Hexe Muschelkalk.

„Ja!", rief die kleine Nixe. „Schenkst du sie mir?"

„Nein!", sagte die Hexe forsch. „Aber vielleicht hast du ja etwas zum Tausch anzubieten?"

„Ich habe aber nichts", sagte Selina und zeigte ihre leeren Hände. Da sah die Hexe Selinas Ring mit dem leuchtenden roten Stein an ihrem Finger.

„Gib mir deinen Ring", sagte sie.

„Nein. Den Ring habe ich geschenkt bekommen. Und ein Geschenk gibt man nicht weiter", sagte die kleine Nixe.

„Dann kriegst du auch die rosa Perle nicht", sagte die Hexe. Und dann verschwand die Hexe blitzschnell in der Muschel und klappte sie wieder zu. Selina klopfte auf das Dach der Muschelwohnung der Hexe. Aber die Hexe Muschelkalk ließ sich nicht mehr blicken.

„Dann eben nicht!", schmollte die kleine Nixe und zog davon.

Während sie durch das klare Wasser schwamm, schillerte ihr Ring schöner als je zuvor. Und Selina war froh, dass sie ihn der Hexe Muschelkalk nicht gegeben hatte. Zufrieden kehrte sie von ihrem Ausflug zurück zum Schloss des Wassermanns.

Die Glasmurmel

Die kleine Nixe Selina saß mit ihren Freunden am Boden des großen Sees. Sie erzählten sich gegenseitig Geschichten. Selina saß neben der Ente Ernestine, und beide hörten gespannt dem Frosch zu. Oskar, der Frosch, erzählte gerade, wie er das Quaken gelernt hatte. Dabei hüpfte er übermütig hin und her und verzog sein Gesicht zu lustigen Grimassen. Ernestine und Selina mussten heftig lachen, und alle drei hatten viel Spaß dabei. Oskar öffnete gerade sein breites Maul so weit er konnte und rief lauthals „Quaaak". In diesem Moment fiel von oben ein großes rundes Ding herab. Es landete geradewegs auf Ernestines Watschelfüßen.

„Auaaa ... Aua ... Aua ... ", schnatterte die Ente. Oskar aber hatte in seinem Eifer gar nicht bemerkt, dass der Ente etwas auf den Fuß gefallen war. Deshalb quakte er fröhlich weiter, während die Ente nicht aufhörte zu schnattern.

„Seid still! Das ist ja ein grässliches Frosch-Enten-Konzert", rief die kleine Nixe und hielt sich die Ohren zu. Da hörten Ernestine und Oskar mit ihrem Gequake und Geschnatter auf.

Selina bückte sich. Das große runde Ding, das nun vor ihnen auf dem Seeboden lag, war eine Kugel aus Glas. Sie schillerte in den unterschied-

lichsten Farben. Selina hatte noch nie so eine schöne Glaskugel gesehen.

„Was ist das?", fragte die kleine Nixe.

„Keine Ahnung", antwortete der Frosch.

„Das ist eine Glasmurmel", sagte die Ente. Sie war mächtig stolz darauf, dass sie etwas wusste, von dem der Frosch und die Nixe keine Ahnung hatten.

„Woher weißt du das?", fragte Oskar.

„Die Menschenkinder spielen damit. Ich habe es gesehen", sagte Ernestine.

Die kleine Nixe konnte sich nicht satt sehen an der bunten Glasmurmel.

„Du kannst sie behalten", sagte die Ente. „Was die Menschen in den See werfen, wollen sie meistens nicht mehr haben."

„Ja", sagte Oskar, „du kannst die Glasmurmel ruhig nehmen. Ich brauche sie auch nicht." Da

hatte der Frosch ein wenig geflunkert. Denn eigentlich gefiel ihm die bunte Glaskugel sehr. Auch die Ente hätte die bunte Murmel am liebsten mitgenommen. Aber die Ente und der Frosch gaben ihrer neuen Freundin die Murmel gerne. Selina freute sich. Sie drehte die bunte Murmel in den Händen herum und betrachtete sie von allen Seiten.

In diesem Augenblick kam die Hexe Muschelkalk des Weges. Als sie die schillernde Glasmurmel sah, streckte sie gierig ihre Finger nach ihr aus.

„Das ist meine Kugel!", log die Wasserhexe. „Gib sie mir!" Aber der Frosch und die Ente kannten die Hexe Muschelkalk nur zu gut. Sie wussten, dass die Hexe log.

„Wenn ihr mir die Murmel nicht gebt, dann zaubere ich jedem von euch eine lange Nase ins Gesicht", drohte die Hexe. Die kleinen Nixe erschrak furchtbar. Die Ente und der Frosch aber hatten keine Angst.

„Du kannst doch gar nicht zaubern", lachten die beiden.

Da zog die Hexe Muschelkalk ihren Zauberstab aus der Tasche. Sie flüsterte ihm etwas zu und schwang ihn dreimal im Kreis herum. Aber nichts geschah. Keiner der drei Freunde bekam eine lange Nase. Da ärgerte sich die Hexe so sehr, dass sie sich schnell auf und davon machte. Die Ente, der Frosch und Selina aber waren froh.

Am Abend, als die kleine Nixe in ihr Himmelbett kroch, betrachtete sie glücklich ihre Glasmurmel. Da begann sich die Kugel plötzlich zu drehen, und die Farben in der Glasmurmel fingen an zu tanzen. Dann hörte die kleine Nixe Selina ein leises Murmeln. Das Murmeln war so leise, dass nur die kleine Nixe es hören konnte. Tatsächlich murmelte ihr die farbenfrohe Glasmurmel bunte Geschichten ins Ohr. Die kleine Nixe lauschte zufrieden dem Murmeln der Glaskugel, bis ihr vor Müdigkeit die Augen zufielen.

Die Räuber

„Was für ein schöner Morgen!", sagte Herr Tang, der Wassermann. Die kleine Nixe Selina setzte sich zu ihrem Onkel an den Frühstückstisch. Selina legte die bunte Glasmurmel auf den Tisch, die sie gestern im See gefunden hatte.

„Das ist aber eine besonders schöne Murmel", sagte der Wassermann.

„Ich werde gut auf sie aufpassen", sagte die kleine Nixe.

Vor der Tür stand die Wasserhexe Muschelkalk und lauschte. Die Hexe war immer noch wütend, weil die kleine Nixe ihr gestern die Glasmurmel nicht gegeben hatte.

„Ich muss diese Murmel haben", sagte die Hexe. Dann machte sie sich auf den Weg zu Herrn Wildbolz, dem Biber. Unterwegs traf sie Herrn Zack, den Hecht.

„Ich schlage euch ein Geschäft vor", sagte die Hexe. Und sie erzählte den beiden von der bunten Glasmurmel.

„Wer mir die Murmel bringt, der darf sich etwas wünschen. Für den lasse ich meinen Zauberstab einmal tanzen", versprach die Hexe.

Herr Wildbolz, der Biber, runzelte die Stirn. „Wenn du zaubern kannst, warum zauberst du dir die Glasmurmel nicht einfach herbei?"

„Weil … weil … ", stotterte die Hexe, „weil eine Hexe für sich selbst nichts herbeizaubern kann." Die Hexe war froh, dass ihr diese Ausrede eingefallen war.

„Aber wenn ich dir die Murmel bringe, dann kannst du für mich etwas zaubern?", fragte der zögernde Hecht.

„Klar", log die Hexe. Denn nicht immer gehorchte ihr der Zauberstab.

Jetzt hatten der Biber und der Hecht es sehr eilig. Sie schwammen beide zum Schloss des Wassermanns. Jeder wollte der Erste sein, der die Glasmurmel stehlen und der Hexe bringen würde. Die Hexe Muschelkalk rieb sich die Hände und kicherte. Dann machte auch sie sich auf den Weg zum Wasserschloss. Sie versteckte sich im Schlossgarten und wartete.

Als der Biber und der Hecht zum Schloss des Wassermanns kamen, saß die kleine Nixe auf der Schlosstreppe. Sie wartete auf ihre Freunde, die Ente und den Frosch. Dabei spielte sie mit der bunten Glasmurmel. Plötzlich rollte die Murmel

davon und hüpfte die Stufen der großen Treppe hinunter. Als der Biber die Murmel sah, sprang er mit einem Satz auf die Treppe. Er wollte gerade nach der Murmel greifen, als auch der Hecht danach schnappte. Da stießen die beiden mit der Nase zusammen, und die Murmel rollte davon.

„Aua!", rief der Biber. „Pass doch auf!"

„Geh mir aus dem Weg!", schimpfte der Hecht. Und dann stritten die beiden und begannen miteinander zu raufen. Dabei machten sie so einen Lärm, dass Herr Tang, der Wassermann, aus seinem Schloss kam. Als er hörte, dass die beiden Raufbolde die Glasmurmel der kleinen Nixe Selina stehlen wollten, wurde er sehr zornig. Der Wassermann schimpfte so laut, dass selbst die Wellen des großen Sees aufgeregt über das Ufer flüchteten. Auch die Hexe Muschelkalk schlich sich vorsichtshalber nach Hause.

Der Wassermann überlegte, was er mit den beiden Räubern machen sollte. Bald hatte er eine Idee. Der Wassermann hatte sich nämlich schon lange über den Müll geärgert, den ein paar dumme Menschen in seinen See geworfen hatten.

So kam es, dass der Biber und der Hecht den Müll im See aufsammeln mussten. Auch die Hexe musste mithelfen, den See aufzuräumen. Denn der Biber und der Hecht hatten verraten, dass sie die Murmel für die Hexe stehlen sollten.

„Warum zauberst du den Müll nicht einfach weg?", fragte der Biber die Hexe. Aber die Hexe Muschelkalk hatte ihren Zauberstab zu Hause vergessen. Darüber war die Hexe recht froh. Denn sie kannte keinen Zauberspruch zum Müll aufräumen. Und sie wollte sich nicht schon wie-

der blamieren.

In der Zwischenzeit saß die kleine Nixe mit ihren Freunden, der Ente und dem Frosch, vor dem Schloss. Gemeinsam spielten sie mit der Murmel. Am Abend war der See aufgeräumt. Der Wassermann war zufrieden. Der Biber, der Hecht und die Hexe waren müde von der schweren Arbeit. Aber nun freuten sie sich auch darüber, dass ihr See wieder sauber war.

Da lud Herr Tang, der Wassermann, alle zu einem Fest ein. So feierten der Wassermann, die kleine Nixe, der Frosch und die Ente zusammen mit der Hexe, dem Biber und dem Hecht fröhlich bis in die Nacht hinein. Die Menschen draußen am Seeufer aber wunderten sich über den großen Müllberg, der neben dem See lag.

Ein Lied für den Mond

Die keine Nixe Selina war schon seit einigen Tagen in den Ferien bei ihrem Onkel Tang, dem Wassermann. Selina gefiel es sehr gut in dem großen See. Aber heute hatten ihre Freunde, der Frosch und die Ente, keine Zeit zum Spielen.

„Mir ist so langweilig", sagte die kleine Nixe.

„Hm!", sagte der Wassermann und überlegte, wie er Selinas Langeweile vertreiben könnte. „Komm mit!", rief Herr Tang, der Wassermann, und schon lief er durch sein Wasserschloss. Selina hatte Mühe ihm zu folgen, denn der Wassermann hatte es sehr eilig.

Sie kamen an eine prachtvolle Tür, die mit glänzenden Muscheln übersät war. Der Wasser-

mann tat sehr geheimnisvoll. Dann öffnete er die Tür, und Selina bekam vor lauter Staunen kein Wort heraus.

„Das ist meine Schatzkammer", sagte der Wassermann stolz. „Eine Kammer voll mit kostbaren Dingen. Ich habe sie alle in meinem See gefunden. Sieh dir nur alles an, dann wird deine Langeweile bald verschwinden." Dann eilte er davon, um seine Geschäfte zu erledigen.

Selina schaute sich in der Kammer um. Da lagen eine Gießkanne, ein alter Stiefel, eine Uhr und Blechdosen in allen Größen herum. Auch ein Fahrrad, ein Kochtopf, ja sogar eine Brille, eine Brieftasche und vieles mehr.

„Was soll ich mit dem alten Kram?", murrte Selina. Sie wollte gerade wieder zur Tür hinaus, als sie in einer Ecke eine Harfe stehen sah. „Was ist das denn für ein Ding?", rief sie. Neugierig strich sie mit ihren Fingern über die Saiten der Harfe. Da hörte sie wunderbare Töne. „Pling, pling, pling", tönte die Harfe.

„Wie schön das klingt", sagte die kleine Nixe. Sie zupfte nochmals an den Saiten. „Pling, pling." Selina gefiel das so gut, dass sie mit ihren Fingern der Harfe immer mehr Töne entlockte. Es dauerte nicht lange, da wurden aus den Tönen kleine Melodien. Die kleine Nixe spielte vergnügt auf der Harfe und vergaß darüber die Zeit. Sie übte den ganzen Tag, und ihre Langeweile hatte sich längst davon gemacht.

Als Herr Tang, der Wassermann, am Abend die kleine Nixe suchte, saß sie immer noch an der Harfe und spielte.

„Die Harfe hat einmal ein unbegabter Musiker vor Wut in unseren See geworfen. Seitdem liegt sie hier und wartet darauf, dass jemand auf ihr spielt", sagte der Wassermann. „Und mir scheint, die Harfe hat genau auf dich gewartet." Der Wassermann war stolz auf seine Nichte, die kleine Nixe. Denn niemand sonst im See konnte bisher so schön auf der Harfe spielen. Der Wassermann beschloss, dass alle im See hören sollten, wie schön Selina auf der Harfe spielen konnte. Deshalb schleppte er noch am selben Abend die große Harfe hinauf zu der Seerosenbucht. In der Dunkelheit stellte er sie auf ein riesiges Seerosenblatt. Selina freute sich sehr.

„Ich will auf der Harfe ein Lied für den Mond spielen", sagte die kleine Nixe. Und schon ließ sie ihre Finger über die Saiten gleiten, und es erklang eine zarte Melodie.

Der Mond stand oben am Himmel und hatte alles beobachtet. Er sah hinab auf den See und spiegelte sich mit Wohlgefallen auf dem Wasser. Die Musik gefiel ihm so gut, dass er auf dem See zusammen mit den Wellen zu tanzen begann.

Da streckten die Fische neugierig ihre Köpfe aus dem Wasser. Als sie den Mond auf dem Wasser tanzen sahen, begannen auch sie, sich im Rhythmus zu bewegen. Schon bald kamen auch die Mücken in Scharen und tanzten im Mondlicht über dem See. Auch die Wasserhexe Muschelkalk wollte nicht fehlen und tanzte mit ihrem Zauberstab von einem Seerosenblatt zum anderen. Natürlich schauten auch Herr Wildbolz, der Biber, und Herr Zack, der Hecht, nach, was da los war. Nur die Ente Ernestine war zu müde zum Tanzen. Sie saß bei Oskar, dem Frosch, am Ufer. Oskar konnte nämlich nicht tanzen, aber das wollte er nicht zugeben. „Keine Lust!", sagte er deshalb, als die Hexe Muschelkalk gerade vorbeikam und ihn zum Tanzen aufforderte.

Doch plötzlich quakte Oskar ganz aufgeregt: „Ein Mensch kommt! Ein Mensch kommt!" Im selben Augenblick verstummten die Harfentöne, und alle verschwanden wieder im Wasser. Alles war ruhig und nur der Mond spiegelte sich noch still im See.

Der verlorene Zauberstab

Die kleine Nixe Selina schwamm mit ihren Freunden durch den großen See. Da hörten sie ein lautes Jammern und Schluchzen.

„Wer weint denn da so fürchterlich?", fragte Ernestine, die Ente.

„Keine Ahnung. Ich sehe niemand", antwortete Oskar, der Frosch.

„Ich glaube, das kommt von dahinten", sagte Selina. Sie zeigte zu den dunklen Höhlen.

„Kommt, lasst uns schauen, wer da weint", sagte Oskar. Dann schwammen die drei zu den Höhlen.

„Hierher!", rief der Frosch und blieb vor einer großen Teichmuschel stehen. „Das Weinen kommt aus der Teichmuschel", sagte Oskar. „In der Muschel wohnt die Hexe Muschelkalk", sagte Ernestine.

„Hallo, Muschelkalk", rief die kleine Nixe, „warum weinst du?" Die Wasserhexe öffnete die Teichmuschel und streckte den Kopf heraus.

„Ich kann meinen Zauberstab nicht mehr finden!", jammerte sie. „Mein Zauberstab ist weg. Einfach weg", heulte die Hexe.

„Na und? Ist doch nur ein kleiner Holzstab", sagte die Ente.

„Du verstehst das nicht!", rief die Hexe. „Mein Zauberstab ist nicht irgendein Holzstab. Er ist etwas Besonderes. Eben ein Zauberstab!", schluchzte die Hexe. „Ohne einen Zauberstab kann eine Hexe nicht zaubern."

„Wenn das so ist", sagte der Frosch, „dann brauchst du ihn ja nicht. Du kannst ja sowieso nicht zaubern."

„Das ist gemein, was du da sagst", zischte die traurige Hexe.

„Lass gut sein, Muschelkalk", versuchte Selina die Hexe zu beruhigen. „Und du, Oskar, könntest dich ruhig entschuldigen. Das war wirklich nicht nett", sagte sie zu dem Frosch.

„Gut. Ich entschuldige mich", brummte der Frosch kleinlaut. „Aber stimmen tut's doch", flüsterte er der kleinen Nixe zu. „Ich habe noch nie gesehen, dass der Hexe ein Zauber wirklich gelungen ist."

„Egal!", sagte die kleine Nixe. „Wir müssen der Hexe helfen, dass sie ihren Zauberstab wiederbekommt. Damit sie nicht mehr traurig ist."

„Vielleicht hat ja jemand den Zauberstab gestohlen?", schnatterte die Ente.

„Ja!", rief die Hexe. „Bestimmt hat jemand meinen wertvollen Zauberstab gestohlen. Vielleicht Herr Wildbolz, der Biber."

„Aber warum sollte er das tun?", fragte Selina, die kleine Nixe.

„Um darauf herumzunagen", sagte die Hexe. „Oder für seinen Biberdamm."

„Der hat doch genug Zweige, Äste und sogar kleine Baumstämme, um seine Biberdämme zu bauen", sagte Ernestine, die Ente.

„Dann war es der Hecht, dieser Räuber."

„Herr Zack, der Hecht? Warum denn?", fragte Selina. „Hat er nicht auch versucht, dir die Glasmurmel zu stehlen?", sagte die Hexe.

„Ja", gab Selina zu. „Aber nur, weil du die Murmel haben wolltest, und er und der Biber sie für dich stehlen sollten."

„Das war wohl ein Eigentor, was?", spottete der Frosch und grinste die Hexe triumphierend an.

„Dann warst du es! Der Frosch ist der Dieb!", schrie die Hexe und sprang aufgeregt aus ihrem Muschelhaus heraus.

„Jetzt hör aber auf!", rief die Ente.

„Da, schau doch, wie er mit seinem breiten Maul grinst. Bestimmt ist darin mein Zauberstab. Mach dein Maul auf!", schrie die Hexe.

„Wie du willst!", sagte der Frosch. Er machte sein Maul weit auf. „Bäääh!", rief er und streckte seine Zunge heraus. Das machte die Hexe noch wütender. Sie wollte gerade schimpfen, als sie bemerkte, dass die kleine Nixe verschwunden war.

„Wo ist Selina?", rief sie.

„Hier!" Die Nixe schaute fröhlich aus der Teichmuschel heraus. „Du solltest dein Haus mal ordentlich aufräumen."

„Was geht dich mein Haus und meine Unordnung an?", schimpfte die Hexe. Da zeigte die kleine Nixe den Zauberstab.

„Den habe ich unter deinem Bett zwischen einer Kaffeetasse und einem Schuh gefunden. Du solltest wirklich mal aufräumen."

„Dann ist dein Zauberstab ja gar nicht gestohlen worden", sagte Ernestine zu der Hexe. „Das war aber nicht richtig, andere als Diebe zu beschuldigen."

„Ihr habt Recht!", sagte die Hexe Muschelkalk. Dann nahm sie ihren Zauberstab und stellte sich vor den Frosch. „Tut mir sehr Leid!", sagte sie. Und dann versprach sie dem Frosch, ihm einen Wunsch zu erfüllen. „Sobald ich mit dem Zauberstab richtig zaubern kann", fügte sie vorsichtshalber hinzu.

„Das kann wohl noch eine Weile dauern", sagte der Frosch und lachte. Aber alle waren froh, dass die Hexe Muschelkalk ihren Zauberstab wiederhatte. Denn nun musste sie nicht mehr so schrecklich weinen.

Dann schwammen die drei Freunde vergnügt zurück zum Wasserschloss.

Der Wettbewerb

Die Nixe und der Frosch warteten ungeduldig auf ihre Freundin, die Ente Ernestine. Da landete Ernestine schnatternd im Wasser.

„Wo warst du denn so lange?", fragte Selina. „Ich war bei den Menschen im Dorf", sagte Ernestine. „Stellt euch vor", schnatterte sie, „die Menschen haben ihre Häuser geschmückt. Jeder wollte sein Haus schöner schmücken als der andere. Am Ende waren alle Häuser viel schöner

als zuvor", erzählte die Ente. „Warum machen die Menschen so etwas?", fragte Oskar, der Frosch.

„Weil das am schönsten geschmückte Haus einen Preis bekommen hat", erklärte die schlaue Ernestine. „Und nun feiert das ganze Dorf ein großes Fest!"

„Feste feiern ist schön!", rief Oskar begeistert. „Was die Menschen können, das können wir auch!", sagte die kleine Nixe.

„Wir?", fragte Ernestine ungläubig.

„Klar!", sagte Selina. „Wir sagen allen Bewohnern im See, dass sie ihre Wohnplätze schmücken sollen. Und wer seinen Platz am schönsten schmückt, der bekommt einen Preis."

„Oh ja!", rief der Frosch. „Und am Ende gibt es ein tolles Fest."

„Prima!" Ernestine schnatterte vor Vergnügen. Dann schwammen die drei Freunde zu Herrn Tang, dem Wassermann. Selina erzählte ihrem Onkel, dem Wassermann, von ihrer Idee.

„Gut! Das machen wir!", sagte der Wassermann. Dann schickte er seinen Schlossboten, den flinken Goldfisch, mit der Neuigkeit durch den großen See.

Bald darauf putzten und schmückten die Seebewohner eifrig ihre Wohnplätze. Herr Wildbolz, der Biber, nagte an den Ästen, Zweigen und Baumstämmen seiner Biberburg herum. Er wechselte schäbige Zweige aus und baute sogar ein neues Eingangstor vor seine Burg. Oben auf das Tor band er einen Blumenschmuck aus Seelilien.

Herr Zack, der Hecht, wohnte in einem alten Stiefel. Der Hecht betrachtete die großen ausgefransten Löcher in dem Stiefel. Herr Zack wollte wie alle anderen im See den Preis für den schönsten Wohnplatz bekommen. Er überlegte, ob er nicht einfach eine andere Behausung stehlen sollte. Der Hecht grinste böse. Aber ihm fiel niemand ein, der eine Wohnhöhle hatte, die groß genug für einen Hecht war. Außerdem würde man einem Räuber wohl keinen Preis geben. Also begann er, die Löcher im Stiefel mit Fäden aus Schlingpflanzen zu flicken. Dann griff er nach dem herunterhängenden Schuhbändel und band es zu einer Schleife. Dabei äugte er immer wieder

zu seiner Nachbarin, der Wasserhexe Muschelkalk, hinüber.

Auch die Hexe Muschelkalk setzte alles daran, den Preis für den schönsten Wohnplatz zu bekommen. Sie setzte sich vor die Teichmuschel, in der sie wohnte. Dann schwang sie ihren Zauberstab herum und flüsterte ihm einige Zaubersprüche zu. Die Hexe wünschte sich, dass sie die Teichmuschel in ein schmuckes Stück verzaubern könnte. Aber der Zauberstab gehorchte ihr wieder einmal nicht. Und zähneknirschend musste sie die Unordnung in ihrer Wohnung selbst aufräumen. Danach hörte man sie lauthals schimpfen, während sie mit einem Schwamm die Außenfassade der Muschel abschrubbte. Als sie mit Putzen fertig war, legte sie noch einen Teppich aus weißen Kieselsteinen vor ihr Zuhause. Auch alle anderen Seebewohner hatten ihre Wohnplätze geschmückt.

„Und nun?", fragte der Wassermann die drei Freunde. „Wer soll nun den Preis für den schönsten Wohnplatz bekommen?" Die kleine Nixe, der Frosch und die Ente schauten ihn erschrocken an.

„Auweia!", riefen sie gleichzeitig. Denn darüber hatten sie sich keine Gedanken gemacht. Und wer sollte sagen, welcher Seebewohner seinen Platz am schönsten geschmückt hatte?

„Nun lasst den Kopf nicht hängen", sagte Herr Tang, der Wassermann. „Eure Idee war jedenfalls gut!" Der Wassermann lächelte. „Schaut her, der See war noch nie so schön geschmückt. Unser See ist nun der schönste See in der ganzen Umgebung." Der Wassermann freute sich so sehr darüber, dass er alle Seebewohner zu einem Fest einlud. Bald darauf kamen Herr Wildbolz, der Biber, Herr Zack, der Hecht, die Hexe Muschelkalk und

alle anderen Seebewohner zu dem Fest. Auch Selinas Freunde, der Frosch und die Ente, kamen, um mit der kleinen Nixe und dem Wassermann zu feiern. Und niemand war böse darüber, dass es keinen Preis gab. Denn letztlich freuten sich alle , dass sie in dem allerschönsten See zu Hause waren. Und das feierten sie fröhlich bis tief in die Nacht hinein.

Der Schatz im See

„Lasst uns etwas spielen!", sagte Selina zu ihren Freunden.

„Prima!", rief Oskar, der Frosch.

„Ich weiß etwas!", schnatterte Ernestine, die Ente. „Selina und ich verstecken uns und du musst uns suchen."

„Wieso ich?", protestierte Oskar. „Ich will mich auch verstecken."

„Du kommst auch noch dran", beruhigte Ernestine den Frosch. „Einer muss eben den Anfang machen. Nachher wechseln wir ab."

„Meinetwegen", quakte Oskar. Er hielt sich die Augen zu und begann zu zählen. Schnell verschwand Ernestine im dichten Schilfrohrfeld und versteckte sich.

Die kleine Nixe kannte sich noch nicht so gut aus in dem See. Sie hatte keine Ahnung, wo die besten Verstecke waren. So schwamm sie einfach gerade aus, dann links an einem riesigen Felsstein vorbei. Dahinter entdeckte Selina eine Höhle. Neugierig schaute sie hinein. Da drinnen war es sehr dunkel. Vorsichtig wagte sie sich ein Stück in die düstere Höhle.

Plötzlich kamen aus dem Dunkel zwei böse funkelnde Augen auf sie zu. Die kleine Nixe erschrak so sehr, dass sie stolperte und der Länge nach hinfiel. Hinter ihr hörte sie ein gefährliches Zischeln. Auch vor ihr und neben ihr zischelte es. In der düsteren Höhle konnte die kleine Nixe aber nichts erkennen. Sie wünschte, sie wäre nie in diese unheimliche Höhle hinein geschwommen. Wenn wenigstens Oskar und Ernestine hier wären. Doch statt ihrer Freunde waren auf einmal viele funkelnde Augen um sie herum und glotzten sie garstig an.

„Zisch ab!", fauchte plötzlich eine drohende Stimme aus dem Dunkel. Dann sah die kleine Nixe direkt vor sich eine Wasserschlange. Sie zischelte mit ihrer langen Zunge gefährlich vor Selinas Nase herum. Die kleine Nixe bekam mächtig Angst.

„Weißt du nicht, dass man nicht in fremde Höhlen schwimmen darf? Dass dunkle Höhlen gefährlich sind?", zischelte die Schlange. „Und nun hau ab! Du hast hier nichts zu suchen!"

„Nein!", sagte die kleine Nixe mit fester Stimme, damit die Schlange ihre Angst nicht bemerkte. „Ich bin zu Besuch bei meinem Onkel Tang, dem Wassermann. Und deshalb darf ich genauso hier sein wie du", rief sie der Schlange zu.

„Ach, dann bist du wohl die kleine Nixe Selina", sagte die Schlange schon etwas freundlicher.

„Woher weißt du das?", fragte Selina. „In unserem See gibt es keine Geheimnisse. Außer …", die Schlange machte eine Pause, „außer dem Geheimnis, das ich hier bewache."

„Was für ein Geheimnis?", fragte die kleine Nixe überrascht.

„Das werde ich dir nicht erzählen", sagte die Wasserschlange.

„Ich will es aber wissen!", rief die kleine Nixe. Doch die Schlange blieb stumm. Da schwamm Selina schnell aus der Höhle und ins Schloss zu dem Wassermann. Dort fragte sie ihren Onkel, den Wassermann, so lange, bis er endlich nachgab.

„Also gut. Ich werde dir das Geheimnis zeigen", sagte er und schwamm mit der kleinen Nixe zu der Höhle.

Als die Schlange Herrn Tang, den Wassermann, sah, schlich sie zur Seite und machte den Höhleneingang frei. Selina schwamm vorsichtshalber dicht hinter dem Wassermann in die Höhle hinein. Denn die Höhle war wirklich sehr dunkel. Am Ende der Höhle sah die kleine Nixe etwas glitzern und funkeln.

„Was ist das?", fragte sie.

„Das ist ein uralter Schatz", sagte der Wassermann. „Vor vielen hundert Jahren hat ihn ein König in den See geworfen. Er musste ihn verstecken. Und weil das Versteck so gut war, hat er den Schatz einfach hier gelassen. Das ist aber schon so lange her, dass die Menschen irgendwann vergessen haben, dass hier ein Schatz liegt."

„Warum sagt es ihnen niemand?", fragte Selina. „Weil sie dann den Schatz suchen würden. Die Menschen kämen mit großen Baggerschaufeln. Sie würden den ganzen See kaputtmachen, nur um den Schatz zu finden." Jetzt verstand die kleine Nixe, warum der Schatz ein Geheimnis bleiben musste. Schließlich hatten die Menschen ja auch keine Ahnung davon, dass es Nixen, Wasserhexen oder gar Wassermänner gibt.

„Ich werde das Geheimnis auch keinem Menschen verraten", versprach die kleine Nixe.

„Das ist gut so!", sagte der Wassermann zufrieden. „Aber warum warst du heute eigentlich an der Höhle?"

„Ach, du liebe Zeit!", rief die kleine Nixe. Denn auf einmal war ihr eingefallen, dass Oskar, der Frosch, sie sicher schon lange suchen würde.

Abschied vom großen See

Die Ferien der kleinen Nixe Selina gingen zu Ende. Ihr Onkel, der Wassermann, hatte ein Abschiedsfest für die kleine Nixe vorbereitet. Alle Bewohner des großen Sees waren eingeladen. Am Abend sollte das Fest beginnen. Der Mond hatte versprochen, in der Nacht mit seinem hellen Licht den See zu erleuchten.

Endlich war es soweit. Der Mond blieb auf seiner Wanderung am Himmel über dem See stehen. Mit seinem hellen Glanz brachte er Licht in den großen See. Herr Tang, der Wassermann, hatte eine festliche Tafel mit allerlei Schlemmereien vorbereitet. Selina hatte sich für das Fest besonders hübsch gemacht. In ihrem Haar steckte eine weiße Seerose.

Schon kamen die ersten Gäste. Ernestine, die Ente, kam gemeinsam mit Oskar, dem Frosch. Die beiden hatten ihrer Freundin Selina ein besonderes Geschenk mitgebracht. Tagelang hatten sie ein Abschiedslied für die kleine Nixe eingeübt. Und nun quakten und schnatterten sie gemeinsam so laut, dass man es im ganzen See hören konnte. Auch Herr Wildbolz, der Biber, und Herr Zack, der Hecht, kamen pünktlich zu dem Fest.

„Ich komme auch noch", rief die Wasserhexe Muschelkalk von weitem. Denn sie hatte sich ein bisschen verspätet. Die Hexe hatte nämlich noch lange zu Hause in ihrem Durcheinander nach der rosafarbenen Perle gewühlt.

„Hier", sagte die Hexe Muschelkalk zu der kleinen Nixe, „diese Perle hat dir doch so gut gefallen. Ich schenke sie dir." Die kleine Nixe

Selina war glücklich, und bald waren alle in fröhlicher Feststimmung.

Auf einmal wurde es ganz dunkel im See.

„Was ist los?", rief der Wassermann und schaute aus dem Wasser hinauf zum Mond. Dann sah er das Unheil. Zwei dicke schwarze Wolken hatten sich vor den Mond geschoben. So konnte der Mond mit seinem Licht den See nicht mehr erleuchten.

„Geht weg!", sagte der Mond.

„Puste uns doch weg, wenn du kannst!", spotteten die schwarzen Wolken und lachten den Mond aus.

„Tut mir Leid", rief der Mond Tang, dem Wassermann, zu, „aber gegen die Wolken kann ich nichts tun!"

„Lasst mich mal durch!" Die Hexe Muschelkalk drängelte sich zwischen den Festgästen hindurch. Sie hüpfte auf ein großes Seerosenblatt. „Ich werde die Wolken wegzaubern. Dann haben wir unser Mondlicht wieder und können weiterfeiern."

„Du kannst doch gar nicht zaubern!", rief der Frosch. „Das wissen wir doch alle!" Die Hexe hörte, wie die anderen im See lachten.

„Ich tue es nur für unsere kleine Nixe!", rief sie. Dann flüsterte sie ihrem Zauberstab etwas zu und wirbelte ihn dreimal durch die Luft. Da machten sich die Wolken in Windeseile davon, und das Mondlicht schien wieder auf den See.

„Hurra!", rief die Hexe. „Hurra!" Denn es war das erste Mal, dass ihr solch ein Zauber gelungen war. Und vor Freude hüpfte sie auf dem Seerosenblatt herum. Sie tanzte so wild, dass sie herunterpurzelte und in den See plumpste. Jetzt lachten wieder alle. Aber dieses Mal lachte die Hexe mit. Die Seebewohner feierten und tanzten noch bis tief in die Nacht hinein. Auch der Mond tänzelte in seinem silbernen Kleid auf den kleinen Wellen des Sees.

Am nächsten Morgen kam die Forelle, Frau Blau, in den See. Sie holte Selina ab, um sie wieder nach Hause zu bringen. Denn für die kleine Nixe war der Weg zu dem Teich am anderen Ende des Flusses zu weit.

„Vergiss die Glasmurmel nicht!", rief ihr Onkel, der Wassermann.

„Vergesse ich nicht!", sagte Selina. Sie nahm die bunte Glaskugel, die sie im See gefunden hatte, und drückte sie der Hexe Muschelkalk in die Hand.

„Die schenke ich dir. Du wolltest sie doch so gerne haben." Da freute sich die Hexe sehr.

„Wenn du einmal einen Wunsch hast", sagte sie zu der kleinen Nixe, „dann brauchst du es mir nur zu sagen. Du weißt ja, ich kann zaubern!"

„Ja, mach' ich. In den nächsten Ferien, wenn ich wiederkomme", sagte Selina und lachte.

Dann stieg sie auf den Rücken der Forelle und hielt sich fest. Sie winkte allen ihren Freunden zu und Frau Blau, die Forelle, schwamm los. Herr Tang, der Wassermann, Oskar, der Frosch, Ernestine, die Ente, Herr Wildbolz, der Biber, und Herr Zack, der Hecht, winkten ihr nach. Nur die Hexe Muschelkalk winkte nicht. Sie wirbelte den Zauberstab in der Luft herum und wünschte sich, dass die kleine Nixe Selina bald wiederkommen würde.

Fred
der Zauberlehrling

Luise Wiese

Der Grimassen-Zauber

Folgte jemand im großen Gebirge der gewaltigen Berosta-Bergkette westwärts, stieß er mit etwas Glück nach etwa vier Tagen auf einen Turm. Einsam und wenig einladend erhob er sich auf einem Felsplateau. Jeder Wanderer, der in dieses unwegsame Gelände kam, fragte sich zweifellos, ob der Turm wohl bewohnt sein mochte. Außer natürlich von den Raben, die sich auf seiner Spitze häuslich eingerichtet hatten.

Doch so gut wie nie kam jemand vorbei, und so blieb es unbemerkt, dass zwei Menschen in dem seltsamen Gebäude lebten, das zwar Fenster, jedoch keine Türen hatte.

Einer der beiden Bewohner war Fred. Seit seinem siebten Geburtstag war der Junge derart rasch gewachsen, dass er Schwierigkeiten hatte, seine langen Arme und Beine zu bewegen, ohne dabei zu stolpern oder etwas umzuwerfen. Aber das war ihm egal, denn er wollte kein guter Läufer oder Werfer werden.

„Ich bin ein Zauberlehrling", sagte Fred auch diesen Morgen trotzig zu Polli, seiner Katze, „und Zauberlehrlinge müssen üben." Polli verdrehte die Augen. Die Katze wusste, mit diesem Satz fingen immer Schwierigkeiten an.

Aber es stimmte: Fred war in dem Turm, um das Zaubern zu lernen. Und wo es einen Zauberlehrling gab, musste auch ein Meister da sein, der ihn unterrichtete. Doch dem ging Fred gerade aus dem Weg.

Leise eilte er mit seiner Katze die Treppe herunter, auf dem Weg zu einem Raum mit einem großen Spiegel. Wie immer etwas ungelenk, aber entschlossen, seinen Plan umzusetzen. In einem alten Buch hatte er Bilder von Männern gesehen, die auf einer weit entfernten Insel im Meer lebten und ihre Feinde mit wilden Grimassen so sehr erschrecken konnten, dass diese sofort davonliefen.

Polli miaute fragend, als sie den Raum betraten. „Natürlich habe ich es", flüsterte Fred und zog ein altes Buch aus seinem dunklen Zaubererumhang hervor, „das wird ein Riesenspaß." Schnell schlug Fred das Buch auf und suchte sich von den dortigen Bildern das mit der grässlichsten Grimasse aus. Die besorgten Blicke von Polli beachtete Fred nicht, als er nun versuchte, die Grimasse nachzuahmen.

Anfangs wollte es gar nicht klappen, doch dann war er mit dem Ergebnis zufrieden. Fred wiederholte die Grimasse und sagte den Zauberspruch auf, den er am Abend zuvor gelernt hatte: „Dorrida, alles, was sich im Spiegel zeigt, bleibt nun, wie es ist, Dorrido."

Welch ein Erfolg. Ohne, dass er sich Mühe geben musste, blieb die wilde Grimasse in Freds Gesicht. In diesem Augenblick kam Marling, der Rabe, ans Fenster geflattert.

„Raaah," rief er erschrocken, „was ist denn mit dir passiert, Fred. Geht es dir nicht gut?" Fred war ein wenig enttäuscht, dass sich Marling ganz offensichtlich nicht wirklich fürchtete.

„Das ist eine wilde Grimasse, mit der ich alle Feinde in die Flucht schlagen werde", erklärte Fred, doch da sein Mund völlig verrenkt war, hörte sich bei ihm Grimasse wie „iahhä" an. Marling, der kein Wort verstanden hatte, hob bedauernd die Flügel.

„Wie auch immer, ich wollte dir nur sagen, dass dein Meister auf der Suche nach dir ist. Er kommt gerade die Treppe herauf."

„Aaahs?", rief Fred erschrocken und von Polli kam ein ängstliches Miauen, als sie unter ein Bett sprang. In diesem Moment fiel Fred ein, dass er vergessen hatte, auch den Spruch zu lernen, mit dem der Zauber wieder aufgehoben wird.

„Was im Namen der Ranunkel ...", rief Albertini, der Zaubermeister, überrascht aus, als er kurz darauf den Raum betrat. Der Zauberer mit dem schwarzen Bart sah streng zu Fred hinüber, dessen Kopf mit seinem Umhang umwickelt war, und der mit ausgestreckten Armen im Raum umherirrte.

„Raah, raah, Fred übt gerade den Orientierungszauber", rief Marling schnell vom Fenster her. „Ihr wisst schon, womit man sich auch bei völliger Dunkelheit überall zurechtfinden kann."

„So so", brummelte Albertini, „dann will ich ihn mal üben lassen." Dann sah er das Grimassen-Buch auf dem Tisch liegen.

„Ach, das habe ich gesucht." Nach einem kurzen Blick zum Spiegel packte der Zaubermeister das Buch ein und ging zur Tür. „Bevor ich es vergesse", drehte er sich dort noch einmal um, „ein guter Zauberspruch in der Nähe von Spiegeln ist ‚Dorrida, Retorno, Dorrido'."

„Er hat es gemerkt, er hat es gemerkt und den Umkehrzauber gesprochen", lachte der Rabe, als der Zaubermeister gegangen war, „du kannst den Umhang wieder abnehmen."

Doch als Fred erleichtert seinen Zauberlehrlingsmantel vom Kopf wickelte, stellte er erschrocken fest, dass die Grimasse unverändert war.

In diesem Augenblick ging die Tür auf, und das zerfurchte Gesicht des Zaubermeisters blickte noch einmal in den Raum: „Habe ich eigentlich eben erwähnt, dass der Spiegel-Zauberspruch erst nach drei Tagen wirkt?"

Und als er sich jetzt umwandte und endgültig ging, glaubte Polli ein kleines Lächeln beim Zaubermeister entdeckt zu haben.

Murmeltier

Langsam wurde es Morgen über jenem Turm, in dem der Zaubermeister Albertini und sein Lehrling Fred lebten. Zusammen mit dem Raben Marling und seiner Katze Polli brach Fred früh auf, um im nahe gelegenen Schläfer-Tal ein Murmeltier zu fangen. Was Fred mit dem Tier wollte, daraus machte er ein großes Geheimnis. Nicht einmal Polli oder Marling hatte er eingeweiht. „Ich bin ein Zauberlehrling, und Zauberlehrlinge müssen üben." Mehr war ihm wieder mal nicht zu entlocken.

Zaubermeister Albertini mochte keinen überraschenden Besuch. Eigentlich mochte er überhaupt keinen Besuch, weshalb der Turm zwar Fenster, jedoch keine Türen hatte. Also mussten Fred und Polli die lange Wendeltreppe zum Dach hinaufsteigen, wo sie Marling schon erwartete: „Dass ihr immer so langsam sein müsst."

Der Zauberlehrling und die Katze stiegen in einen Korb und der Junge rief: „Dorrida, Abwärts, Dorrido". Blitzschnell wurden Fred und seine Katze von der Zauberseilwinde herabgelassen, und wenig später waren sie schon auf dem Weg ins Schläfer-Tal, wo die großen Familien der Murmeltiere zu Hause sind.

Murmeltiere einzufangen ist nicht schwer, das wusste Fred. Er grub ein kleines Loch und legte eine Handvoll Klicker in die Nähe. Nach wenigen Minuten waren alle erwachsenen Murmeltiere damit beschäftigt, die Klicker mit ihren Nasen ins Loch zu schnippen, wobei deren Kinder sie wild anfeuerten. Fred griff sich ein Murmeltier. Das hielt jedoch anklagend zwei Klicker hoch.

„Ich lag gerade in Führung. Nur noch ein Treffer …"

„Ich habe eine wichtige Aufgabe für dich", antwortete Fred, „und wenn alles vorbei ist, erhältst du zur Belohnung ein besonderes Exemplar von meinen selbst gemachten Klickern."

Der große Zaubermeister Albertini pflegte nach dem Mittagessen ein Schläfchen zu halten, bei dem er nicht gestört werden wollte. Dementsprechend war er sehr ungehalten, als ihn an diesem Tag viel zu früh eine klagende Stimme weckte.

„Helft mir Meister", rief sie, „ich habe eine große Dummheit gemacht." Natürlich, dachte Albertini, wer anders als sein Lehrling konnte das sein. Doch als er die Augen öffnete, stand auf dem Tisch ein Murmeltier.

„Was soll das denn …", begann Albertini entrüstet, doch das Murmeltier unterbrach ihn mit Freds Stimme, die jetzt sehr dünn aus dem kleinen Mund klang:

„Ich wollte einen Verwandlungszauber ausprobieren. Nur ganz kurz. Aber jetzt kann ich mich nicht mehr zurückverwandeln." Mit einem kurzen Pfeifen hob das Murmeltier Fred seine Pfoten.

„Schöne Bescherung, raah", krächzte Marling von einem der offenen Fenster.

„Eigentlich sollte ich dich einige Tage als Murmeltier herumlaufen lassen. Naja, über Strafarbeiten sprechen wir später." Der Zauberer erhob sich aus seinem Bett und ging auf das Murmeltier zu. „Dürfte ja nicht allzu schwer sein", brummte er. Er murmelte einen Zauberspruch – doch

nichts geschah. Albertini versuchte es mit einem zweiten Zauberspruch. Wieder passierte nichts. So erging es ihm auch mit den nächsten dreien.

„Da soll mich doch der Alb holen", rief er, „hab ich denn das Zaubern verlernt?" Eine Stunde lang probierte der große Zaubermeister alle Magie aus, die er beherrschte. Aber das Murmeltier verwandelte sich nicht in Fred zurück.

Als er gerade sein Zauberbuch holen wollte, sah Albertini zwei verräterische Schuhspitzen hinter dem Tisch hervorragen. Mit einem Satz war er dort. Fast völlig verborgen von der Tischdecke saßen Fred und Polli auf dem Boden und konnten sich vor Lachen nicht mehr halten.

„April, April."

Jetzt erst erinnerte sich Albertini, dass heute der erste April war. Wütend stürmte er aus dem Zimmer: „So eine Kinderei."

Bevor er draußen war, wandte er sich noch kurz an das Murmeltier: „Dass du da mitgemacht hast. Schämen solltest du dich." Das Murmeltier grinste frech.

„Eigentlich habe ich es ja für einen neuen Klicker getan. Aber viel besser war Euer erstauntes Gesicht, als der Zauber nicht klappte." Damit verschwand das Murmeltier schnell vom Tisch, bevor der Zauberer es jetzt wirklich verwandeln konnte.

Küchenzauber

Von ein paar Kleinigkeiten abgesehen war Fred ein ganz normaler achtjähriger Junge, dessen Arme und Beine irgendwie zu lang für den Rest des Körpers zu sein schienen. Und abgesehen davon, dass er am einsamsten Ende eines großen Gebirges lebte, wo sich kaum jemals jemand hinverirrte, in einem türenlosen Turm bei seinem Zaubermeister Albertini wohnte und seine besten Freunde eine Katze und ein Rabe waren, war Fred – wie schon erwähnt – ein ganz normaler Junge.

Und deshalb freute er sich unbändig, als er eines Novembermorgens aufwachte und rings um den Zauberturm meterhoch Schnee lag. Gestern noch hatte er stundenlang in der großen Zauberkammer des Meisters gesessen und Zau-

bersprüche auswendig gelernt. Küchenzauber – Fred konnte sich nichts Langweiligeres vorstellen! Nach einigen Sprüchen zum Vorbereiten und Schälen von Obst und Gemüse, hatte Albertini mit den Küchenzaubern weitergemacht, die sich mit Wasser befassten.

„Wenn dir ein Feuerzauber einmal nicht zur Verfügung steht, so bedienst du dich des Zaubers, der Wasser erhitzt und garst dein Gemüse darin", hatte der Meister doziert, und Fred hatte Mühe gehabt nicht einzuschlafen.

„Derrido, Derrideis, Wasser werde langsam heiß", hatte er mechanisch wiederholt.

Aber was interessierte ihn das an diesem strahlenden Schneemorgen. Der Meister hatte anderes zu erledigen, weshalb der Unterricht

heute ausfiel. Das bedeutete, einen ganzen, langen Tag für sich zu haben. Er konnte Skifahren und Schneemänner bauen. Das Leben war schön! Fred verabschiedete sich und schnallte seine Ski an. Glücklich sauste er lange durch den herrlichen frischen Schnee.

„Schade, hier muss ich mich an den mühsamen Aufstieg machen", dachte er, als er zum alten Steinkreuz kam, das der Meister als Grenze seiner Ausflüge festgelegt hatte.

Aber was sollte schon passieren, wenn er noch ein bisschen weiterführe, dachte er und stieß sich ab. Er war noch nicht weit vom Kreuz entfernt, als der Schnee unter ihm plötzlich nachgab, und er fiel. Fred musste eine Kante übersehen haben. Er wirbelte durch die Luft und landete kopfüber

im Schnee. Fred strampelte mit den Beinen, aber er kam nicht frei. Panik machte sich in ihm breit und er bekam kaum noch Luft.

Da ertönte in seinem Kopf die Stimme des Meisters: „Ein Zauberer bewahrt immer die Ruhe, Fred. Besinne dich auf deine Fähigkeiten, sie sind der Schlüssel."

Fred schloss verzweifelt die Augen. Ihm fiel nicht ein Zauberspruch ein, der ihm helfen könnte. „So ziehe ich mich selbst aus dem Schnee", gehörte nicht zu der Art Zauber, die Albertini ihn lehrte. Dafür brachte der Alte ihm sinnlose Küchenzauber bei. Wütend ballte Fred seine Hand im Handschuh.

Aber halt, dachte er im selben Moment. Wäre nicht der Wasserzauber geeignet, ihn aus seinem

Schlamassel zu befreien? Schließlich ist Schnee nichts weiter als gefrorenes Wasser!

„Derrido, Derrideis, Wasser werde langsam heiß", flüsterte er, und sofort knackte der Schnee um ihn herum und begann zu schmelzen. Er war klatschnass, aber frei. Sobald er wieder Luft bekam und sich auf einen Felsbrocken setzen konnte, stoppte er den Zauber. Er wollte ja keinen Wasserfall verursachen. Einen kurzen Moment triumphierte er. Fred, der Zauberlehrling, hatte den Schnee besiegt. Dann aber klapperten seine Zähne so laut, dass er sich eingestehen musste, dass der große Schneebesieger Fred wohl nicht ohne dicke Grippe davonkommen würde.

Im Turm angekommen, steckte ihn der besorgt grummelnde Albertini mit einem Gesundungszauber, Holunderbeersaft und vielen dicken Decken ins Bett.

„Ich kann mir nicht vorstellen, wie man von so ein bisschen Schnee so nass werden kann, Fred", sagte er streng. „Du wirst noch ein paar Tage das Bett hüten müssen, mein Junge, bevor wir mit den Küchenzaubern weitermachen können. Hatte ich eigentlich erwähnt, dass Küchenzauber niemals außerhalb eines Dreimeterkreises vom Haus entfernt ausgeführt werden dürfen?"

Fred gähnte: „Und was passiert, wenn man das doch macht, Meister?"

„Küchendienst, Fred, drei Tage Küchendienst. Aber natürlich nur, wenn es der Gesundheitszustand zulässt", sagte der Meister und schmunzelte kaum merklich in seinen langen Bart.

Besuch im Zauberturm

Unsanft wurde Fred eines Morgens geweckt. Der Rabe Marling saß auf der Brust des Zauberlehrlings und piekste ihn mit dem Schnabel.

„Was ist denn los?", brummte Fred schlaftrunken. Der Rabe sagte nur ein Wort:

„Elsbetha." Sofort war Fred ganz wach. „Was? Elsbetha kommt?" Einmal im Jahr kam die Schwester Albertinis vorbei, um – wie sie es ausdrückte – bei ihrem Bruder nach dem Rechten zu sehen. Dass er allein mit einem Lehrling in einem Turm wohnte, fand sie sehr seltsam. So seltsam, dass Albertini ihr besser nicht erzählt hatte, was er eigentlich war: ein großer Zaubermeister. Statt dessen glaubte Elsbetha, er sei ein berühmter Gelehrter, der sich mit einem Gehil-

fen in die Berge zurückgezogen hatte, um die Sterne durch ein Fernrohr auf dem Dach des Turms zu beobachten.

„Schnell, wir müssen Meister Albertini warnen", rief Fred und stolperte eilig aus dem Bett.

„Raah, dein Meister weiß Bescheid, und das Fernrohr steht bereits da, wo es sein soll", beruhigte ihn Marling, „Wir sollen alles beiseite schaffen, das mit Zauberei zu tun hat." Eilig machten sie sich ans Werk und trafen dabei mehrfach auf den heute besonders schlecht gelaunten Meister Albertini. Sie waren gerade mit allem fertig, als sie von draußen eine Stimme hörten:

„Albertini, huhu, ich bins, Elsbetha." Dass bei dem Turm die Türen fehlten, konnte sie nicht aufhalten. Elsbetha würde so lange rufen, bis der Korb an der Seilwinde sie in den Turm holen würde.

Die nächsten Tage waren für alle außer Elsbetha eine Qual. Ständig redete sie auf ihren Bruder ein und erzählte ihm Geschichten von Freunden und Verwandten aus der Stadt, die ihn überhaupt nicht interessierten.

Und Elsbetha versuchte Fred zu erziehen. Jeden Morgen musste er früh aufstehen und sich ordentlich waschen und anziehen. Dann erwartete ihn eine lange Liste von Aufräum- und Putzarbeiten im Turm, die ihn bis zum Abend beschäftigten. Der Rabe Marling hatte das Weite gesucht, nachdem Elsbetha ihm mit einem Besen hinterhergejagt war. Und Polli versteckte sich in den entlegensten Winkeln des Turms, um nicht von Elsbetha dafür gescholten zu werden, dass sie keine Mäuse fing. Denn wenn Albertinis Schwester

vor etwas Angst hatte, dann vor diesen kleinen Nagern.

Als am Abend des dritten Tages von Elsbethas Besuch Fred einen Putzeimer und einen Schrubber müde die Treppe zur Waschküche hochschleppte, blieb er plötzlich stehen und sagte: „Es reicht. Ich brauche einen Plan."

„Und was soll passieren?", fragte Polli, die sich in einer Ecke der Waschküche missvergnügt putzte. „Dein Meister hat das Zaubern verboten, solange seine Schwester hier ist."

Nachdenklich sah der Zauberlehrling seine Katze an, dann lächelte er: „Ich glaube, mir fällt da gerade etwas ein. Und zwar etwas ohne jede Zauberei."

Es geschah in dieser Nacht, dass ein lautes Geräusch Elsbetha aus ihrem wohlverdienten Schlaf riss. Vor lauter Entsetzen erstarrt, konnte sie nicht einmal schreien.

Eine lange Prozession von Mäusen marschierte an ihrem Bett vorbei. Diejenigen an der Spitze des Zuges schlugen auf kleine Trommeln, dann folgten etwa zehn mit Zahnstochern bewaffnete und mit Fingerhüten behelmte Mäusesoldaten. Schließlich kam das, was Elsbetha am meisten erschreckte. Etwa dreißig kleine Mäuse schleppten auf einer Trage die reglose Katze Polli vorbei, auf deren Körper eine einzelne Maus saß und das Schild „So ergeht es Mäusefängern" hochhielt. Langsam bog die Prozession um eine Zimmerecke, doch erst als das gleichmäßige Schlagen der Trommeln verklungen war, kam Elsbetha wieder in den Sinn, das zu tun, was sie die ganze Zeit eigentlich vorgehabt hatte: Schreien!

„Ich verstehe das nicht, Elsbetha wollte noch in der Nacht abreisen", sagte am nächsten Morgen ein gleichermaßen verwunderter wie erleichterter Zaubermeister Albertini. „Ich hoffe, du hast nichts damit zu tun, Fred?", setzte er streng hinzu. Fred bemühte sich, bei dem Gedanken an das kleine Theaterstück, das seine Mäusefreunde und Polli gestern Nacht für Elsbetha aufgeführt hatten, ernst zu bleiben. Kopfschüttelnd fuhr Albertini fort: „Mäuse …, sie sprach von wilden Mäusen und Trommeln. Was kann sie nur gemeint haben? Wir haben doch gar keine wilden Mäuse."

Der Steinverkäufer

Zaubermeister Albertini schätzte keinen Besuch in seinem Turm, der sich einsam nahe der Berosta-Kette im Gebirge erhob. Fred, sein Lehrling, freute sich hingegen über jede Abwechslung in seinem Zaubereralltag. Zwar hatte Fred Freunde, aber es waren keine anderen achtjährigen Jungen und Mädchen, sondern der Rabe Marling und die Katze Polli. Manchmal fehlten Fred doch die Menschen, die sein Meister sich immer so gern vom Leib hielt.

Wie Fred heute von der Turmspitze erspähen konnte, stieg ein älterer Mann mit einem großen Rucksack den Weg zum Turm hoch. Blitzschnell ließ sich der Zauberlehrling mit der magischen Seilwinde herunter. Der Mann wunderte sich scheinbar nicht, wo der Junge denn so plötzlich aus diesem Turm ohne Tür hergekommen sein mochte.

„Hast du einen Schluck Wasser und eine Kante Brot für einen müden Wanderer?", fragte der Alte, und Fred öffnete den Beutel, in den er in weiser Voraussicht alles hineingepackt hatte.

„Was führt Euch in diese einsame Gegend?", fragte Fred, nachdem der Wanderer seinen größten Hunger und Durst gestillt hatte.

„Steine, mein Junge, ich verkaufe Steine", antwortete der Fremde.

„Aber wer sollte wohl Steine kaufen wollen?", rief Fred irritiert. „Seht Euch doch um, hier gibt es Steine wie Sand am Meer."

„Du sagst es mein Junge, eine schlechte Gegend für Steine ist das hier. Vielleicht sollte ich

Muscheln verkaufen, aber ich habe keine. Ich bin nun einmal Steinverkäufer."

„Lasst doch einmal sehen", sagte Fred neugierig. Doch als der Steinverkäufer seinen Rucksack öffnete, stellte Fred enttäuscht fest, dass er tatsächlich bis oben hin voller Steine war. Keine besonders schönen, keine besonders hässlichen, allerdings von einem rötlichen Grau, wie es in der Gegend nicht vorkam.

Aber der alte Mann tat Fred Leid. Deshalb murmelte er: „Oh, ja, eine schöne Farbe haben Eure Steine, ja, ich kann mir vorstellen, welche zu nehmen. Aber ich habe kein Geld."

Der Mann runzelte ein wenig die Stirn. „Ich kann sie dir aber nicht umsonst geben." Fred holte aus der Tasche seines Umhangs drei seiner Glasmurmeln, die Landschaften zeigten, wenn man hineinsah.

„Nein, nein, natürlich will ich sie nicht umsonst. Aber wir können tauschen. Schau mal, ich mache Glasmurmeln." Die Augen des Fremden strahlten, als er Fred sorgsam drei Steine aus seinem Rucksack heraussuchte und die Glaskugeln auf seinem Handteller betrachtete.

„Deine Murmeln sind wunderschön, Junge, und du hast ein gutes Herz." Kaum hatte er das

gesagt, wandte sich der Mann zum Gehen. „Grüß deinen Meister vom Steinverkäufer", rief er und verschwand um eine Kurve. Verwirrt steckte Fred die drei merkwürdig warmen Steine in seine Umhangtasche. Woher wusste der Fremde, dass er hier mit seinem Meister lebte?

Kurz darauf richtete er Albertini die Grüße des Mannes aus.

„Wie ich dich kenne, hattest du Mitleid mit dem Steinverkäufer und hast ihm ein paar Steine abgekauft", polterte der Meister und Fred bejahte. Die strengen Züge des Meisters verzogen sich zu einem Lächeln. „Das war gut, Fred. Der Steinver-

käufer ist mir kein Unbekannter. Wie du hat er hier einst als Lehrling die Kunst des Zauberns gelernt. Bald hatte er mich in Können und Macht überflügelt. Jetzt prüft er die Menschen. Steine, die er gibt, können Übles oder Gutes bringen."

Fred holte die Steine zögernd aus seinem Umhang. Sie verwandelten sich, sobald er sie mit seinen Händen berührte. Statt der Steine lagen zwei prächtige Stücke Schokoladentorte vor Fred. Der dritte Stein aber wurde zu einem kleinen, von innen leuchtenden Kristall. Stolz sah der Meister auf seinen Lehrling herab: „Dieser Kristall wird dir Glück bringen, Fred, dein Leben lang."

Pollis Geheimnis

Gerade brütete Fred, der Zauberlehrling, über einem besonders schweren magischen Spruch, als ein lautes Rufen ihn aufschreckte. Wütend rief die Stimme von Zaubermeister Albertini nach Freds Katze. Sofort sprang der Lehrling auf und fand beide, Meister und Katze, in der Küche jenes abgelegenen Turms, den sie im Gebirge bewohnten.

Der Raum bot einen Anblick größter Verwüstung. Überall umgeworfene Gläser und Schüsseln, einiges davon war zu Bruch gegangen. Honig tropfte aus dem Regal, und andere Lebensmittel lagen auf dem Boden. Ein Behälter mit Mehl war zerbrochen und hatte seinen Inhalt großzügig verteilt. Deutlich waren darin die Spuren einer Katze zu erkennen. Verschüchtert kauerte Polli vor Albertini und ließ seine strengen Worte über sich ergehen.

„Ich sollte dich verwandeln, Polli", schimpfte der Zaubermeister, „am besten in eine Küchenschabe."

„Bitte nicht, Meister", rief Fred, „vielleicht gibt es ja eine gute Erklärung?" Auffordernd sah Fred seine Katze an, doch Polli schwieg beharrlich. Um die Verwandlung seiner Katze zu verhindern, bot Fred schnell an, die Küche zu reinigen. Dieser untypische Eifer seines Lehrlings besänftigte seinen Meister etwas, aber alle wussten, dass die Frage der Strafe für Polli damit nicht aus der Welt war.

Als er abends müde von all der Arbeit ins Bett fiel, wartete im Zimmer schon der Rabe auf ihn:

„Was ist nur mit Polli los, raah?" Fred kannte darauf keine Antwort, doch er wusste, dass Marling Recht hatte. In den letzten Tagen hatte sich die Katze merkwürdig benommen. Die ganze Zeit rannte Polli durch die Gegend, als würde sie etwas suchen. Die Katze sprach kaum noch mit ihren Freunden. Auf die Frage, ob etwas nicht in Ordnung sei, reagierte sie nicht.

„Wir müssen es herausfinden, Marling", sagte Fred. „Wenn sie ihren Schlafplatz verlässt, folgen wir ihr." Einer von ihnen hatte nun immer den Korb vor der Tür zu Freds Zimmer im Auge. Als Polli sich nach Einbruch der Dunkelheit erhob, streckte und dann die Treppe in Richtung Küche hinunterlief, schlichen ihr Fred und Marling leise hinterher.

Nicht lange und sie konnten lautes Krachen und Klirren aus der Küche hören.

„Oh nein", seufzte Fred, „jetzt geht es schon wieder los." Er wunderte sich, dass sein Meister

von dem Lärm nicht erwachte. Entschlossen, dem Spuk ein Ende zu bereiten, sprangen Fred und Marling in die Küche. Mondlicht erhellte den Raum, und der Anblick ließ sie erstarren.

Inmitten der umgestürzten Teller, zerbrochenen Tassen und verstreuten Lebensmittel stand Polli und fauchte zornig. Aber ihr gegenüber stand eine kleine grün gekleidete Gestalt, die der Katze mit einem Messer drohte.

„Ein Kobold", krähte Marling, „wo kommt der denn her." Fred stand immer noch starr mit offenem Mund an der Tür. Er hatte noch nie einen Kobold gesehen.

„Ich war die ganze Zeit schon hinter ihm her", fauchte Polli, „er klaut wie ein ... na ja, wie ein

Kobold." Endlich war auch Fred wieder fähig, mehr als ein dummes Gesicht zu machen:

„Warum hast du uns denn nichts erzählt?"

„Hättet ihr mir denn geglaubt?", antwortete die Katze. „Kobolde, die gibt's doch eigentlich nur im Märchen. Ich wollte ihn fangen, um einen Beweis zu haben."

Der Kobold stieß die Luft aus: „Märchen, dass ich nicht lache. Und wie steht es mit Zauberlehrlingen? Ich wollte nichts weiter, als mir etwas zu essen holen."

„Und was ist mit der Lupe?", fragte Polli und sah zu dem Sack neben der kleinen Gestalt, aus dem ein Lupengriff ragte.

„Ich habe eben schlechte Augen", log der Kobold unverfroren.

Fred ging einen Schritt auf den Kobold zu, der zurückwich. „Woher kommst du?"

„Ich habe ihn herbeigezaubert", ertönte da die Stimme seines Meisters hinter ihm. Unbemerkt war Albertini in der Tür erschienen. „Er ist mir sofort entwischt. Eigentlich sollte er etwas von den Hausarbeiten im Turm erledigen. Aber das war wohl keine gute Idee. Ich werde ihn zurückzaubern ... aber erst, wenn er sich richtig satt gegessen hat."

Und dann entschuldigte sich Albertini bei Polli, und mit einem kleinen nächtlichen Festmahl, das für alle eine Lieblingsspeise bereithielt und an dem der Kobold mit überraschendem Appetit teilnahm, wurde die Auflösung von Pollis Geheimnis gefeiert.

Die Überraschung

„Sieh mal, ein unbewohnter Wachturm", würde ein zufällig vorbeikommender Gebirgswanderer beim Anblick von Freds Wohnort wohl denken. Aber es kam kaum jemand in die unwirtliche Gegend. Und so blieb es ein Geheimnis, dass hier ein achtjähriger Junge beim großen Zauberer Albertini in die Lehre ging. An diesem Novembertag war der oft so stille Turm von Poltern und Lärmen erfüllt. Und jetzt ertönte tatsächlich ein lauter Knall und eine türkis-lila Dunstwolke erhob sich in die klare, kalte Herbstluft.

„Es klappt nicht, es klappt nicht!", rief der Rabe Marling Fred schadenfroh zu, der über und über türkis-lila bepudert war. „Und du hast nicht

mehr viel Zeit, gleich kommt Albertini wieder und dann gibt's Ärger, weil du in der großen Zauberkammer heimlich gezaubert hast."

„Ach, halt deinen frechen Rabenschnabel und hilf uns lieber", mischte sich die Katze Polli ein. Tatsächlich war es so, dass Fred die Zutaten und Gerätschaften brauchte, die in der großen Zauberkammer sorgsam verstaut waren, um seinen Plan auszuführen. Morgen war der 635. Geburtstag Albertinis und wie immer hatte der sich jeden Besuch verbeten.

Der alte Zaubermeister war nicht eben gesellig. Das sah man gut daran, dass der Turm keine Türen hatte, durch die ein Besucher eintreten

könnte. Aber Fred wollte den Geburtstag nicht einfach verstreichen lassen, sondern seinen Meister mit einem Trick überraschen. Das sollte dem Meister gleichzeitig zeigen, was für ein großer Zauberer Fred schon war.

Also füllte Fred unverdrossen ein weiteres Mal geheimnisvolle Pülverchen in krumme Gläschen, mischte grellbunte Flüssigkeiten und kochte sie auf einer kleinen Flamme, die er mit „Derrido, brenne lichterloh" im Kamin entfacht hatte. Herrlich, endlich mal nicht nur der Kinderkram, den ihn Albertini zaubern ließ! Zufrieden lächelnd krümelte Fred ein unangenehm riechendes Pulver in die Mixtur, die ihre Farbe von giftgrün zu leuchtendpink veränderte.

Selbst überrascht vom Gelingen hörte Fred die Flüssigkeit blubbern: „Zu Diensten bin ich Euch, edler Meister. Wie soll ich mich formen, was wollt ihr von mir? Schreibt es auf diese Seiten hier." Der Rabe Marling kreischte begeistert:

„Ja, du hast es geschafft, Fred!" Polli strich zufrieden um Freds Beine. Begierig nahm Fred das Buch, das aus der Flüssigkeit geschwebt kam und merkwürdigerweise ganz trocken in seiner Hand lag.

„Mit Feuerwerk sollst du mir formen die Worte: ‚Hurra, Albertini lebe 1000 Jahr'", schrieb der Zauberlehrling eifrig mit seinem Zauberstab auf die aufgeschlagene Seite. Jetzt musste er nur noch den Tag und die Uhrzeit hinschreiben, wann das Feuerwerk losgehen sollte, und die Überraschung für den morgigen Geburtstag wäre perfekt.

„Albertini kommt auf den Turm zu!", krächzte da der Rabe vom Ausguck aus, und Fred schlug

entsetzt das Buch zu. In diesem Augenblick erhob sich die Flüssigkeit aus dem Kessel und schwebte mit einem gurgelnden Geräusch zur Dachluke hinaus. Kaum erreichte sie die Luft, explodierte sie in Milliarden kleine schimmernde Sternchen in allen Farben des Regenbogens.

Eine Weile tanzten die Sternchen durch die Luft, bevor sie am Nachthimmel den leuchtenden Schriftzug „Albertini lebe 1000 Jahr" bildeten und in der nächsten Sekunde verglommen.

Fred, Marling und Polli starrten noch immer verblüfft in den Himmel, als die Tür der großen Zauberkammer auflog, und Albertinis hoch gewachsene Gestalt im Raum stand.

„Meister, ich wollte doch eine Geburtstagsüberraschung für Euch zaubern – und jetzt habe ich alles verpatzt und Ihr seid böse auf mich", stammelte Fred.

„Du bist verbotenerweise in meine Zauberkammer eingedrungen, Fred", tadelte der Meister streng. Fred guckte auf den Boden und wartete darauf, dass der Meister eine Strafe aussprach, als er Albertini sagen hörte: „Derrido, Derrider, Schokoladentorte her, Tisch dazu, Derridu."

Augenblicklich stand eine geburtstäglich geschmückte Tafel mit einer köstlichen Torte in der Kammer. Fred schaute ungläubig hoch und sah den Meister gerührt lächeln.

„Bei 635 Jahren kommt es doch auf einen Tag nicht an, Fred", sagte Albertini, „Wir feiern einfach heute meinen Geburtstag. Von all den Lehrlingen, die ich je hatte, hat mir noch niemals einer so eine große Freude gemacht wie du mit deiner Überraschung."

Der Ballonflug

Im Unterrichtszimmer jenes Turms, in dem der Zauberlehrling Fred und sein Meister Albertini im Gebirge lebten, stand Fred schlecht gelaunt vor einem Tisch mit verschieden großen Wassergläsern. Deren Inhalt sollte er in Tee verwandeln. Dabei schien ihm ein anderes Thema viel wichtiger zu sein. Als Albertini seine Erklärungen zu den Zaubersprüchen kurz unterbrach, fragte Fred schnell:

„Meister, warum können wir nicht fliegen?" Seufzend sah Albertini auf das Buch vor sich.

„Fliegen können nur wenige Zauberer, und der magische Spruch wird nur ungern weitergegeben. Wenn wir hier fliegen wollen, nutzen wir ein anderes Mittel. So, und jetzt zurück zum Tee ..." Fred war enttäuscht, dass sein Meister offensichtlich doch kein so großer Zauberer war. Nicht einmal in das Geheimnis des Fliegens war er eingeweiht. Aber welche andere Möglichkeit mochte er wohl gemeint haben?

„Der Ballon", erklärte Marling abends in Freds Zimmer, „damit ist dein Meister früher schon mal geflogen."

„Ich habe hier noch nie einen Ballon gesehen", entgegnete Fred verwirrt.

Die Katze Polli schaltete sich ein. „Das solltest du wohl auch nicht. Der Meister wusste genau, dass du dann den Blick bekommen würdest, den du jetzt hast. Und der bedeutet nichts Gutes."

Aber es war zu spät. Beim ersten Licht des nächsten Morgens erwartete sie ein recht kleinlauter Marling auf dem Dach. Von Polli war der Rabe dafür gescholten worden, dass er verraten

hatte, wo Fred den Ballon finden konnte. Nun standen Korb und Ballon bereits fertig aufgebaut auf dem Boden des Daches, und Fred zögerte nicht, die große Hülle mit Gas zu füllen.

„Los, alles einsteigen. Die große Fahrt beginnt in wenigen Minuten."

„Ich halte das für keine gute Idee", maulte Polli. Doch sie wollte Fred auch nicht allein lassen und sprang in den Korb.

„Wir hätten deinen Meister informieren sollen", wandte auch Marling ein. Aber Fred wischte alle Einwände beiseite, und kurz darauf erhob sich der Ballon vom Zaubererturm in den Morgenhimmel.

Es war ein schöner Flug. Sie sahen beeindruckende, zum Teil mit Schnee bedeckte Gebirgszüge, über die sie warme Aufwinde schnell hinwegtrugen. Dazwischen gab es immer wieder grüne Täler mit Flüssen, die in der Sonne glitzerten. Überraschten Kuhhirten auf hoch gelegenen Weiden winkten sie ebenso zu wie Artgenossen Marlings, die eine Weile den Ballon begleiteten. Als sie allerdings wieder ein hohes Gebirge überflogen, schoss ein riesiger Adler heran.

„Hier fliegt niemand außer mir", krächzte der Vogel. Er flog eine Kurve und hackte dann ein Loch in den Ballon. Aus der kleinen Öffnung entwich sofort Gas.

„Du meine Güte", rief Fred entsetzt, „er will, dass wir abstürzen!"

„Mach doch was!", jammerte Polli. Wieder flog der Adler heran und vergrößerte mit einem Hacken seines Schnabels das Loch. „Schnell, ich

brauche eine Idee", dachte Fred voller Panik. Was hatte er bei Meister Albertini gelernt: Ruhe bewahren und dann auf die nahe liegende Lösung kommen. Fred grübelte kurz.

„Ja, so könnte es gehen", murmelte er. Als der Adler das nächste Mal zuhackte, und sein Kopf in der kleinen Öffnung im Ballon verschwand, rief Fred: „Dorrida, bleibe so, Dorrido." Und der Adler erstarrte. Marling bugsierte den Adler sofort mit seinen Krallen wie einen Korken weiter in das Loch hinein.

Doch schon drohte der nächste Ärger. Zu seiner Überraschung sah Fred seinen Meister durch die Luft auf sie zufliegen. Er machte ein sehr wütendes Gesicht und als Albertini im Ballon gelandet war, gab es eine große Standpauke. „Aber", wagte Fred einzuwerfen, „ich dachte, ihr könntet nicht fliegen."

„Du hörst selten richtig zu", schimpfte Albertini, „ich sagte, nur wenige Zauberer würden das Geheimnis des Fliegens kennen. Das heißt nicht, dass ich nicht dazu gehöre. So, jetzt lasst uns den Ballon nach Hause steuern, damit wir den Adler aus dem Loch befreien können. Ihr wart in seinem Revier, und das hat ihn so wütend gemacht."

Kurz zögerte Albertini, dann fügte er mit nicht mehr ganz so strenger Miene hinzu: „Die Idee mit dem Erstarrungszauber ... hm ... beeindruckend, wirklich beeindruckend."

Der Rätselstein

Verärgert wühlte Fred in seinem weiten Umhang und förderte nach langem Suchen drei Glasmurmeln zutage. Wenn man genauer hinsah, konnte man sehen, dass dies keine normalen Murmeln waren. Aber Fred war ja auch kein normaler Junge, sondern ein Zauberlehrling, der mit seinen Freunden, der Katze Polli und dem Raben Marling, im Turm des Zauberers Albertini im unwegsamen Gebirge lebte.

Das Murmeltier, das vor ihm stand, streckte schon die Pfote nach den Murmeln aus, als Fred unwirsch sagte:

„Nein, erst erzählst du mir, wie versprochen, wo Marling ist. Für drei Landschaftsmurmeln ist das ja wohl nicht zu viel verlangt."

„Er steckt im dritten Rätselstein fest", pfiff das Murmeltier.

Fred hatte schon viel von den Rätselsteinen gehört, die unvorsichtige Wanderer festhielten. Hoffentlich war dem neugierigen Raben nichts passiert.

„Eine Murmel mit Meerblick als Anzahlung, wenn du uns hinführst und dann zwei Murmeln mit der Ansicht vom Turm, eine im Schnee und eine im Sommer, einverstanden?", verhandelte Fred, der Zauberlehrling.

„Die vom verschneiten Turm hab ich schon", nörgelte das Murmeltier.

„Gut, gut, dann zaubere ich dir später eine andere", antwortete Fred und drängte zum Auf-

bruch. An einer besonders öden und kahlen Stelle hielt das Murmeltier nach zweistündigem Fußmarsch an.

„Hier ist es", sagte es und zeigte auf einen unscheinbaren Felsblock. Aufgeregt rannte Fred zu dem Stein und fand tatsächlich in einer Felsspalte festgeklemmt den eingeschüchterten Raben. Vergebens versuchte Fred, den zerzausten Vogel vorsichtig herauszuziehen.

Plötzlich ertönte ein Geräusch, das beinahe klang, als ob sich jemand räusperte: „Ähem, wäre es zu viel verlangt, wenn ihr mir euer geneigtes Ohr schenken würdet, statt an mir rumzuzerren?"

Fred und die Katze waren stocksteif vor Schreck, während sich das Murmeltier kichernd die dicken Backen hielt. Erst jetzt fiel Fred auf, dass die Linien und Kanten im Steinblock ein uraltes Gesicht formten.

„Gib meinen Raben heraus, ich bin ein großer Zauberer", rief Fred mit vor Angst schlackernden Knien dem Felswesen zu.

„Dein Rabe hat mich geärgert, Zauberlehrling", mahlte der Stein, „und deine Zauberkraft wird dir hier nichts nützen!" Fred dachte wütend nach und schleuderte schließlich laut einen Zauberspruch in Richtung des Steins: „Darrido, alles wird sich öffnen, nichts bleibt, wo es war, darrida." Aber der Stein gab nur ein leises knirschendes Lachen von sich.

„Ich bin ein Rätselstein und deinen Raben bekommst du nur wieder, wenn du mein Rätsel löst. Also hör gut zu, ich erzähle es nicht zweimal: Ich fands auf dem Gipfel, es fror so sehr, ich wollt es erwärmen, da war es nicht mehr."

Fred und die Katze versanken in tiefes Nachdenken, der Rabe schien ohnmächtig vor Schrecken zu sein.

Nur das Murmeltier lief ungeduldig auf und ab: „Ich will ja ungern unterbrechen, Fred, aber kann ich jetzt vielleicht meine Belohnung haben. Es war keine Rede davon, dass ich hier irgendwelche Rätsel lösen muss. Und du schuldest mir noch zwei Murmeln. Aber damit du siehst, was für ein netter Kerl ich bin, gebe ich mich auch mit den zwei Murmeln, die du erwähnt hast, zufrieden. Obwohl ich den Turm im Schnee ja wie gesagt schon habe."

Fred hatte das Murmeltier die ganze Zeit ungläubig angeschaut. Ein Freund war in Gefahr und dieses gierige Murmeltier dachte nur an seine Belohnung. Dann aber änderte sich sein Gesichtsausdruck auf einmal und er lief auf das Murmeltier zu und drückte ihm strahlend zwei Murmeln in die Pfote.

„Natürlich!", sagte er. „Dass ich nicht selbst darauf gekommen bin. Danke Murmeltier, dass du den Turm im Schnee erwähnt hast. Ich mache dir später noch zwei neue Murmeln." Als alle ihn noch verblüfft anguckten, drehte er sich zu dem Rätselstein um und sagte laut:

„Schnee, die Lösung ist Schnee. Gib meinen Freund heraus, ich habe dein Rätsel gelöst." Der Stein gab ein ärgerliches Geräusch von sich, verzog sein steinernes Gesicht aber so, dass sich der Spalt, in dem Marling gefangen saß, öffnete.

Mit einem erleichterten Krächzen hüpfte der Rabe auf Freds Arm. Kurz steckte er dankbar den Kopf unter Freds Ärmel, dann aber krächzte er, wieder ganz der Alte: „Das hat ja ewig gedauert! Ich dachte schon ihr kommt nie auf die Lösung!"

Der Alb

Winter war eingekehrt in jenem Gebirge, in dem der Turm zu finden war, den der Zauberlehrling Fred und sein Meister Albertini bewohnten. Eigentlich war das die Zeit, wo Fred sich auf Weihnachten zu freuen begann. Doch dieses Jahr war alles anders, denn Fred machte sich Sorgen um seinen Meister, der müde und krank wirkte. Wurde er darauf angesprochen, tat Albertini Freds Sorgen als Unsinn ab, jedoch nicht so barsch, wie es im gesunden Zustand der Fall gewesen wäre.

Die Befürchtungen des Zauberlehrlings bewahrheiteten sich kurz darauf.

„Raah, Fred, Fred, komm schnell", rief Marling, der Rabe, ganz aufgeregt, „der Meister hat sich einen Alb eingefangen." Fred fuhr von dem Buch erschreckt auf, in dem er Zaubersprüche studiert hatte.

Ein Alb, das war wirklich schlimm. Wenn ein Zauberer richtig krank wurde, konnte das ein Alb spüren. Er kam herbeigeeilt und entzog dem geschwächten Zauberer so viel magische Energie, wie er konnte. Das war für ihn wie ein leckeres Festessen.

„Wir müssen ihm helfen!" rief Fred und eilte zum Zimmer seines Meisters. Dort war es bitter kalt. Albertini lag unter vielen Decken und schlief offensichtlich. Tatsächlich saß ein Alb auf dem Bett des Zaubermeisters. Ihn hatten die fehlenden Türen im Zaubererturm nicht abhalten können. „Verschwinde, Alb, lass meinen Meister zufrieden", rief Fred aufgebracht der grauen Gestalt

zu. Nicht unfreundlich blickte der Alb dem Zauberlehrling entgegen.

„Warum tust du das?", miaute nun auch Polli anklagend. Der Alb zuckte die Schultern: „Weil Alben das eben tun. Menschen mögen Schokoladeneis, Katzen Milch, Alben magische Energie."

„Aber er wird nicht gesund, solange du da bist", schimpfte Fred. Der Alb hob bedauernd seine Hände.

„Gut", dachte Fred, „dann zaubere ich ihn eben weg."

„Dorrido, fort, Alb, bist du, Dorridu." Der Alb schüttelte ungerührt den Kopf. Fred versuchte sofort einen weiteren Spruch, doch auf den Eindringling hatte das keine Wirkung. Stunde um Stunde versuchte Fred neue Zauber. Aber der Alb erstarrte nicht, verschwand in keiner Rauchwolke und verwandelte sich nicht in einen Hamster.

Fast die ganze Nacht über bot Fred erfolglos all seine Zauberkraft auf, dann erfasste ihn tiefe Niedergeschlagenheit.

„Was bin ich für ein schlechter Zauberer", schimpfte Fred, „dass ich keinen Weg finde, meinem Meister zu helfen."

Lange überlegte er, dann fiel ihm wieder die Ermahnung Albertinis ein: Nicht immer nur an das Zaubern denken! Aber wie konnte er sonst seinen Meister vom Alb befreien. Er war müde und fröstelte im Zimmer des Meisters. Plötzlich schlug er sich vor die Stirn.

„Na klar, der Alb braucht Kälte. Sonst wäre es hier nicht so kalt. Also müssen wir das Zimmer so warm wie möglich machen." In Windeseile

entfachte er mit Polli und Marling ein loderndes Feuer im Kamin.

Nicht lange und der Alb erhob sich mit einem nervösen Blick auf die Flammen. Fred hoffte, dass der Eindringling nicht vorhatte, das Feuer löschen zu wollen. Konnte er den Alb davon abhalten? Doch Alben waren nicht streitlustig, das wusste Fred. Selbst wenn sie vor Zaubersprüchen geschützt waren, so konnten sie ihrerseits selbst nicht zaubern.

„Ihr habt einen guten Lehrling, Meister Albertini", sagte der Alb leise zu dem schlafenden Albertini, dann nickte er Fred und seinen Freunden zu, bevor er wie ein Geist in der Wand verschwand.

„Habt ihr das gehört", fragte Fred stolz den Raben und die Katze, „er hat gesagt ich, ich wäre ein guter Zauberlehrling."

„Gut, großer Zauberlehrling", antwortete Polly ungerührt, „dann hilf uns jetzt dabei, den Meister wieder gesund zu machen."

Schon nach wenigen Tagen hatte Meister Albertini die Krankheit überwunden und zur Feier von Freds Sieg über den Alb lud er zu einem großen Weihnachtsfest in den Turm ein.

Nicht nur der Steinverkäufer und der Adler kamen, den Fred auf der Ballonfahrt kennen gelernt hatte. Auch die Murmeltiere nahmen zahlreich an dem Fest teil, und selbst Elsbetha überwand ihre Furcht vor den Mäusen, die sogar neben ihr auf dem Tisch ihren Käse verspeisen durften. So wurde es für Fred das schönste Weihnachten, das er je im Zaubererturm gefeiert hatte.

Graf Flatz von Fledermaus

Sandra Garbers

Es macht Flatz!

„Flatz!" machte es an der Mauer des Glockenturms. Und gleich darauf hörte man ein „Autsch!". Flatz war wieder im Schloss. Eigentlich hieß er gar nicht Flatz, sondern Ferdinand. Aber weil er beim Landen immer gegen die Mauer des Glockenturms stieß, und weil es doch jedes Mal „Flatz" machte, hieß er bei den anderen Bewohnern von Schloss Mopsenstein eben Flatz. Man hätte ihn auch Autsch nennen können, denn „Autsch" sagte er ja auch jedes Mal, wenn er gegen eine Mauer flog. Aber Autsch sagten eben auch die anderen Schlossbewohner manchmal, Flatz aber machte niemand.

„Die tölpelhafte Fledermaus ist wieder da", sagte eine sehr griesgrämige Stimme. Man konnte nicht so gut sehen, es war ja dunkel. Aber es musste die alte Frau Schuck gewesen sein, die das gerade sagte. Frau Schuck musste reden. Die war doch so kurzsichtig, dass sie selbst ganz gern mal gegen eine Mauer flog. Aber sie tat dann immer, als hätte sie das mit Absicht gemacht. Und Autsch sagte sie auch nie. Frau Schuck ist eine wirklich blöde, alte Eule. Die Einzige auf Schloss Mopsenstein, die über Zauberkräfte verfügte. Deshalb musste man sich gut mit ihr stellen. Sonst verwandelte sie einen in einen Schuhkarton oder einen Gartenteich oder sogar in einen Menschen. Das wäre das Schlimmste gewesen, denn Menschen werden auf Mopsenstein nicht geduldet.

Außer der alte Hausmeister Maier. Aber der lebte schon so lange auf Mopsenstein, dass er schon ein richtiger Mopsensteiner war. Er hatte noch die guten Tage erlebt. Als Ritter und Prinzen

die schönen Gräfinnen von Mopsenstein besuchten. Das ist lange vorbei. Die Mauern auf Mopsenstein bröckeln, und der alte Maier wird immer wunderlicher.

Aber jetzt sind wir abgeschweift, denn eigentlich wollten wir ja von Flatz Fledermaus erzählen. Er hatte es aufgegeben von den anderen mit seinem richtigen Namen angesprochen zu werden. Er war eine adlige Fledermaus. Seine Familie lebte seit hunderten von Jahren immer nur in den Türmen von Schlössern und Burgen. Und manchmal, wenn Briefe in Mopsenstein ankamen, waren sie tatsächlich an Graf Ferdinand von Fledermaus adressiert. Dann lachten die anderen Mopsensteiner sehr und zogen Flatz auf.

„Graf Flatz, der Mauerflatz", sagten sie dann. Aber Flatz tat einfach so, als würde er sie nicht hören. Und die Briefe bewahrte er sorgfältig in einer Holzkiste im Glockenturm auf.

Flatz hatte keine Ahnung, warum er nicht wie eine normale Fledermaus landen konnte. Warum musste er jedesmal, flatz, gegen eine Mauer fliegen? Johannes, das kleine Schlossgespenst, meinte, das läge daran, dass Flatz den halben Tag kopfüber an einem Dachbalken hänge und deshalb die Welt einfach falsch herum sehe.

„Bei dir haben die Häuser ihre Dächer unten und die Türen und Fenster oben", sagte Johannes. Und dann wurde Flatz ganz wirr im Kopf und alles drehte sich.

„So ein Quatsch", mischte sich regelmäßig Frau Schuck ein. „Die Mopsensteiner Fledermäuse waren schon immer tollpatschig. Das liegt bei euch in der Familie." Und Frau Schuck musste es wissen, schließlich lebte sie schon seit über 377 Jahren auf Mopsenstein. Flatz entgegnete lieber nichts. Und das war gut so, sonst hätte er nämlich als Schuhkarton ins Bett gehen müssen. Und wer weiß, wann Frau Schuck ihn wieder zurück verwandelt hätte. Nein, da war es doch viel besser, eine tollpatschige Fledermaus zu sein.

Die Ritterrüstung spricht

Es ist schon merkwürdig, da können hunderte von Jahren ins Land gehen und doch gibt es Leute, die sich nicht aneinander gewöhnen. In all den hunderten von Jahren nicht. Wenn zum Beispiel Moritz von Mopsenstein, der alte Bernhardinerhund, den großen Rittersaal in Mopsenstein durchquerte, jaulte er jedesmal ganz schauderhaft. Das lag an Kuno, der sprechenden Ritterrüstung. Moritz von Mopsenstein konnte sich einfach nicht an den Anblick einer sprechenden Ritterrüstung gewöhnen.

Kuno, die sprechende Ritterrüstung, allerdings liebte den alten Bernhardiner sehr. Aber das hatte vor allem mit dem kleinen Fässchen zu tun, das der Bernhardiner am Halsband trug. In dem Fässchen war Branntwein, und den hatte Kuno seit mindestens 333 Jahren nicht mehr getrunken. Aber damit würde es wohl auch in den nächsten 333 Jahren nichts werden.

Flatz, die Fledermaus, versuchte seit Jahren zwischen den beiden zu vermitteln, aber es half nichts.

Vor 333 Jahren hatte die Ritterrüstung den Hund fast zu Tode erschreckt. Weil es in dem großen Rittersaal so langweilig war, hatte Kuno es sich angewöhnt, Vorbeigehenden mal einen

Eisenarm, mal ein Eisenbein vor die Füße fallen zu lassen. Er redete sich dann heraus, dass seine Scharniere nun einmal so locker seien, und dass ihn keine Schuld träfe. Aber wem einmal das Bein eines Ritters vor die Füße gefallen ist, der weiß, dass das nicht besonders lustig ist.

Und Moritz, der alte Hund, hatte Kuno nie verziehen, dass jener diesen Spaß mit ihm getrieben hatte.

„Jetzt sind 333 Jahre vergangen", sagte Flatz, die Fledermaus, eines Tages zum alten Moritz. „Glaubst du nicht, du könntest Kuno jetzt mal langsam verzeihen?" Der Hund verzog keine Miene. „Komm schon, Moritz. Für dich ist es doch auch viel schöner, wenn du nicht jedesmal grauenvoll jaulen musst, wenn du an Kuno vorbeigehst."

„Vielleicht hast du Recht", sagte der alte Hund. „Das laute Jaulen macht mir doch sehr zu schaffen in meinem Alter." Und so willigte er ein, dass Flatz Fledermaus ihn und Kuno zusammenbrachte. Bevor die Fledermaus und der alte Hund den Rittersaal betraten, zog Moritz von Mopsenstein Flatz noch einmal zur Seite.

„Aber wenn er mir wieder einen Eisenarm vor die Pfoten schmeißt, oder ein Bein, oder seinen

Kopf, dann kann er es vergessen", sagte der alte Hund. „Dann bin ich nicht 333 Jahre mit ihm böse, sondern für den Rest des Lebens. Endgültig."

Und Flatz versprach, dass sein Freund so etwas sicherlich nie wieder tun würde. Denn auch Kuno hatte in den letzten 333 Jahren ja ein wenig dazugelernt.

Als sie also in den Rittersaal traten, schüttelte Kuno seine Rüstung, dass es schepperte. So aufgeregt war er. Flatz und der alte Hund kamen näher, und da passierte es: Ein Scharnier von Kunos rostiger Rüstung löste sich, und laut scheppernd fiel eine Eisenhand zu Boden. Der alte Hund jaulte fürchterlich.

„Ich habe es doch gewusst, einer sprechenden Ritterrüstung ist nicht zu trauen." Und Flatz sagte bloß: „Kuno, wie konntest du nur."

Die sprechende Ritterrüstung aber, die seit hunderten von Jahren im Rittersaal stand und immer nur stand, setzte sich plötzlich ganz müde hin und stützte den Kopf ratlos in die noch verbliebene Hand.

„Ich verstehe das nicht", sagte Kuno leise. „Da hat sich wohl eine Schraube gelöst." Und das sagte er so traurig, dass der Hund und Flatz ihm wirklich glaubten. Jetzt half nur noch eines, dachte der alte Hund. Und dann nahm er einen langen, einen sehr langen Anlauf und machte einen Riesensatz. Und als er wieder auf dem Boden landete, war er über seinen Schatten gesprungen.

„Hast du ein Glück", sagte Moritz von Mopsenstein zu Kuno, „dass mir das Jaulen langsam zu anstrengend wird."

Hokuspokus Flatzibus

Einmal hatte Flatz Fledermaus sich in den Kopf gesetzt, Zauberer zu werden. Er wäre auch ganz gern Held geworden, aber irgendwie hatte er das Gefühl, dass gute Helden nicht gegen Wände fliegen. Und ein schlechter Held wollte er auf keinen Fall werden. Aber wie wird man Zauberer? Vielleicht sollte er die alte Eule Schuck fragen, die war ja schließlich so etwas Ähnliches wie eine Zauberin, wenn sie sich immer verzauberte. Doch die alte Schuck wollte nichts wissen.

„Soll jetzt jede dahergelaufene Fledermaus zaubern können?", fragte sie schlecht gelaunt. Und dann blinzelte sie erst böse mit dem einen Auge und schließlich mit dem zweiten. „Feuer, Wasser, Erde, Licht. Zaubern können soll er

nicht", sagte sie, und dann machte es einen Knall, und die Eule hatte ganz verbrannte Ohren.

„War wohl nicht ganz richtig, dein Zauberspruch", sagte Flatz und beschloss, Johannes, das kleine Schlossgespenst, zu fragen.

Er fand ihn auf dem Speicher, wo Johannes laut herumpolterte. Das machte er immer, wenn er sich langweilte. Und das war gefährlich, denn der alte Dorfschullehrer Wilhelm Wirsing unten im Dorf, hörte das und hatte schon mehr als einmal versucht, Schloss Mopsenstein räumen zu lassen.

„Johannes", sagte Flatz. „Wie werde ich ein Zauberer?"

Und Johannes sagte: „Vielleicht indem du mit der alten Schuck zusammenlebst. Vielleicht kannst du dir von ihr etwas abschauen, wenn du nur lange genug in ihrer Nähe bist."

Brrrr, oje, was für eine Vorstellung, dachte Flatz. Es war schon schlimm genug, wenn er der alten Schuck einmal am Tag begegnete, aber immer in ihrer Nähe sein? Nein, da wollte er die ganze Zauberei lieber vergessen.

„Warum willst du überhaupt zaubern?", fragte das kleine Schlossgespenst.

Und Flatz antwortete: „Damit ich etwas Besonderes bin."

„Aber du bist etwas Besonderes", sagte Johannes und versuchte, Flatz ein wenig aufzumuntern. „Du bist die einzige Fledermaus, die ich kenne, die beim Landen immer gegen eine Wand knallt." Aber Flatz fand das gar nicht lustig. „Lass uns zu Kuno gehen. Vielleicht fällt dem ein, wie du Zauberer wirst."

Aber Kuno hatte schlechte Laune. „Ich kenne nur blöde Zauberer", sagte er. „Schau dir die alte Schuck an. Glaubst du, die wäre so aufgeblasen, wenn die nicht zaubern könnte?"

Und Johannes sagte: „Genau. Das wäre eine liebe alte Eule, die uns nachmittags Kakao kochen würde, anstatt uns in Schuhkartons zu verwandeln, wenn es ihr gerade mal passt."

Aber Flatz war noch nicht überzeugt. „Nun gut", sagte Kuno. „Fliegt dort hinten zu der großen Holzkiste. Es ist eine Zauberkiste." Und Flatz und Johannes flogen zu der Kiste, die im Rittersaal direkt unter den bunten Fenstern stand. Flatz hatte sich schon lange gefragt, was wohl in der Kiste sei. Aber aufbekommen hatte er sie nie.

„Natürlich nicht", sagte Kuno. „Sie öffnet sich nur, wenn ein kleines Gespenst das Schloss aufpustet." Und kaum pustete Johannes los, sprang der Deckel der Holzkiste auf.

Die beiden staunten nicht schlecht über das, was sie da sahen: Ein goldenes Buch, dick wie zehn Bücher, lag da. Es schlug sich von selbst auf. Und was stand da geschrieben? Da stand:

Lieber Ferdinand Flatz.! Vielleicht kannst du irgendwann ein Held werden. Ein Zauberer wirst du mit Sicherheit nicht.

Und dann schloss sich der Deckel des Buches mit einem lauten Knall. Und dabei flog soviel Staub auf, dass Flatz und Johannes husten mussten. Und noch bevor die Staubwolke sich wieder verzogen hatte, sah Flatz plötzlich ganz klar: Es war nicht der Unterricht, der ihm fehlte, oder die Übung. Ihm fehlten die Zauberkräfte. Und ein Zauberer ohne Zauberkraft ist ja wohl noch lächerlicher als eine Fledermaus, die gegen Wände fliegt.

Der kleine Poltergeist

Dieses Mal hatte es Johannes, das kleine Schlossgespenst, zu weit getrieben. Es hatte gepoltert und gepoltert. Drei Tage lang hatte Johannes auf dem Speicher Stühle und Tische umgeworfen. Und zu guter Letzt hatte er ganz laut mit den alten Kronleuchtern gescheppert. Johannes machte so einen Lärm, dass es bis ins Dorf zu hören war, und die Leute dort dachten: wie merkwürdig. Es donnert, obwohl doch keine Wolke am Himmel steht.

Nur einer im Dorf wusste, dass das kein Donner war. Der alte Dorflehrer Wilhelm Wirsing ahnte, dass im Schloss wieder merkwürdige Dinge vor sich gingen. Und da er als Dorflehrer sehr klug war und auch sehr viel wusste, machte es ihn maßlos wütend, wenn er etwas nicht verstand. Und diesen Lärm verstand er keineswegs.

Aber was war da nicht zu verstehen? Es war doch allgemein bekannt, dass sich kleine Schlossgespenster nicht langweilen dürfen. Es gibt wohl auf der ganzen Welt kein einziges kleines Schlossgespenst, dass ruhig bliebe, wenn es sich langweilte.

Das wusste Wilhelm Wirsing aber nicht. Er wusste nur, dass es da oben im Schloss sehr laut war. Und er wusste, dass das aufhören musste. Am besten er sagte dem Dorfpolizisten Bescheid, dass der im Schloss für Ordnung sorge.

„Flatz" machte es laut, und gleich darauf hörte man die Stimme der Fledermaus: „Autsch." Flatz Fledermaus rieb sich die Stirn, mit der er gerade gegen den Fensterrahmen des Speichers geflogen war. Gott sei Dank waren da schon längst keine Scheiben mehr drin.

Flatz dachte angestrengt nach: Weshalb hatte er es doch gleich so eilig gehabt? Dann fiel neben ihm laut krachend ein Stuhl um, und Flatz erinnerte sich.

„Psssssst, Johannes", sagte er zu dem gelangweilten kleinen Schlossgespenst. „Wenn du weitermachst, wird Herr Wirsing hier nur wieder auftauchen." Aber das kleine Schlossgespenst schmiss nur weiter mit Stühlen.

„Wirsing, Wirsing, dieser alte Kohlkopf. Soll er doch kommen."

Das hätte Johannes, das kleine Schlossgespenst, lieber nicht sagen sollen. Denn schon klopfte unten am schweren Schlosstor mit den schmiedeeisernen Beschlägen ein sehr wütender Wilhelm Wirsing.

„Aufmachen, Bande. Jetzt fliegt ihr hier raus!", schimpfte der alte Dorflehrer. Hinter ihm stand der Dorfpolizist, aber der sagte gar nichts. Er dachte nur etwas.

„Oje", dachte er. „Oje, was hab ich nicht alles über dieses Schloss gehört. Sprechende Ritterrüstungen soll es hier geben." Und für kurze Zeit wurde dem Dorfpolizisten sehr unheimlich. Aber nur kurz. Schließlich musste er ja für Ruhe und Ordnung sorgen. Die Tiere und Ritterrüstungen mussten raus aus dem Schloss, basta.

Jetzt, wo es unten vor dem Schlosstor spannend wurde, hörte das kleine Schlossgespenst endlich auf, mit Möbeln um sich zu werfen. Seine Langeweile war wie weggeblasen. Wieder pochte es unten am Schlosstor. Gleich würde der Polizist ins Schloss treten.

Flatz fragte sich, was sie nur tun sollten.

„Was ist da los?", fragte plötzlich eine sehr schlecht gelaunte Stimme. Es war Frau Schuck. Selten war Flatz so erleichtert gewesen, die alte Zaubereule zu sehen. Wie alle Tiere, Gespenster und Ritterrüstungen in Mopsenstein konnte auch Frau Schuck den alten Wirsing gar nicht leiden. Flatz erzählte ihr von der Langeweile des Schlossgespenstes und dem Lärm. Und dass gleich ein Dorflehrer und sein Dorfpolizist ins Schloss kommen würden. Und was dann geschehen würde? Gar nicht auszudenken.

Frau Schuck flog wieder fort. Und wenig später hörte es auf, an der Tür zu pochen. Herr Wirsing und der Polizist waren verschwunden. Aber auf dem Weg zum Dorf lagen in dieser Nacht zwei Schuhkartons.

Flatz wird verhext

Schlechte Laune hatte die alte Frau Schuck ja eigentlich immer. Aber es gab auch Tage, da war ihre Laune so schlecht, dass man ihr besser aus dem Weg ging. Denn an solchen Tagen verwandelte sie alles, was in ihre Nähe kam.

Den alten Hausmeister Maier hatte sie einmal in eine Katze verwandelt. Und so kam es, dass der arme alte Maier von Moritz von Mopsenstein durch das ganze Schloss gejagt wurde. Und das auch noch tagelang, denn Frau Schuck hatte vergessen, wie man Katzen wieder in Maiers zurückverwandelt. So etwas passierte ihr andauernd. Fehlerfreies Zaubern gelang ihr eigentlich

nur bei Schuhkartons. Da zauberte sie hin und her und hin und her. So schnell, dass einem ganz schwindlig wurde.

Der arme Flatz ahnte leider nicht, dass Frau Schuck so schlechte Laune hatte. Und so betrat er kaum ihre Zauberstube direkt neben dem Speicher, als sie ihn sah und mit ihrer linken Flügelspitze auf ihn zielte.

„Flatz, Flatz, Fleck. Fledermaus ist weg." Johannes, das Schlossgespenst, das Flatz gefolgt war, sah gerade noch, wie die Fledermaus verschwand. Aber leider konnte er nicht sehen, wohin sie verschwand.

„Frau Schuck, wo ist Flatz? In was haben Sie ihn diesmal verwandelt?" Doch die gemeine alte Eule zuckte nur mit den Schultern.

„Keine Ahnung", sagte sie.

„Verwandeln Sie ihn sofort zurück", verlangte das kleine Schlossgespenst von Frau Schuck. Doch die meinte, dass sie ihn gar nicht zurückverwandeln könnte, selbst wenn sie es wollte. Denn dazu müsste sie wissen, in was sie die Fledermaus verwandelt hatte. Johannes, das kleine Schlossgespenst schaute sie erschrocken an.

„Aber sie müssen es rausfinden. Wie sollen wir unseren Flatz sonst wiederbekommen?" Wieder zuckte die schlecht gelaunte Frau Schuck gelangweilt mit den Schultern.

„Was weiß ich. Such doch selbst." Na, das war ja ein toller Vorschlag. In einem so großen Schloss, mit so vielen Möbeln, so viel Gerümpel und so vielen Tieren sollte er herausfinden, in was die Eule den armen Flatz verwandelt hatte?

Das war unmöglich. Moment. Vielleicht war es die Spinne dort drüben? Die war gestern noch nicht dagewesen. Das kleine Schlossgespenst ging zur Spinne, die an der Tür zum Speicher ihre Fäden spann.

„He Flatz, bist du es?" Doch die Spinne unterbrach nicht einmal ihre Arbeit. Das konnte nicht Flatz, die Fledermaus, sein.

Das Schlossgespenst musste den anderen Bescheid sagen. Sie sollten gemeinsam nach Flatz suchen. So machten sich also Moritz von Mopsenstein, Kuno, die sprechende Ritterrüstung, und das Schlossgespenst auf die Suche.

„Flatz!", riefen sie und immer wieder „Flatz!". Doch nichts rührte sich.

„Vielleicht hat die alte Schuck ihn in einen Nagel verwandelt", sagte Kuno.

„Oder in ein Sandkorn", meinte der alte Hund. „Es ist zwecklos. Wir werden ihn nicht finden." In diesem Moment klatschte der Rosenstrauch neben der Schlosstür gegen die Wand. „Flatz", machte es, als die Rose donnernd gegen die Wand schlug.

„Flatz!", riefen Kuno und Moritz von Mopsenstein wie aus einem Mund.

„Die Rose war gestern noch nicht da", sagte das kleine Schlossgespenst.

„So so, in eine Rose habe ich ihn also verwandelt", sagte plötzlich eine grummelige Stimme hinter ihnen. „Na, das ist doch fein. Rosen sind sowieso viel hübscher und wohlriechender als Fledermäuse."

Es war die schlecht gelaunte Frau Schuck. Jetzt konnte sie ihn eigentlich wieder zurückverwandeln. Aber sie hatte keine Lust. So musste Flatz die ganze Nacht als Rose verbringen. Aber seine Freunde gossen ihn fleißig und so war es nur halb so schlimm.

Herr Wirsing hat einen Plan

Flatz hatte sich vorgenommen, recht lange mit Frau Schuck böse zu sein. Nach der Sache mit dem Rosenstrauch hatte sie es nicht anders verdient. Doch mit Hexen ist man besser nicht zu lange böse, denn man könnte ja mal in eine üble Situation geraten. Eine Situation, wo nur noch Hexerei hilft.

Auch der alte Dorflehrer Wilhelm Wirsing war böse auf Frau Schuck. Das heißt, nicht nur auf Frau Schuck, sondern auf alle Schlossbewohner. Er wusste ja nicht, wer ihn bei seinem letzten Besuch in einen Schuhkarton verwandelt hatte. Das sollte nie wieder vorkommen! Er würde sich dem Schloss bestimmt nicht mehr nähern. Nicht auf 50 Schritte würde er an das unheimliche, verfallene Schloss herantreten.

Aber das musste Herr Wirsing auch gar nicht, denn er hatte etwas ganz anderes vor. Er wollte das Schloss vermieten. Es gehörte ja niemandem mehr. Da konnte er es doch wohl vermieten, oder? Er hatte auch schon die perfekten Mieter gefunden. Eine Familie mit drei sehr lauten Kindern. Diese drei wirklich sehr, sehr lauten Kinder wollte er ins Schloss schicken. Die würden diesem komischen kleinen Schlossgeist so auf den Geist gehen, dass er das Schloss verlassen würde. Und die alte Eule und die Fledermaus könnte das Schlossgespenst gleich mitnehmen.

Gegen den alten Hausmeister Maier hatte Herr Wirsing nichts einzuwenden, und auch den Hund fand er normal genug, dass er dort wohnen bleiben konnte. Und die alte rostige Ritterrüstung würde er auf den Müll werfen. Er wusste ja nicht, dass Kuno eine sprechende Ritterrüstung war.

Und so zog eines Tages eine Familie mit drei sehr, sehr lauten Kindern ins Schloss. Schon nach einer Nacht war Johannes, das kleine Schlossgespenst, so wütend, dass er ganz vergaß, mit Stühlen um sich zu schmeißen.

„Die sind zu laut, die stören." Doch die alte Frau Schuck sagte: „Abwarten. Zur Not kann ich sie immer noch in Schuhkartons verwandeln."

Und das war sehr klug von Frau Schuck, denn am nächsten Tag begann die Familie mit den drei lauten Kindern das Schloss zu putzen. Sie wischten den Staub von über hundert Jahren von den Regalen, wienerten den Boden, sodass man die schöne alte Holzmaserung wieder erkennen konnte. Sie polierten den alten Kupferkessel in der Schlossküche und klopften die schönen alten Teppiche aus. Und als sie fertig waren sahen sie sich um. Und wenn Kuno, der sie stumm beobachtete, sich nicht völlig irrte, sahen sie enttäuscht aus. Auch die anderen, Flatz, Frau Schuck und das kleine Schlossgespenst zeigten sich nicht. Sie wollten die neuen Bewohner keinesfalls beim Putzen stören.

Am Nachmittag traute sich der alte Dorflehrer Wilhelm Wirsing fast bis an den Eingang des Schlosses. „Hallo!", rief er. „Hallo, sind Sie zufrieden mit dem Schloss?"

Und was war das? Da kam ihm die Familie mit den drei lauten Kindern mit gepackten Koffern entgegen. „Wir ziehen aus", sagte der Vater. „Wir hatten gedacht, in so einem alten Schloss müsse es Schlossgespenster geben. Aber da ist nichts." Und die Mutter sagte: „Wir bestehen nun einmal auf ein Schlossgespenst. In unserem letzten Haus hatten wir eines. Und wir möchten nicht drauf verzichten, aber in diesem Schloss gibt es nur verrostete Rüstungen und Staub."

Und so ging die Familie mit den drei lauten Kindern wieder fort. Herr Wirsing blieb ratlos zurück. Die Schlossbewohner aber freuten sich über ein frisch geputztes Schloss.

Flatz wird dick

Eines Tages brachte Herr Maier, nachdem er Besorgungen im Dorf gemacht hatte, eine schlimme Nachricht ins Schloss: Die gemeine Pommesbande trieb sich in der Gegend herum.

„Merkwürdig", sagte der alte Herr Maier, „sehr merkwürdig." Und Flatz, der ja noch nicht so lange im Schloss lebte wie die anderen, fragte:

„Was ist denn die Pommesbande?" Frau Schuck schüttelte besorgt ihren Eulenkopf.

„Frag nicht. Das war wirklich eine schlimme Geschichte." Und dann hofften alle, dass die Pommesbande den Weg zum Schloss nicht finden würde. Flatz hoffte einfach mal mit, obwohl er nicht genau wusste, was an der gemeinen Pommesbande so schlimm sein sollte.

Ein paar Tage später, fast hatte Flatz die Pommesbande wieder vergessen, klopfte es ans große Schlosstor. Flatz, der an diesem Tag allein zu Hause war, öffnete. Drei sehr, sehr dicke Ölfässer standen dort.

„Ja bitte?", sagte Flatz. Und die drei Ölfässer sagten zu Flatz:

„Lieber Ferdinand von Mopsenstein. Wir würden dir gerne etwas kochen." Und Flatz fühlte sich sehr geschmeichelt, dass sie seinen richtigen Vornamen kannten. Und natürlich auch weil sie dachten, ihm gehöre das Schloss Mopsenstein. Vor Stolz wurde Flatz gleich einen Fledermauskopf größer.

„Etwas kochen?", fragte er und dachte, es sei ja nur recht, dass dem Herrn von Mopsenstein etwas gekocht werde. „Kommt doch bitte mit. Ich zeige euch die Küche."

Die drei Ölfässer folgten der Fledermaus in die Küche. „Wir rufen dich, wenn wir fertig sind", sagte sie und schickten Flatz hinaus. Schon wenig später zog ein wunderbarer Duft durchs Haus. Es roch nach Fischstäbchen und Pommes. Nach Hamburgern und Schmalzgebäck, nach Bratwurst und Krapfen. Flatz lief das Wasser im Mund zusammen. Dann ging die Küchentür auf.

„Komm nur", riefen die drei Ölfässer. „Bedien dich an unseren Speisen. Lang nur tüchtig zu, damit du eine große und starke Fledermaus wirst." Und Flatz langte zu. Und wie. Er aß die Bratwurst, stopfte Pommes in sich hinein. Aber das war noch nicht alles. Zwei Hamburger schaffte er noch und zum Schluss einen Krapfen.

„Gut gemacht", sagten die drei Ölfässer und gingen zur Tür. Flatz aber musste sich erst einmal auf das große grüne Sofa im Rittersaal legen, so pappsatt war er.

Die Ölfässer kamen jetzt jeden Tag. Immer wenn die anderen Schlossbewohner nicht da waren, und Flatz allein war, pochten sie an das große Schlosstor und Flatz ließ sie ein. Die kleine Fledermaus wurde immer dicker und dicker. Schließlich wurde er so dick, dass es auch den anderen auffiel. Doch sie mochten nichts sagen. Sie wollten Flatz ja nicht weh tun.

Eines Tages, er wollte gerade mit dem kleinen Schlossgespenst und Frau Schuck zu einem Spazierflug aufbrechen, da merkte Flatz, dass er nicht mehr fliegen mochte. Es war einfach zu anstrengend. Er war zu schwer geworden. Frau Schuck wusste nun endlich, was mit Flatz los war.

„Die Pommesbande", sagte sie. „Flatz hat die Pommesbande getroffen." Und das wusste sie so genau, weil sie auch schon mal auf die drei Ölfässer hereingefallen war. Auch sie war damals so dick geworden, dass sie nicht mehr fliegen mochte. An diesem Tag musste Flatz, ob er wollte oder

nicht, viele, viele Runden fliegen, um sein Gewicht wieder loszuwerden. Den drei Ölfässern erging es schlechter. Als sie wieder am Schlosstor klopften, verzauberte Frau Schuck sie einfach. Seitdem wachsen vor dem Schlosstor drei grüne Salatköpfe.

Herr Wirsing sieht Gespenster

Der alte Dorflehrer Herr Wirsing gab einfach nicht auf. Er wusste doch, dass es auf Schloss Mopsenstein spuken musste. Wie konnte es sein, dass nur ihn das störte? Die anderen im Dorf taten so, als würden sie es nicht hören, wenn Johannes, das kleine Schlossgespenst, abends herumpolterte. Aber Herr Wirsing regte sich maßlos auf. Und wie er sich aufregte.

Und besonders regte ihn auf, dass der Dorfpolizist so gar keine Hilfe war. Mindestens einmal in der Woche beschwerte Herr Wirsing sich auf der Polizeiwache des Dorfes über den Lärm auf dem Schloss. Aber nichts geschah. Es polterte nur weiter, und Herr Wirsing konnte nachts nicht schlafen. Eines Tages machte Herr Wirsing sich auf in die nächste Stadt.

Viel größer als auf dem Dorf war es hier. Viel mehr Häuser gab es, und in den Häusern viel mehr Menschen. Aber das Beste war, dass es hier auch viel mehr Polizisten gab. Das stellte er fest, als er auf das Polizeirevier am Marktplatz ging.

„Guten Tag", sagte Herr Wirsing zum größten Polizisten, den er fand. „Ich möchte die Bewohner von Schloss Mopsenstein anzeigen. Wegen

fortdauernder nächtlicher Nachtruhestörung." Aber der große Polizist sah ihn nur streng an.

„Sie sollten uns besser nicht veräppeln", sagte der Polizist. „Denn wer uns veräppelt, kommt für einen Tag ins Gefängnis, damit er dort lernt, dass man Polizisten nicht veräppelt." Der alte Herr Wirsing verstand gar nichts. Das war wohl Polizistensprache.

„Ich möchte eine Anzeige machen", sagte er noch einmal. Und der Polizist blätterte in einem Haufen Papier.

„Die Burg Mopsenstein ist seit Jahren nicht mehr bewohnt. Nur ein alter Hausmeister schaut dort hin und wieder nach dem Rechten. Wollen Sie den Hausmeister anzeigen?"

Und Herr Wirsing sagte: „Nein, das kleine Schlossgespenst. Wegen fortgesetzter nächtlicher Nachtruhestörung." Und da fing der Polizist furchtbar an zu lachen und rief seine Kollegen, den kleinen Polizisten, den dicken und den dünnen zu sich.

„Hört euch das an", sagte er lachend zu ihnen. „Der Dorfschullehrer sieht Gespenster." Und die anderen lachten mit und fragten Herrn Wirsing,

ob man denn auf dem Dorf nicht wisse, dass es gar keine Gespenster gibt.

„Und wie es die gibt", sagte Herr Wirsing zu den Polizisten. „Gehen Sie nur hin zu dem Schloss und passen Sie auf, dass die alte Eule Sie nicht in einen Schuhkarton verwandelt." Da lachten die Polizisten nicht mehr.

„Sie vergleichen uns mit einem Schuhkarton?", fragte der große Polizist streng. „Das nehmen Sie sofort zurück. Sonst nehmen wir sie fest, weil sie gleich vier Beamte auf einmal beleidigt haben."

Und Herr Wirsing nahm alles zurück. Und dann machte er sich wieder auf den Weg zurück ins Dorf. In dieser Nacht ärgerte er sich so sehr über die eingebildeten Beamten, dass er nicht einmal hörte, wie laut das kleine Schlossgespenst polterte. So ist das oft bei Menschen, die sich über laute Schlossgespenster oder Kinder aufregen. Eigentlich würden sie sich lieber über etwas anderes, viel Größeres aufregen. Nur muss man so etwas Großes erst einmal finden. Herr Wirsing hatte an diesem Tag seinen großen Ärger gefunden, der Glückliche.

Besuch beim alten Wirsing

Was war nur mit den Schlossbewohnern los? Moritz von Mopsenstein streckte schläfrig alle Viere von sich, Flatz schaukelte in Fledermausart langsam kopfüber am großen Kronleuchter, Kuno quietschte lustlos mit seinen Scharnieren, das kleine Schlossgespenst hatte sich unsichtbar gemacht. Ja, und die alte Frau Schuck hatte nicht einmal mehr Freude daran, irgendjemanden in einen Schuhkarton zu verwandeln. Im Schloss war eine seltene Krankheit ausgebrochen. Sie hieß: Keine-Lust.

Leider konnte man sich gegen diese Krankheit nicht impfen lassen, und es gab auch nur eine Medizin dagegen. Sie hieß: Trotzdem.

Aber die Schlossbewohner hatten keine Lust, sie einzunehmen. Außerdem wussten sie gar nicht, wo sie war. Und sie hatten natürlich auch keine Lust, sie zu suchen.

„Wollen wir etwas machen?", fragte Flatz von seinem Kronleuchter herunter. Und die anderen antworteten im Chor:

„Keine Lust!" So war das bei dieser Krankheit. Nur der alte Hausmeister Herr Maier war noch gesund. Er kam in den großen Rittersaal und sah die Tiere so lustlos da herumsitzen, wie er es noch nie gesehen hatte.

„Merkwürdig", sagte er. „Sehr merkwürdig." Und dann ging er wieder.

„Kleines Schlossgespenst. Poltere du wenigstens ein bisschen", sagte Kuno, die sprechende Ritterrüstung. Aber das kleine Schlossgespenst sagte (na, was sagte es wohl?): „Keine Lust!"

Die Medizin Trotzdem musste schon eine besonders gute und starke Medizin sein, um hier etwas auszurichten. Wo war sie bloß?

Und dann fand Flatz sie: „Wollen wir nicht ein bisschen ins Dorf gehen? Und Frau Schuck zaubert ein bisschen herum?" Und das fanden die anderen tatsächlich eine gute Idee. Die Medizin fing schon an zu wirken.

So machte sich ein Zug sehr unterschiedlicher Schlossbewohner zu Fuß und fliegend auf ins Dorf.

„Als Erstes besuchen wir den alten Wirsing und machen ein bisschen Lärm", sagte Kuno, die sprechende Ritterrüstung.

„Als Erstes mache ich euch alle unsichtbar", sagte Frau Schuck. „Oder glaubt ihr, die Dorfbewohner geben jemals Ruhe, wenn sie Schlossgespenster, tollpatschige Fledermäuse und sprechende Ritterrüstungen sehen?" Das war zwar ein wenig beleidigend, aber vielleicht hatte die alte Eule sogar Recht.

Herr Wirsing wohnte ganz am Ende des Dorfes in einem kleinen windschiefen weißen Häuschen mit grünen Fensterläden und einem sehr gepflegten Rasen. Auf dem Rasen stand ein Schild: Betreten verboten! Das störte die Schlossbewohner

aber gar nicht, denn sie wussten ja, dass Rasen zum Spielen da ist und nicht zum Nicht-betreten. Also spielten sie ein bisschen auf dem Rasen.

Als Herr Wirsing nach Hause kam, fand er seine Rasenhalme abgeknickt. Ganz klar, da war jemand auf seinem Rasen gewesen. Immer mehr Halme knickten ab. Herr Wirsing blickte wild um sich. Aber er sah niemanden. Was kein Wunder war, weil die alte Frau Schuck ja alle unsichtbar gemacht hatte.

Johannes, das kleine Schlossgespenst, klapperte mit den grünen Fensterläden. Dem alten Herrn Wirsing wurde es immer unheimlicher. Und als

Flatz auch noch die Gießkanne nahm und Herrn Wirsing ein bisschen Wasser auf den Kopf schüttete, wusste der alte Lehrer plötzlich, was hier gespielt wurde:

„Euch Schlossbande kriege ich schon", rief er und schüttelte wütend seine Faust in die Richtung, wo er die Schlossbewohner vermutete. Die alte Frau Schuck zauberte sich sichtbar.

„Du besuchst uns so oft, Wilhelm Wirsing, da wollten wir dich einfach auch mal besuchen", sagte die alte Eule. Da lachten die unsichtbaren Schlossbewohner sehr. Und ihre Krankheit „Keine Lust" war wie weggeblasen.

Flatz kann nicht schlafen

Wo ist eigentlich oben? Das hatte Flatz sich schon oft gefragt, denn immer wenn er sich ausruhte, drehte sich seine Welt auf den Kopf. Wie es sich für eine richtige Fledermaus gehörte, schlief Flatz natürlich mit dem Kopf nach unten. Und wenn er da so hing, fragte er sich, ob es denn nun richtig sei, wenn die Häuser ihr Dach unten hatten und die Fenster oben oder umgekehrt? Das war wirklich äußerst kompliziert.

Wie immer, wenn Flatz über solch schwierige Fragen nachdachte, begann es, in seinem Kopf zu schwirren. Und dann dachte er noch angestrengter nach und es schwirrte noch mehr. Am Ende wurde ihm immer ganz übel vor lauter Nachdenken und Geschwirre. Und wenn einem übel wird, sollte man sich ja eigentlich hinlegen. Aber er lag ja schon. Eben nur auf Fledermausart. Das ist alles zu kompliziert? Das dachte Flatz auch. Er hatte ein wirklich großes Problem.

Eines Abends, kurz vor dem Schlafengehen, machte der Schlosshund Moritz von Mopsenstein den Vorschlag: „Schlaf doch wie alle normalen Tiere. Schön auf der Fußmatte mit dem Kopf zwischen den Pfoten." Aber das war natürlich nicht möglich, weil Fledermäuse bekanntlich nicht auf Fußmatten schlafen. Fledermäuse schlafen nun mal anders und Pfoten haben sie schon gar nicht.

„Ich hänge mich zum Schlafen immer im Schrank auf einen Bügel", sagte Johannes, das kleine Schlossgespenst. „Da wäre noch ein bisschen Platz für dich." Auch das ging nicht. Fledermäuse schlafen nicht in Schränken.

„Die einzig wahre Art zu einem erholsamen Schlaf zu kommen", sagte die alte grießgrämige Frau Schuck. „Die einzige und beste Art zu schlafen ist, wenn man sich gemütlich auf einen Ast setzt und den Schnabel nach hinten zwischen die

Flügel steckt." Aber das kam natürlich überhaupt nicht in Frage. Ein für alle Mal: Eine Fledermaus schläft mit dem Kopf nach unten.

Und so gingen die Tiere schlafen. Jeder auf die Art, wie er es gewohnt war. So hing Flatz wieder an seinem Lieblingsbalken über dem Fenster des alten Glockenturms. Und wie er da so an seinen Fledermausfüßchen baumelte, ging es auch schon wieder los: die Blumen draußen, die Bäume, der Rasen. Alles stand auf dem Kopf. Selbst der alte Maier, der draußen über einen Weg schlurfte, hatte die Beine oben. Und morgen beim Aufstehen würde wieder alles anders herum sein. Wieder schwirrte der kleinen Fledermaus der Kopf. Und dann wurde ihr übel.

„Ach, es war zum Verzweifeln. Es würde sich nie ändern", dachte Flatz.

Und dann änderte es sich doch. Als Flatz am nächsten Abend zu seinem Lieblingsbalken im Glockenturm flog, hing vor dem Fenster ein großes Bild. Es war ein schönes Bild. Rote Blumen waren darauf und Bäume und ein sehr grüner Rasen. Aber wie merkwürdig: Alles stand auf dem Kopf. Was das wohl sollte? Flatz hängte sich zum Schlafen an seinen Lieblingsbalken und betrachtete das Bild. Jetzt war alles richtig herum. Weder die Blumen standen auf dem Kopf, noch die Bäume. Und zum ersten Mal schlief Flatz ein, ohne dass ihm übel wurde.

Am nächsten Morgen begegnete ein sehr ausgeschlafener Flatz dem alten Hausmeister Herrn Maier. „Na, gut geschlafen?", fragte der. Und Flatz hätte schwören können, dass der alte Hausmeister grüne und rote Farbe an den Fingern hatte.

Sternschnuppengeschichten

Catrin Barnsteiner

Poldi spielt Frisbee

Heute langweilt sich Poldi. Er langweilt sich fürchterlich. Unglaublich fürchterlich. Alle seine Freunde sind unterwegs. Tommi, der kleine Stern von nebenan, ist mit seinen Eltern in Urlaub geflogen. Zur Sonne. Da ist es immer schön warm. Und Wattebäuschchen, die kleine Wolke, musste zum Friseur, weil der letzte Sturm ihre Puschel arg zerzaust hat. So sehr, dass sie richtig zum Fürchten aussah.

Also ist Poldi zu Hause, in dem kleinen Häuschen in der Milchstraße 25. Er stromert von der Terrasse ins Wohnzimmer. Vom Wohnzimmer ins Bad. Und dann in die Küche. Ihm ist so langweilig, dass er sogar die Küchenschublade seiner Mutter aufmacht. Da ist aber auch nichts Interessantes drin. Nur Pulver aus dem Laden in der Milchstraße 189, mit dem seine Mutter immer Milchbrei für Poldi kocht.

In dem Laden gibt es Milchbrei mit Vanille-Eisbrockengeschmack. Das ist lecker. Und dann noch mit Planetenerde-Geschmack, der ist nicht so gut. Dauernd hat man Erdkrümel zwischen den Zähnen. Aber gesund ist der, sagt Poldis Mutter. Bääh. Poldi schüttelt sich. Dann überlegt er, die Packung mit dem Planetenerde-Geschmack heimlich verschwinden zu lassen, aber da kommt schon seine Mutter in die Küche.

„Poldi", sagt sie, „was suchst du denn in meiner Küchenschublade? Wenn dir langweilig ist, könntest du doch dein Zimmer aufräumen."

Poldi grummelt. Zimmer aufräumen. Als ob das Spaß macht! Mütter haben einfach keine Ahnung. Poldi seufzt und trottet in sein Zimmer.

Langsam klaubt er ein paar seiner kleinen Raumschiffe vom Fußboden. Da steht auch seine Kiste mit roten und grünen und gelben und blauen Frisbeescheiben. Frisbee spielen ist toll. Aber dazu braucht man Freunde. Poldi seufzt. Gestern hat er noch mit seinem Freund Tommi Frisbee gespielt.

Leider hat Poldi einmal so schlecht geworfen, dass Tommi das Frisbee nicht fangen konnte. Dann ist sie dem Mars mit voller Wucht an den Kopf geknallt. Ui, war der Mars aber böse. Er ist ganz rot geworden, und Tommi und Poldi mussten schnell abhauen.

Poldi zieht vorsichtig die Gardine zur Seite und schaut in Richtung Mars. Der ist immer noch ganz rot vor Wut. Poldi zieht die Gardine schnell wieder zu. Die Frisbee ist irgendwo ganz tief ins All geschossen, mit einer irren Geschwindigkeit. Auf Nimmerwiedersehen. Das passiert oft, wenn Sterne Frisbee spielen. Deshalb hat Poldi auch eine ganze Kiste Ersatz-Frisbees.

Poldis Großvater hat Poldi einmal erzählt, dass selbst die Menschen auf der Erde manchmal so ein verlorenes Frisbee über den Himmel rasen sehen. Und die glauben dann, dass da Marsmenschen drin sind. Und nennen es „Fliegende Untertasse". Poldi lacht sich schon schlapp, wenn er nur daran denkt. Hahahaha.

Und plötzlich weiß Poldi, was er tun wird, an diesem langweiligen Nachmittag. Er wird sich eine Geschichte ausdenken: Was eine Frisbeescheibe so alles erlebt, wenn sie durchs All fliegt. Die Geschichte kann er dann Wattebäuschchen erzählen, wenn sie wieder vom Friseur kommt. Und Tommi, wenn er wieder aus dem Urlaub zurück ist. Ja, das wird er tun.

Und da kommt plötzlich Poldis Mutter ins Zimmer. Sie lächelt Poldi zu und hat eine große Schale voll Milchbrei für ihn in der Hand. Mutters unnachahmlicher Milchbrei mit dem leckeren Vanille-Eisbrockengeschmack! Poldi ist entzückt! Jetzt wird es doch noch ein richtig schöner Nachmittag.

Wolken kitzeln

Manchmal sitzen Poldi und seine Freundin Wattebäuschchen einfach da und schauen in den Himmel. Das heißt: Poldi sitzt auf dem Rücken seiner Freundin Wattebäuschchen, denn Wattebäuschchen ist eine kleine Wolke – und die ist so weich und bequem wie ein ganzer Haufen Kissen. Und wenn Poldi nicht ein ganz winzig kleiner und leichter Stern wäre, dann würde er in der Wolke versinken.

Wattebäuschchen ist wirklich eine tolle Freundin, denkt Poldi, manche Wolken sind nicht so nett. Viele werden ganz grau im Gesicht, wenn Poldi fragt, ob er sich mal draufsetzen kann. Denn er ist oft müde von seinen vielen Spaziergängen.

„Aber Poldi", sagen die Wolken dann, „wir sind doch keine Stühle. Oder sehen wir vielleicht aus wie Stühle?" Manche grummeln dann auch ein bisschen böse, weil sie beleidigt sind, dass Poldi sie offenbar mit einem Stuhl verwechseln will. Und manchmal geht Poldi dann nicht einfach weiter zur nächsten Wolke, sondern ist ganz frech und kitzelt die Wolken unten am Bauch. Aber das mögen Wolken gar nicht. Dann grummeln sie noch viel lauter und schütten Wasser über Poldi aus. Brrrr, ganz kaltes Wasser! Aber Poldi kann es einfach nicht lassen. Es macht viel zu viel Spaß, eine dicke fette Wolke unten am Bauch zu kitzeln. Ganz vorsichtig nur, mit einem seiner kleinen Sternenzacken.

Aber Gott sei Dank sind die Wolken nie lange böse auf Poldi und hören meistens schnell wieder auf, kaltes Wasser über ihm auszuschütten. Poldi fliegt dann trotzdem schnell weiter und versucht, seine Freundin Wattebäuschchen zu finden. Dann legt er sich auf ihren Rücken, streckt alle Zacken von sich, und Wattebäuschchen fliegt ganz nah an die Sonne heran, damit Poldi schnell trocken wird. Ah, das ist schön.

Was Poldi besonders lustig findet, ist ein Wolkenstaub-Tag. Das passiert manchmal im Winter, wenn auch die Wolken frieren. Dann treiben sie Gymnastik, damit ihnen warm wird. Sie rutschen ein bisschen hin und her und auf und ab, und dabei fällt dann immer Wolkenstaub auf die Erde. Der ist zwar leider auch ganz kalt, weil es ja Winter ist, aber Poldi freut sich trotzdem immer riesig. Denn dann kann er Wolkenstaub-Flocken-Versteckenspielen. Das funktioniert so: Poldi ist viel viel kleiner als so eine Wolkenstaub-Flocke.

Und weil er auch ganz schnell fliegen kann, fliegt er immer von einer Wolkenstaub-Flocke zur anderen und versteckt sich dahinter. Seine Freundin Wattebäuschchen versucht dann, ihn zu finden. Aber das ist wirklich schwierig. Wenn beide ganz müde sind vom Spielen, setzt sich Poldi vorsichtig auf Wattebäuschchen und krault ihr den Rücken. Das mag sie sehr gerne. Oh ja. Und manchmal, wenn Poldi noch ganz übermütig ist, dann versucht er, sie am Bauch zu kitzeln. Nur ein klitzekleines bisschen. „Poldi", warnt Wattebäuschchen dann, „Vorsicht, du weißt, was gleich passiert …"

Poldi hat keine Lust

Eines Abends sitzt Poldi wieder auf Wattebäuschchen und sie schauen zusammen in den Himmel. Poldi hat heute keine Lust, am Himmel zu stehen und zu leuchten, er will sich lieber mit Wattebäuschchen treffen. Aber am Himmel, da gibt es die Ober-Sterne. Die passen auf, dass auch jeder Stern nachts brav leuchtet.

Die Obersterne wissen, dass Poldi heute eigentlich keinen Urlaub hat und suchen deshalb nach ihm. Sie drehen sich und drehen sich und versuchen auszuspähen, wo der kleine Poldi denn nun wieder ist.

„Poldi", rufen sie ganz laut, „Poldi, wo bist du?" Und einmal nehmen sie sogar Watte-

bäuschchen ganz genau unter die Lupe, weil sie wissen, dass sie Poldis Freundin ist.

Aber als Poldi die Obersterne sieht, legt er sich ganz schnell, ganz flach auf den Bauch, Wattebäuschchen plustert sich blitzschnell ein bisschen auf, so dass Poldi seinen Kopf hinter einem ihrer Puschel verstecken kann. Puhh, die Obersterne haben ihn nicht bemerkt. Das war knapp. Eigentlich ist Poldi ja ein guter Stern und es macht ihm viel Spaß zu leuchten. Aber manchmal haben er und seine anderen Sternen-Freunde einfach lieber Lust, etwas anderes zu tun. Und dann verstecken sie sich hinter Wolken, damit die Obersterne sie nicht finden können. Deshalb sehen die

Menschen auch nicht immer gleich viele Sterne am Himmel.

„Poldi", sagt Wattebäuschchen, „ich schau gern nachts in den Himmel. Mit all den Sternen, das sieht aus, als hätte der Himmel Sommersprossen." Poldi nickt. Wattebäuschchen hat Recht. Die vielen kleinen Sterne am Himmel sehen wirklich wie Sommersprossen aus. „Und schau mal, was da ein paar von den anderen Sternen am Himmel machen", sagt Wattebäuschchen und ist ganz aufgeregt. „Das ist ja ein richtiges Bild. Das sieht aus wie ein Wagen."

Poldi nickt wieder. „Das haben sich ein paar von den ganz alten Sternen ausgedacht", sagt Poldi. „Das ist schon ganz lange her. Den Sternen war es einfach zu langweilig, immer nur so verstreut am Himmel rumzustehen. Und weil sie den Menschen auf der Erde eine Freude machen wollten, haben sie einfach gedacht, sie malen ein schönes Muster an den Himmel. Wenn man jetzt einen Stift hätte, und damit eine Linie von einem Stern zum anderen zeichnen würde, dann kann man einen Handwagen sehen. So einen, in den man Sachen reinladen kann und dann kann man

301

ihn ziehen." „Tolle Idee", sagt Wattebäuschchen beeindruckt. Ja, das findet Poldi auch.

Und plötzlich hat er ein ganz schlechtes Gewissen. Jetzt können die Menschen ihn gar nicht sehen, wenn er sich hinter Wattenbäuschchen versteckt, anstatt am Himmel zu leuchten. „Du, Wattebäuschchen", sagt Poldi und rappelt

sich auf, „ich glaub, ich muss los."

„Das ist eine gute Idee", sagt Wattebäuschchen. „Machs gut, Poldi".

Aber Poldi ist schon losgeflogen. „Tschühüüüüss", ruft er und dreht sich noch einmal um und winkt mit einem seiner kleinen Sternen-Zacken. „Bis morgen!"

Besuch auf dem Mond

Heute wollten Poldi und seine Freunde Tommi und Wattebäuschchen einen großen Ausflug machen. Zum Mond. Denn der Mond ist der beste Spielplatz, den es im ganzen Weltall gibt. Da gibt es keinen Wind und keinen Regen. Und die kleinen Sterne sind meistens ungestört.

Die großen Sterne sagen: „Was wollt ihr denn auf dem Mond? Da ist doch nichts los." Aber das stimmt nicht. Da buddeln die kleinen Sterne nämlich ganz große Löcher. Und wer das tiefste Loch hat, der hat gewonnen. Wattebäuschchen buddelt zwar nie mit, weil sie sich nicht schmutzig machen will. Aber sie darf die Schiedsrichterin sein. Das kann sie auch gut, weil sie besser fliegen kann als Tommy und Poldi. Ganz nah muss sie dann über den Löchern schweben und gucken, wer das tiefste gegraben hat.

Das ist ganz schön schwierig, denn schon die Eltern von Poldi und seinen Freunden, und auch schon die Großeltern und Urgroßeltern und Ururgroßeltern haben auf dem Mond gespielt. Und Löcher gegraben. Deshalb gibt es jetzt ziemlich viele und manche sind auch wirklich sehr, sehr tief.

Poldis Mutter hat einmal erzählt, dass vor vielen Jahren plötzlich so ein komisches Fahrzeug ankam. Gerade, als die kleinen Sterne ihre Löcher buddelten. Sie haben sich dann alle geschwind in einer großen Höhle versteckt. Aus dem Fahrzeug kam ein Mann, der einen weißen Anzug trug. Und einen komischen Helm, der aussah wie eine umgekippte Schüssel. Der Mann stieg eine Leiter hinunter und betrat den Mond.

Die Sterne beobachteten ihn von ihrer Höhle aus. Dann kam ein zweiter Mann, und beide liefen auf dem Mond herum. Und dann steckte einer noch eine Fahne hinein.

„Seltsam, seltsam", dachten die Sterne. Dann flogen die Männer wieder weg und die Sterne kamen aus ihrer Deckung. Poldis Mutter entdeckte schließlich einen Fußabdruck. Den hatten die Menschen hinterlassen. Und der ist jetzt immer noch da, weil es ja auf dem Mond nicht regnet und keinen Wind gibt.

Jedes Mal, wenn Poldi mit seinen Freunden auf den Mond zum Spielen kommt, betrachtet er den Fußabdruck. Dann gräbt er mit seinen

Freunden weiter Löcher in den Mond. Aber er muss immer an den Fußabdruck denken. Poldi will gern das allerallertiefste Loch auf dem Mond graben. Und dann berühmt werden. Manchmal träumt er davon, wie alle Sterne ein großes Fest für ihn geben und klatschen und ihn bewundern. Weil er, Poldi, das allerallertiefste Loch auf dem Mond gegraben hat. Aber das mit den Löchern ist ja so eine Sache: Die sehen alle gleich aus. „Aber wenn ich einen Schuh hätte, dann könnte ich auch einen Fußabdruck machen", denkt Poldi. „Dann würde ich berühmt werden. Weil ich der erste Stern bin, der einen Fußabdruck gemacht hat." Aber das Problem ist: Sterne haben leider keine Schuhe. Und deshalb buddelt Poldi eben weiter Löcher. Ganz, ganz tiefe.

Der Sternenpullover

Heute machen sich Poldi und Wattebäuschchen mal wieder einen Fernsehabend. Sterne haben zwar keinen Fernseher, aber sie können bei Menschen in die Zimmer gucken, wenn dort das Licht brennt. Und das ist genauso aufregend wie ins Kino gehen oder fernsehen.

Allerdings müssen sie dafür erst ihre Sternenbrille finden, denn die setzen sie eigentlich nie auf. Sterne sind sehr eitel und Poldi ganz besonders. Deshalb hat wahrscheinlich noch kein Mensch einen Stern mit einer Brille gesehen. Natürlich dauert es wieder ewig, bis Poldi seine Brille findet. Und heute waren es genauer gesagt: sechs Stunden, vier Minuten und 25 Sekunden.

Puh. War das anstrengend. Sie liegt unter dem Pullover, den Poldis Oma für Poldi gestrickt hat, als es einmal sehr kalt war. Ein blauer Pullover mit einem Stern drauf. Aber Poldi hat ihn nie angezogen – wie gesagt, er ist ein sehr, sehr eitler Stern und Pullover findet er blöd.

„Sterne tragen doch keine Pullover", murmelt Poldi und stopft den Pullover in die hinterste Ecke seiner Schublade. „Die Menschen würden sich doch kaputtlachen, wenn sie an den Himmel schauen. So ein Stern in einem Pullover sieht nämlich ganz schön komisch aus." Manchmal kriegen die Sterne dann natürlich eine böse Erkältung und niesen und müssen sich die tropfende Nase an den Wolken abwischen, die gerade vorbeikommen.

Die Sternenbrille liegt also unter dem Pullover. Poldi setzt sie auf und flitzt zu Wattebäuschchen. Treffpunkt ist Esistraße um 20.10 Uhr. Um 20.15 Uhr wollen sie ihren Fernsehabend beginnen. Poldi lässt Wattebäuschchen durch das eine Glas der Brille schauen, er schaut durch das andere.

Ganz viele Menschen sitzen auf der Erde vor dem Fernseher, aber das finden Poldi und Wattebäuschchen langweilig. Also drehen sie die Brille und schauen an einen anderen Ort. Hier ist es schon besser: Ein kleines Mädchen liest mit einer Taschenlampe unter der Bettdecke ein Buch.

„Au wei", sagt Poldi, „wenn ihre Mutter das sieht." Poldi weiß genau, wie das ist. Er liest auch immer unter der Bettdecke. Am liebsten Comic-Heftchen von ‚Mickey, der Mars-Maus'. Poldi hätte gern mal Comic-Heftchen getauscht mit dem Mädchen von der Erde. Was da wohl so drin steht?

Dann dreht Wattebäuschchen die Brille wieder ein Stück. Und da sehen sie plötzlich einen kleinen Jungen, der auf einem Hügel steht und ganz heftig in den Himmel winkt. Poldi und Wat-

tebäuschchen schauen sich um. Wem winkt der Junge wohl?

„Der meint uns", sagt Wattebäuschchen aufgeregt, „schau mal, der hat ein Gerät, mit dem er uns ganz genau sehen kann. Das ist ein Fernglas."

„Und das ist so gut wie eine Sternenbrille?", wundert sich Poldi

„Na klar", sagt Wattebäuschchen. Der Junge hüpft auf und ab und winkt immer noch. Poldi wackelt aufgeregt hin und her und brüllt laut:

„Hier sind wir!" Es ist so laut, dass Wattebäuschchen erschreckt einen großen Satz zur Seite macht.

„Du Dummkopf", sagt sie „mit einem Fernrohr kann man nur sehen. Nicht hören. Sonst wäre es doch ein Hörrohr."

„Ach ja", sagt Poldi entschuldigend, „du hast natürlich Recht."

„Und schau mal, der Junge hat genauso einen Pullover wie du. Blau mit einem Stern drauf",

sagt Wattebäuschchen. Wattebäuschchen versucht immer, Poldi dazu zu überreden, seinen Pullover anzuziehen. Sie mag es nämlich gar nicht, wenn Poldi erkältet ist. Und sich seine triefende Nase mit einem ihrer Wolken-Puschel abwischt.

„Hmm", sagte Poldi, „sieht eigentlich schon ganz gut aus."

„Siehst du", sagt Wattebäuschchen zufrieden.

„Hmm", brummte Poldi noch einmal.

Und als er sich spät am Abend in sein Bett einkuschelt, denkt er immer noch an den blauen Pullover mit dem Stern. Er holt ihn aus der Schublade und zieht ihn an. Hmm. Sieht gar nicht so schlecht aus. Poldi beschließt, ihn anzulassen. Erstmal unter der Bettdecke, wo ihn niemand sieht. Aber morgen will er ihn am Himmel anziehen – und wenn man ganz genau hinschaut, kann man ihn bestimmt von der Erde aus sehen. Poldi, der erste Stern mit einem Pullover.

Die Sonne kocht für Poldi

„Poldi", sagt die Mutter eines Tages beim Früh-stück, „was ist denn mit dir los? Bist du krank? Willst du nicht mal deine Sonnencreme essen?"

Nein, Poldi hat heute keinen Appetit. Er ist viel zu aufgeregt und zappelt so wild auf seinem Stuhl herum, dass beinahe die Schüssel mit der Sonnencreme vom Tisch gefallen wäre. Und das wäre wirklich schade drum gewesen, denn Son-nencreme ist wirklich etwas sehr, sehr Leckeres. Für kleine Sterne wie Poldi zumindest. Natürlich ist es nicht so eine Art Sonnencreme, mit der sich die Menschen einreiben, damit sie keinen Son-nenbrand bekommen, bevor sie an den Strand gehen oder auf den Balkon. Nein, da wo Poldi herkommt, ist Sonnencreme eine echte Delika-

tesse. Und man kann sie auch nur bei der Sonne direkt kaufen – und bis dahin ist es ein sehr, sehr weiter Weg. Auch für kleine Sterne.

Es ist nämlich so: Wenn die Sonne nicht besonders viel zu tun hat, im Winter nämlich oder wenn es regnet, dann langweilt sie sich. Und dann kocht sie sehr gerne. Am besten kann sie Sonnencreme kochen. Aber auch Sonnenschnit-zel und Sonnensalat und Sonnenkuchen und Sonnenplätzchen. Poldi und die Sonne verstehen sich gut und Poldi besucht sie oft. Und die Sonne freut sich, weil sonst ja selten jemand vorbei-kommt, weil der Weg so weit ist.

Und heute war Poldi so aufgeregt, weil die Sonne ihn eingeladen hatte, ein neues Rezept zu kosten. Das ist eine große Ehre für einen kleinen Stern wie Poldi, schließlich ist die Sonne der größte und wichtigste Stern den Poldi kennt.

Gleich nach dem Frühstück macht sich Poldi also auf den Weg. Gleich hinter der Milchstraße geht es rechts, dann immer geradeaus, am Mond vorbei, dann wieder geradeaus, dann kommt die Höhle vom Sandmännchen, dann kommt das Haus von seinem Freund Tommi und endlich, endlich ist er da.

Die Sonne hat ihn schon erwartet. Es ist ganz schön heiß hier. Puhh. Poldi schwitzt.

Die Sonne hat es wirklich leicht mit dem Kochen: Sie braucht keinen Herd. Sie stellt sich die Töpfe einfach auf den Kopf und schwupp ist alles gekocht. Sogar ein großer Braten ist in einer halben Sekunde gar.

Heute soll Poldi ihre Sonnennudeln mit roter Beerensauce probieren. Poldi läuft schon das Wasser im Mund zusammen, denn die Sonne ist ein sehr guter Koch. Alles, was sie kocht, schmeckt wie ein Sonnentag.

Aber, oh Schreck! Als Poldi eine Gabel von den Nudeln gekostet hatte, verzieht er das Gesicht. Es schmeckt fürchterlich. Total angebrannt!

Die Sonne, die Poldi gespannt beobachtet hatte, seufzt. „Es ist wohl angebrannt?", fragt sie.

„Naja", sagt Poldi. „Es schmeckt leider nicht sehr gut."

„Ja, ja", sagt die Sonne. „Ich fürchte, ich hatte den Topf mit den Nudeln zu lange auf dem Kopf stehen. Aber gerade, als ich sie herunternehmen wollte, kam ein Brief vom Mond. Und den wollte ich doch schnell lesen."

Dazu muss man wissen, dass der Mond in die Sonne verliebt ist. Und die Sonne auch in den Mond. Das Dumme ist nur, dass die beiden nie zusammenkommen können. Denn immer wenn der eine am Himmel steht und arbeitet und scheint, dann ist der andere gerade ganz woanders. Und deshalb sehen sie sich nie, sondern schreiben sich immer nur Briefe.

„Aber", sagt die Sonne, „ich kann ja die Nudeln nochmal kochen. Und dieses Mal lasse ich sie nicht anbrennen." Die Sonne wirft die Nudeln in einen Topf und die Beeren in einen anderen. Rührt ein bisschen. Mischt noch ein bisschen Sonnencreme dazwischen, ein bisschen Jupiter-Kraut, dann noch ein paar Löffel feinen Venus-Sand und stellt sich alles auf den Kopf. Und schwupp – ist alles gar. Poldi steckt sich eine große Gabel in den Mund. Mhhhmmm, jetzt sind die Nudeln wirklich lecker.

„Sonne", sagt Poldi nachdem er den ganzen Teller leer gegessen hat, „für diese Nudeln verleihe ich dir fünf Sterne." Die Sonne wird ganz rot. Denn fünf Sterne von einem Stern sind eine hohe Auszeichnung. Wenn es Poldi wieder nicht geschmeckt hätte, hätte er ihr nur einen Stern gegeben.

Zum Dank schenkt die Sonne Poldi einen großen Topf voll Sonnencreme. Poldi ist selig. Und dann sagt die Sonne noch: „Du Poldi, könntest du vielleicht auf dem Rückweg beim Mond vorbeigehen? Und ihm eine Schale mit meinen neuen fünf-Sterne-Nudeln vorbeibringen?"

Jetzt geht Poldi ein Licht auf. Die Sonne wollte sich nicht blamieren, und deshalb musste Poldi Vorkoster spielen! „Klar", sagt Poldi, „mach ich doch gerne."

Die Sonne kocht noch schnell einen großen Topf voll neuer Nudeln mit Beerensauce und gibt sie Poldi. Und dann steckt sie noch einen Brief in die Nudeln. „Der ist für den Mond", sagt die Sonne. „Und dass du ihn mir ja nicht aufmachst und liest."

„Nein", sagt Poldi, „natürlich nicht." Und dann zischt er los. Er macht den Brief nicht auf, aber er hätte wirklich zu gerne gewusst, was die Sonne dem Mond für Liebesbriefe schreibt.

Hilfe für das Sandmännchen

Als Poldi und Wattebäuschchen gerade Fangen spielen, kommt das Sandmännchen vorbei.

„Hallo Poldi, hallo Wattebäuschchen", sagt das Sandmännchen. „Könnt ihr mir vielleicht einen großen Gefallen tun?"

„Klar, Sandmännchen", sagen Poldi und Wattebäuschchen, „worum geht es denn?"

„Also wisst ihr", sagt das Sandmännchen, „ich habe mir gestern ein neues Fahrzeug gebaut. Einen Rennschlitten. Er ist supersuperschnell. Und er hat einen automatischen Baggerarm, der meinen Traumsand für die Kinder auf der Erde auflädt. Aber leider bin ich über einen Meteoriten gefahren, es ist ein Reifen geplatzt, und der Rennschlitten ist umgefallen. Und dann ist der automatische Baggerarm abgebrochen und irgendwo ins All geflogen. Und jetzt muss ich den Traumsand für die Kinder auf der Erde selbst aufladen. Aber das schaffe ich nicht alleine. Könnt ihr mir helfen?"

„Klar", rufen Poldi und Wattebäuschchen wie aus einem Mund. Sie freuen sich sehr. Das ist viel aufregender als Fangen zu spielen! Die drei machen sich auf den Weg.

„Ihr dürft aber nicht verraten, wo mein Traumsand liegt", mahnt das Sandmännchen, „das muss ein Geheimnis bleiben."

„Klar", antworten Wattebäuschchen und Poldi. Als sie an der Höhle des Sandmännchens angekommen sind, bekommt jeder eine Schaufel und los geht's. Alle drei schaufeln Traumsand auf einen Transporter. Es ist ganz schön viel Traumsand, den das Sandmännchen braucht. Schließlich müssen alle Menschen und alle Tiere auf der Erde genug kriegen, um schlafen zu können.

„Passt auf, dass kein Sandkorn verloren geht", mahnt das Sandmännchen. „Nur ich weiß, wo die Menschen und die Tiere gerade schlafen sollen und wo nicht."

Aber – huups. Da ist Poldi schon ein kleines Sandkorn von der Schaufel gesprungen. Und direkt auf die Erde! Es fällt direkt auf Afrika, wo ein Löwe gerade eine Antilope jagt. Der Löwe bleibt plötzlich stehen, gähnt ganz laut, streckt alle Viere von sich und schläft unter einem Baum ein. Und die Antilope sucht schnell das Weite, bevor der Löwe wieder aufwacht.

Nun, das war ja gerade noch mal gut gegangen. Und das Sandmännchen hatte nichts bemerkt. Poldi nimmt sich vor, besser aufzupassen. Ganz vorsichtig schaufelt er den Sand in den Transporter. Er ist ziemlich verschwitzt, als sie endlich fertig sind. Und auch Wattebäuschchen läuft das Wasser an den Wolken-Puscheln herunter. Nur das Sandmännchen scheint noch immer munter zu sein. Klar, das Sandmännchen macht das ja auch jeden Tag. Und wenn es auf der einen Seite der Erde fertig ist, bleiben nur ein paar Stunden, bis es auf der anderen Seite wieder anfangen muss. In diesen paar Stunden muss das Sandmännchen dann neuen Traumsand holen.

Plötzlich runzelt das Sandmännchen die Stirn. „Ach je, auf der Erde gibt es ein Gewitter. Da brauchen die Traumsandkörner länger, bis sie auf die Erde kommen. Deshalb können viele Kinder auch bei Gewitter nicht einschlafen. Aber, na

ja. Bisher sind sie immer alle angekommen. So, jetzt muss ich los. Vielen Dank ihr beiden", sagt das Sandmännchen.

„Gern geschehen", ruft Poldi, und Wattebäuschchen nickt. Sie ist noch zu sehr außer Atem, um etwas zu sagen.

Als Poldi sich an diesem Abend wäscht, entdeckt er an einem Sternenzacken zwei kleine Sandkörner. Die sind wohl kleben geblieben, weil er so geschwitzt hat. Poldi legt sie vorsichtig in eine kleine Schachtel. Eigentlich müsste er sie

dem Sandmännchen zurückgeben. Aber vielleicht könnte er sie auch für etwas anderes gebrauchen … Hmm – Poldi denkt nach. Es gibt so viele Möglichkeiten: wenn eine Lehrerin auf der Erde genau in dem Moment einschlafen würde, indem sie den Kindern Hausaufgaben aufgeben will. Oder wenn eine Mutter genau in dem Moment einschlafen würde, in dem sie ihren Kindern sagt, dass sie ihr Zimmer aufräumen sollen. Oder … Weiter kommt Poldi nicht mehr. Er ist eingeschlafen.

Das Telefongespräch

Poldi und sein Freund Tommi wollen heute mal wieder zum Satelliten gehen. Ein Satellit ist ein blinkender Metallkasten, den die Menschen am Himmel aufgestellt haben. So ein Satellit soll Arbeit für die Menschen erledigen. Das funktioniert zum Beispiel so: Wenn ein Kind aus Deutschland mit einem Kind in Australien telefonieren will, dann ruft das Telefon in Deutschland erst den Satellit an, damit der guckt, wo das Telefon in Australien genau steht. Und wenn der Satellit das Telefon entdeckt hat, kann er es anrufen. Natürlich gibt es auch Telefonkabel, die über die ganze Erde laufen. Aber mit so einem Satellit geht es viel schneller, weil der ja ganz oben am Himmel steht und von oben alles viel schneller sehen kann.

Poldi und Tommi haben einen Streich ausgeheckt: Jedesmal, wenn ein Telefon den Satelliten anruft, dann ruckeln sie ein bisschen an dem

Satelliten. Und dann ruft der Satellit meistens das falsche Telefon an. Weil er ja dann nicht genau sehen kann, wo das richtige Telefon steht. Schließlich wackelt alles.

Das ist immer sehr lustig. Denn dann sprechen zwei Menschen miteinander, die sich gar nicht kennen.

Poldi und Tommi ruckeln also wieder am Satelliten, gerade als ein Telefon aus Deutschland anruft, das eigentlich mit einem Telefon in Amerika verbunden werden will. Aber jetzt hat der Satellit das deutsche Telefon mit einem Telefon im Märchenland verbunden. Und das hört sich so an:

„Hallo, ich hätte gern mit Mister Ken Miller gesprochen", sagt ein Mann aus Deutschland.

„Der König ist nicht zu Hause. Er ist gerade bei Prinzessin Stefanie", sagt ein Mann aus dem Märchenland, er ist der Diener eines Königs.

In der Leitung rauscht und knackt es, dann sagt der Mann aus Deutschland: „Nein, ich möchte nicht die Nummer von Tiffany's. Ich will mit Mister Miller in der 23. Straße sprechen."

„Ja, die Straße bei der Mühle ist sehr holprig. Der König kommt wohl erst heute Abend zurück", sagt der Diener aus dem Märchenland.

„Na, dann schicke ich ein Fax!", ruft der Mann aus Deutschland verzweifelt.

Und wieder knirscht und zischt es in der Leitung, bevor der Diener aus dem Märchenland antwortet: „Nein, bitte schicken Sie nicht nach der Hexe, wir haben auch ohne die Hexe schon genug zu tun!"

„Nein, nicht Hexe, sondern Fax. Ich werde etwas faxen!", ruft der Mann aus Deutschland.

„Ah, so, Herr Axel ist Ihr Name. Soll ich dem König etwas von Ihnen ausrichten, Herr Axel?", fragt der Diener aus dem Märchenland. Und – klack – da legt der Mann aus Deutschland auch schon den Telefonhörer auf. Und Poldi und Tommi lachen sich kaputt.

„Du, Tommi", sagt Poldi zu seinem Freund, „ich hätte auch gern ein Telefon. Aber im Weltraum gibt es ja kein Telefon. Das ist ganz schön blöde."

Wenn Poldi seinen Freunden Wattebäuschchen oder Tommi etwas sagen will, muss er immer erst selbst hinfliegen. Oder er muss ihnen einen Brief schreiben.

Aber halt, da gibt es ja noch eine Möglichkeit: Die Sterne können sich nämlich auch mit einer Zeichensprache verständigen. Sie stehen dann am Himmel und blinken. Leider ist die Sternensprache geheim und wir Menschen können sie noch nicht entziffern. Und die Sterne würden sie auch nie verraten, denn schließlich können die Menschen die Sterne am Himmel genau beobachten. Und dann wüssten sie genau, über was sich die Sterne unterhalten!

Poldi macht einen Ausflug

Einmal im Jahr waschen sich die kleinen Sterne nicht selbst, sondern werden von den Engeln geputzt. Das ist viel gründlicher und sie strahlen viel heller danach. Aber anstrengend ist es. Als sie gerade wieder dabei sind, legt ein kleiner, Engel den Lappen aus der Hand und gähnt: „Ach, jetzt hab ich so viele Sternchen geputzt, dass ich ganz müde bin." Er gähnt herzhaft, kuschelt sich in sein Wolkenbettchen und schläft ein. Auch die vielen sauberen Sternchen sind ganz müde vom geschrubbt und geputzt und poliert werden und gehen schlafen. Denn wenn die Sterne noch ganz klein sind, dürfen sie nicht die ganze Nacht scheinen, sondern müssen auch mal schlafen. Nur Poldi ist überhaupt nicht müde. Poldi denkt gar nicht daran, jetzt schlafen zu gehen. Jetzt, wo er so schön sauber ist. Der große Mondschokoladenfleck auf seinem Bauch ist weg. Und die Finger, mit denen er Sonnencreme genascht hatte, kleben auch nicht mehr.

„Oh, wie bin ich schön", denkt Poldi. „Aber wenn jetzt alle schlafen gehen, sieht mich hier oben ja gar keiner."

Aber da unten, auf der Erde, da ist bestimmt noch was los. Zu dumm, dass Poldis kleine Laterne nicht so weit leuchten kann, und er schielt sehnsüchtig zum Mond hinüber. Der hat Poldi schon eine ganze Weile beobachtet. „Komm her", flüstert der Mond, „ich weiß was."

Schnell fliegt Poldi zum Mond hinüber. Der Mond setzt ihn auf einen silbernen Strahl und abwärts geht's! Hui. Das ist eine rasante Fahrt. Leider muss er durch ein paar Wolken hindurchflitzen. Die wollen aber nicht gestört werden und werfen ihm ein paar Hände voll Hagelkörner hinterher.

Da – plötzlich etwas Riesengroßes von links! Ein Brummen, komische Lichter und beinahe hätte ihn ein riesiger Vogel gerammt, wenn Poldi den Mondstrahl nicht ein bisschen zur Seite gelenkt hätte.

„Dämlicher Nachtvogel", schimpft Poldi, der noch nie etwas von einem Flugzeug gehört hatte. Denn der Weltraum, wo Poldi wohnt, ist viel zu weit weg für Flugzeuge.

Immer näher kommt er der Erde. Ein Sturm versucht ihn in den Wald pusten. Poldi wehrt sich heftig und beginnt dagegen zu pusten. Beinahe wäre er von dem Mondstrahl gefallen. Die Erde kommt immer näher und näher und näher und plötzlich bleibt er an etwas hängen. Poldi schaut sich um. Er sitzt auf einer Turmspitze und die

Turmuhr schlägt mit lautem Getöse Mitternacht. Vor lauter Schreck verliert Poldi das Gleichgewicht und saust weiter in die Tiefe, direkt auf ein offenes Fenster zu. Und mit einem Plumps landet Poldi in einem Kinderzimmer.

Was es da alles zu sehen gibt! Bausteine, Bilder, Schuhe, Puppen, Strümpfe, Mützen und ein angebissener Apfel. Poldi kommt aus dem Staunen gar nicht mehr heraus. Was für ein Durcheinander! Hier gefällt es Poldi, denn er mag jedes Durcheinander. Doch das Schönste ist ein buntes Bett.

„Da bleib ich, und morgen werden mich die Kinder bewundern", beschließt Poldi. „Die haben bestimmt noch nie so einen sauber blitzenden Stern gesehen." Poldi greift sich einen Bettzipfel, rollt seine Sternenzacken zusammen und schläft in Sekundenschnelle ein.

Am Himmel beschließt der Mond, ein Auge auf Poldi zu haben. Und er schickt einen silbernen Strahl, der direkt in das kleine Kinderzimmer leuchtet und sich neben Poldi auf die Decke legt.

Poldi bei den Menschen

Am nächsten Morgen wacht Poldi in dem Kinderzimmer auf. Mit kalten Zacken – brrrrr. Das mag er gar nicht. Denn kalte Zacken bei Sternen sind so was wie kalte Füße bei Menschen. Neben ihm liegt ein kleiner Junge mit roten Haaren. Und neben dem Bett steht seine Mutter, die Poldi und dem Jungen gerade die Decke weggezogen hat.

„Aufstehen", ruft die Mutter zu dem kleinen Jungen, „du kommst sonst zu spät in den Kindergarten." Poldi grummelt ein Sternengrummeln und versucht noch ein Stück von der Decke festzuhalten. Viel brauchte er ja nicht. Er erwischt eine rote Mohnblume und breitet sie über seinen kleinen, dicken Bauch.

„Schön", denkt Poldi. Decken mit Mohnblumen drauf gibt es ja bei ihm zu Hause nicht. Aber die Mutter zieht die Decke weiter weg, und Poldi schafft es nicht mehr rechtzeitig, einen kleinen Sternenzacken in die Decke zu pieken und sie festzuhalten. Na gut, dann eben aufstehen.

Poldi läuft der Mutter hinterher in die Küche. Da duftet es ganz schön aufregend. Ganz anders als zu Hause. Poldi steckt einen kleinen Sternenzacken in ein Töpfchen und schleckt ihn ab. Hmm. Das war lecker.

„Komm, ich mach dir ein Marmeladenbrot", sagt die Mutter zu dem kleinen Jungen, der gerade in die Küche kommt.

„Mamamlade", denkt Poldi. So heißt das also. „Mamamlade." Ob das so heißt, weil es die Mama gemacht hat?

Die Menschen sind ganz schön seltsam. Die Mutter packt für den Jungen noch ein Brot mit gelben Scheiben drauf ein.

„Hier ist noch ein Käsebrot", sagt sie und steckte es in eine Tasche. Poldi nascht an dem Käse. Auch lecker.

„Und ein Apfel", sagt die Mutter. Poldi puhlt ein Stück heraus und steckt es sich in den Mund. Auch gut. Aber Marmelade ist ein bisschen besser.

Danach geht der kleine Junge in den Kindergarten und Poldi setzt sich vorn auf seine Tasche und geht mit. Er ist ja so ein kleiner Stern, dass man schon sehr genau hinschauen muss, um ihn zu entdecken.

Und der Kindergarten ist das Tollste, was Poldi je gesehen hatte! So viele Kinder! Na, das waren genug Kinder, um ihn zu bewundern! So sauber und geputzt wie er ist. Aber keines der Kinder achtet auf ihn, so sehr Poldi auch winkt. Poldi ist ziemlich enttäuscht. Warum ist er überhaupt auf die Erde gekommen, wenn ihn gar niemand bewundert?

Na gut, dann würde er sich eben erst etwas umschauen. Was für Spielzeug es hier gibt. Und alles so groß! Viel größer als Poldi. Aber das macht nichts, denn Poldi kann sich auf die Lok einer Eisenbahn setzen und muss nur darauf warten, dass ein Kind damit spielt. Poldi saust im Kreis herum, bis ihm schlecht wird.

Dann geht er weiter zu ein paar Kindern, die Bilder malen. Ein Mädchen zeichnet die Sonne. Ganz schön groß und gelb. Poldi versucht, das Mädchen anzusprechen. „So sieht die Sonne wirklich aus", will er sagen, „das hast du gut gemacht. Und meistens lacht die Sonne auch." Aber das Mädchen hört den kleinen Poldi nicht.

Na ja, dann eben nach draußen. Dort gibt es einen Sandkasten, da kann man tiefe Löcher gra-

ben. Tiefe Löcher graben, das tut Poldi gern. Aber leider kann er die rote Schaufel, die da liegt, nicht aufheben. Sie ist einfach zu groß.

Na gut, dann eben auf die Schaukel. Dort sitzt wieder der kleine Junge mit den roten Haaren. Poldi lässt sich auf seiner Schulter nieder. Ah, das ist schön. Viel besser, als immer selbst fliegen zu müssen. Plötzlich ruft der kleine Junge seinen Freunden zu: „Passt auf, ich fliege bis in den Himmel." Und er schaukelt noch höher. Da bekommt Poldi plötzlich Heimweh. Nach Zuhause. Zum Himmel. Zu seiner Familie und seinen Freunden.

Er springt von der Schaukel und plumpst in den Sandkasten. Jetzt muss er nur noch auf den Abend warten, bis der Mond wieder einen silber-

nen Strahl zur Erde schickt. Da kitzelt ihn plötzlich die Sonne hinter dem Ohr.

„Du musst nicht bis zum Abend warten. Ich kann dich auch nach Hause bringen", flüstert die Sonne.

„Ja, wirklich?", fragt Poldi.

„Ja", sagt die Sonne, „halt dich einfach an einem Sonnenstrahl fest, und ich zieh dich nach oben."

Und das tut Poldi auch. Am Ende des Sonnenstrahls warten schon Wattebäuschchen und Tommi und die Eltern von Poldi, die ihn alle sehr vermisst haben. Sie nehmen Poldi in die Arme und drücken ihn. Und als sie alle nach Hause fliegen, meint Wattebäuschchen: „Du Poldi, was ich sagen wollte: Du glänzt heute wirklich ganz besonders toll."